2022

CHINA JOURNALISM AND COMMUNICATION JOURNAL

中国新闻传播研究

课程思政和新文科建设

高晓虹◎主编

刘宏 赵淑萍 曾祥敏 秦瑜明◎副主编

中国传媒大学出版社

·北京·

目录 >>>> CONTENTS

课程思政与新文科建设

新文科背景下新闻传播专业课程思政的资源挖掘与路径创新

Resource Mining and Path Innovation of Ideological and Political Education of Journalism and Communication Under the Background of New Liberal Arts

◎杨 琳 李唐波

Yang Lin Li Tangbo

摘要:新闻传播学因其独特的学科功能及属性,与课程思政有着天然的紧密关联。在课程思政教学中新闻传播教育有着学科自身的目标驱动、现实动力与资源优势。新文科背景下新闻传播学科专业教学应不断挖掘课程思政的理论资源、历史资源以及实践资源,将思政元素融入实现新闻传播人才培养的每一个环节之中,同时,探寻守正创新、交叉融合、融通中外等创新路径,以实现人才培养的价值引领与学科发展总体目标。

关键词:新文科;新闻传播专业;课程思政;资源挖掘;路径创新

Abstract: Journalism and communication has a natural close relationship with ideological and political education because of its unique discipline function and attributes. In the course of ideological and political teaching, journalism and communication education has its own goal drive, realistic power and resource advantages. Under the background of the new liberal arts, the professional teaching of journalism and communication discipline should constantly tap the theoretical resources, historical resources and practical resources of ideological and political education, integrate the elements of ideological and political education into every link of the cultivation of journalism and communication talents, and explore innovative paths such as integrity and innovation, cross integration and integration between China and foreign countries, so as to realize the value guidance of talent cultivation and the overall goal of discipline development.

Keywords: new liberal arts, journalism and communication, ideological and political education, resource mining, path innovation

《新文科建设宣言》的发布开启了新时代中国高等文科教育创新发展的新征程。何谓“新文科”,学者们做出了诸多阐释,总体看来,新文科之“新”,不单单是新旧之“新”,更是创新之“新”。是立足于全球科技时代的发展,面向中国社会发展对人文社科创新型人才需求的创新选择。新文科建设的根本任务是培养一代又一代能够担负起民族复兴大业,坚持走中国特色社会主义道路的薪火传承者。因此,在知识传授与能力培养之中强调价值观引导,并帮助学生塑造正确的世界观、人生观、价值观,成为新文科建设下专业教育课程思政共同的目标愿景。

一、新文科建设背景下新闻传播教育与课程思政的契合

作为人文社会科学高等教育的重要学科,新闻传播教育与课程思政有着天然的关联,在课程思政教学中新闻传播教育有着学科自身的目标驱动、现实动力与资源优势。同时,新文科建设对新闻传播教育和课程思政都赋予了新的时代背景和内容要求,二者在培养目标、内在理念和问题导向上具有了更为深刻的契合点。

(一)全人培养,目标一致

新文科建设既是我们探讨新闻传播学科创新发展的背景,也是新闻传播人才培养的出发点,更是从理论、实践以及技术等方面为新闻传播学科赋能的创新进路。“加强新文科建设,是适应世界变革、中国发展、教育改革和国际方位的需要,新闻传播教育是新文科建设中的重要组成部分,在新的教育形势下,新闻传播教育要努力培养具有国际视野、中国特色的卓越人才,满足社会对新闻传播人才的需要。”①恰恰揭示出新闻传播人才培养与新文科建设之间的密切关系。一方面,培养具有“高素质全媒化复合型专家型新闻传播后备人才”既是新文科建设与新闻传播教育的目标共识,同样也契合了课程思政“围绕全面提高人才培养能力这个核心点”的教育目标要求。另一方面,始终强调“培养什么人、怎样培养人、为谁培养人”是新闻传播教育和课程思政共同面对的根本问题与使命,新闻传播作为宣传思想战线的核心领域,肩负着“举旗帜、聚

① 吴岩.加强新文科建设,培养新时代新闻传播人才[J].中国编辑,2019(2):4-8.

民心、育新人、兴文化、展形象”的使命，课程思政的落实与实施，成为提高新闻传播人才培养质量，促进新闻传播事业发展的有力支撑。

（二）理念相通，内在契合

新文科建设下的新闻传播教育与课程思政在相互坚守的理念上存在着高度的契合。一是守正创新的理念。守的是人才培养目标与价值引领，创新的是以马克思主义为指导的，具有中国特色、中国风格、中国气派的哲学社会科学学科体系。二是融合发展的理念。新文科既要求学科间的交叉融合，又要求将智能技术与文科理论相融合，新文科背景下的新闻传播人才培养，更进一步的是要打破学科界限，以社会需求为导向，以社会发展中的真问题为导向，实现学科交叉融合，形成学科资源整合，培养跨学科传媒人才。同样，课程思政并非简单地上好思政课，而是要把思政要素融入课程之中，融入课程教学的全过程、全链条、全模块，以实现立德树人的育人理念。三是实践驱动的理念。两者都十分强调实践内容的重要性，实践教学是开展课程思政必不可少的环节，课程思政特别强调专业实验实践课程，在《高等学校课程思政建设指导纲要》中明确提出要注重学思结合、知行统一，增强学生善于解决问题的实践能力，而新闻传播学科本身就十分重视实践性，如新闻业务类课程，就强调能够生产优质的新闻作品，要想着人民、为了人民，用人民所喜闻乐见的方式，这成为新闻学科课程思政和业务训练要达到的共同目标。[①]

（三）问题导向，逻辑一致

推动新文科建设是人文社会科学学科面向百年未遇之大变局的必然选择，也是人文社会科学人才培养回应国家重大人才需求的必然选择。习近平总书记在哲学社会科学工作座谈会上指出：“哲学社会科学是人们认识世界、改造世界的重要工具，是推动历史发展和社会进步的重要力量，其发展水平反映了一个民族的思维能力、精神品格、文明素质，体现了一个国家的综合国力和国际竞争力。一个国家的发展水平，既取决于自然科学发展水平，也取决于哲学社会科学发展水平。”[②]将文科发展提升到了一个新的战略高度。作为人文社会科学的重要领域，新闻传播教育同样肩负着国家发展、民族复兴和推动社会进步的历史使命，同样也面临着应对百年未遇之大变局的挑

① 丁柏铨.新闻学科课程思政：特殊性、有效性及实施路径[J].当代传播，2020(6)：9-13.

② 新华社.习近平在哲学社会科学工作座谈会上的讲话[EB/OL].(2016-05-18)[2021-05-21].http://www.xinhuanet.com/politics/2016-05/18/c_1118891128.htm.

战:如何在多元变局中坚守中国特色社会主义道路,如何提升媒介传播主流意识形态的功能,如何更好地为营造良好的社会舆论氛围服务,如何讲好中国故事、提升中国的话语权。同时,如何应对由于新技术发展和新的媒介生态的变化而引发的新闻专业人才培养问题,等等。新闻传播教育和课程思政的逻辑是一致的。就技术层面而言,当今人文社会科学面临的新问题本质上都是数字技术、智能技术、大数据应用等技术进步的结果。

因此,无论是从目标上、理念上,还是问题导向上,都充分说明新文科建设下的新闻传播教育与课程思政有着高度的契合。在课程思政教学中新闻传播教育有着学科自身的目标驱动、现实动力与资源优势,新闻学科的许多专业课程知识、理论体系、实践教学都可以很好地与课程思政结合起来并确保课程思政的有效性,只是需要思考如何更好地挖掘与创新。

二、新闻传播专业课程思政教育资源的挖掘

2020 年 5 月,教育部印发《高等学校课程思政建设指导纲要》(以下简称《纲要》),指出专业教育课程要“深度挖掘提炼专业知识体系中所蕴含的思想价值和精神内涵,科学合理拓展专业课程的广度、深度和温度”①。对于新闻传播专业教育而言,坚持知识传授和价值引领相统一、坚持显性教育和隐性教育相统一是两个基本遵循,在此基础上,可以从理论资源、历史资源和实践资源三个方向深入挖掘新闻传播学科的思政教育元素,并融入教学体系全过程、全链条,既形成“惊涛拍岸”的声势,也产生“润物无声”的效果。②

(一)新闻传播课程思政的理论资源

1.马克思主义新闻观

党的十八大以来,习总书记明确要求认真坚守与践行马克思主义新闻观,让马克思主义新闻观教育真正发挥“定盘星”的作用。因此,始终以马克思主义新闻观为指导成为新闻传播专业教育与学科发展的基本共识。马克思主义新闻观是将马克思主义

---

① 教育部.教育部关于印发《高等学校课程思政建设指导纲要》的通知[EB/OL].(2020-05-28)[2021-11-02].http://www.gov.cn/zhengce/zhengceku/2020-06/06/content_5517606.htm.

② 教育部.教育部高等教育司负责人就《高等学校课程思政建设指导纲要》答记者问[EB/OL].(2020-06-06)[2021-11-05].http://www.gov.cn/zhengce/2020-06/06/content_5517612.htm.

基本立场、基本原理运用到新闻传播活动过程中形成的一系列理论原则、观点与方法，既是马克思主义对新闻活动、新闻现象总的看法，也是历史唯物主义、辩证唯物主义在新闻舆论工作中的集中体现。[①] 坚守马克思主义新闻观对新闻学科各相关课程的统领，可以重点抓住“党性观、真实观、舆论观、新闻/出版自由观、责任使命观”，将思政的重要内容贯穿课堂，新闻的基本理论问题应得到辩证唯物主义和历史唯物主义的支撑，而新闻精品力作则应充分体现辩证唯物主义和历史唯物主义精髓。[②] 具体到马克思主义新闻观的实际课程教学上，马克思主义新闻观是一个完整的、有逻辑联系的理论体系，具有理论体系的经典性和实践性。一方面，要重视专业层面的理论和原则，如阅读马恩经典原著，结合历史语境对具体论述展开深度解读，也可以对相关问题进行有效对话，将作为科学理论体系的马克思主义理论、方法完整地呈现给学生。另一方面，要理论联系实际，运用鲜活的中国新闻实践案例，去强化马克思主义新闻观的教育，如中国新闻传播大讲堂、抗疫精神报道、重大自然灾害报道等，帮助学子深刻理解中国国情、坚定理想信念、增强政治认同。

2.习近平关于新闻舆论的论述

新闻舆论事关时代发展脉搏的传播，是关乎治国理政的大事。[③] 习近平总书记围绕新时代的新闻舆论工作发表了一系列关于新闻、宣传、舆论、网络工作的讲话、进行了多次阐释，涉及新闻舆论工作的方针原则、提高新闻舆论工作能力和水平、做好网上新闻舆论工作、推进国际传播能力建设等诸多方面。[④] 由此，逐步形成了以“党性原则论”为纲，“舆论导向论”“媒体融合论”“新闻实践论”“国际传播论”四条主线展开的习近平新闻舆论思想，该思想兼收并蓄了中外古今有价值的理论要素，遵循一定的理论逻辑、历史逻辑和现实逻辑，其发挥的整体功能就是对新时代中国特色社会主义新闻舆论思想和实践做出系统性阐述和科学的表达，兼具理论与实践价值，是马克思主义新闻观中国化的最新思想成果，更是新时期开展中国特色社会主义新闻传播事业的行动纲领。[⑤] 毋庸置疑，与时俱进、科学系统的习近平新闻舆论思想是新闻传播教育课程思政的核心内容与基本遵循。

---

① 唐海江，申畅.构建经典与实践、理论与现实的对话场域：关于马克思主义新闻观课堂教学改革的初步探索[J].中国大学教学，2020(12)：66-69.

② 丁柏铨.新闻学科课程思政：特殊性、有效性及实施路径[J].当代传播，2020(6)：9-13.

③ 张仙智.习近平总书记关于新闻舆论重要论述研究[J].毛泽东邓小平理论研究，2019(4)：42-47.

④ 陈力丹.习近平关于新闻舆论工作的14个讲话和5个贺信[J].新闻爱好者，2019(1)：47-49.

⑤ 沈正赋.习近平新闻舆论思想研究进路初探[J].当代传播，2018(5)：8-11.

(二)新闻传播课程思政的历史资源

1.中华优秀传统文化与华夏传播传统

中共中央《关于实施中华优秀传统文化传承发展工程的意见》指出:中华优秀传统文化是在漫长的历史进程和不断演化中逐渐形成的,积淀着中华民族最深沉的精神追求,代表着中华民族独特的精神标识,更重要的是,中华优秀传统文化蕴含着丰富的道德理念和规范,体现着评判是非曲直的价值标准,潜移默化地影响着中国人的行为方式。[①] 新闻传播兼具政治、社会、经济、文化属性,肩负着文化、文明传承的历史责任。上下五千年中华优秀传统文化是新闻传播教育取之不竭的文化源泉,中华优秀传统文化的熏陶和教育是新闻学子树立文化自信、适应复杂环境、引领社会思潮,传播主流文化的根基。同时,华夏传播传统是中华优秀传统文化的重要组成部分,随着新闻传播学界关于华夏传播研究的日渐深入,华夏文化的传播与传承,华夏传播历程中对历代文明传统文化价值与传播内涵的剖析,对中国文化"天下观""和合观""仁爱观""文明观"等的探讨,成为新闻传播课程思政的"源头活水",以华夏传播研究为切入点,帮助我们不断审视传统文化之底蕴,撷取华夏文明之要义,不仅探寻古今中外文明交流互鉴之经典,推动本土传播学理论体系的建构,同时,也是促进中华优秀传统文化的传承运用与新闻传播专业课程思政融合的路径。

2.革命文化与红色新闻事业传统

革命文化与红色新闻事业传统是新闻传播专业开展课程思政丰富的材料库、资源库。革命文化是中国共产党人创新精神与斗争实践相结合的产物,本质上是一种推陈出新、与时俱进的文化,它汲取优秀传统文化的有益营养,并以独有的革命性和进步性特质开创了中国文化一个新的发展阶段。[②] 中国红色新闻事业传统是伴随着艰苦卓绝的革命事业而生成的中国新闻传播学的革命传统,其中,中央苏区新闻事业的历史经验,延安时期的中国共产党党报实践与党报理论,范长江、邹韬奋等报人的新闻思想及新闻实践、西柏坡新闻精神等,这些红色新闻文化与新闻工作的优良传统,蕴含着伟大的革命精神与深厚的历史文化内涵,对推动和开拓具有中国特色的新闻传播教育创

---

① 新华社.中共中央办公厅国务院办公厅印发《关于实施中华优秀传统文化传承发展工程的意见》[EB/OL].(2017-01-25)[2021-12-01].http://www.gov.cn/zhengce/2017-01/25/content_5163472.htm.

② 于化民.党史视野中的中国革命文化[N/OL].中国社会科学报,2021-07-05[2021-11-23]. http://m.cssn.cn/zx/zx_bwyc/202107/t20210705_5345070.htm.

新有着重要而深远的现实意义，理应成为新闻传播专业思政教育的结合点。而要把红色文化资源利用好，把红色文化基因传承好，就需要充分利用融媒体技术手段，将红色文化与新闻传播专业特色有机结合起来。例如关于“四史”学习教育，中国传媒大学电视学院就通过制作100个“百年先锋移动听”融音频产品、100个“红色云展厅”融媒体折页、100个“入党故事”融音频产品、100个“红色文物青年说”融视频产品，创新“四史”传播形态，拓展“四史”教育场景，激活“四史”文献资源，通过与各类媒体、研究机构、红色旅游基地合作，通过加强党史教育的网络内容数据库建设，提升了“四史”在数字平台、课堂教学甚至旅游空间中的辐射力，以融媒体形式增强了党史学习教育的感染力、吸引力，显著提升了专业课程思政的学习效果。①

(三)新闻传播课程思政的实践资源

1.社会主义先进文化与中国特色社会主义建设最新实践

社会主义先进文化是中国共产党和中国人民在社会主义革命、建设和改革实践探索中积累形成的先进文化。教育在自身发展的同时也需要接受先进文化的方向引领，新时代教育以凝聚人心、完善人格、开发人力、培育人才、造福人民为工作目标，坚持以社会主义先进文化凝聚育人力量。②我们看到，社会主义先进文化与社会主义伟大实践是相伴而生的关系，由此也决定着它有着深厚的现实渊源与实践基础。中华人民共和国成立70多年来，丰硕的中国特色社会主义建设成就以及由此形成的社会主义先进文化可以成为新闻传播课程思政的丰富资源与生动案例。例如社会主义核心价值观，它直接反映了社会主义核心价值体系的内涵与要求，也与新闻传播所恪守的基本价值追求与原则相互贯通。“价值引领，以德为先”是社会主义核心价值观与课程思政遵循的共同理念，经由媒体传播，社会主义核心价值观能够起到潜移默化、深入人心的效果，同时深度挖掘社会主义核心价值观的时代价值与内涵意义，创新传播方式也成为新闻学科课程思政不可或缺的重要内容，应将社会主义核心价值观贯穿育人过程始终。尤其是在面对市场经济、消费时代、信息时代的种种冲击，追根溯源，看看中华人民共和国成立以来中国人民所走过的不平凡的发展历程，以社会主义先进文化与中国

---

① 孙振虎，赵甜.新闻传播学新文科课程体系建设路径探析：以中国传媒大学电视学院为例[J].现代出版，2021(4)：23-27.

② 评论员文章.以社会主义先进文化凝聚育人力量：四论深入学习贯彻党的十九届四中全会精神[N/OL].中国教育报，2019-11-12[2021-11-23].http://www.moe.gov.cn/jyb_xwfb/s5148/201911/t20191112_407831.html.

特色社会主义建设的最新实践融入课堂思政之中,用鲜活的实践成果增强学生的文化自豪感和文化自信心,增强莘莘学子投入火热的社会实践,体会奋斗历程的激情。在新闻传播教育中强化社会主义先进文化与中国特色社会主义建设最新实践,是课程思政理想信念教育、社会实践教育、奋斗精神教育的直接体现,具有丰富的内涵,其中还包括社会主义精神文明建设、中国梦、文化强国思想、人类命运共同体理念,我国的发展观、文明观、安全观、历史观、民族观、国家观(国情观)、实践观、生态观、国际秩序观、全球治理观等,都可成为新闻传播教育课程思政展开的着力点。

2.新闻传播学科的专业素养与新闻传播领域的实践成果

新闻传播学科专业知识和新闻传播领域的实践成果是课程思政最直接最有效的资源。第一,新闻传播学科教育的价值追寻,尤其是其求真求善求美的价值导向是新文科建设的价值遵循,也是课程思政的目标。坚持新闻的真实性原则,新闻工作者的伦理道德、职业操守,新闻舆论工作者的责任担当等专业素养都契合思想政治教育的内涵及外延。例如2020年新冠疫情暴发期间,无数记者不顾自身安危,挺进抗疫一线,紧扣疫情防控的主要矛盾和主要任务,反映全国各地医护人员驰援武汉,将“停不得”企业的坚守和复工复产情况作为报道策划的重点等,①此类真实鲜活的素材既充分体现出新闻舆论工作者崇高的责任感和使命感,同时彰显了对“人文关怀,换位思考,用有温度的报道积极引导舆论”等价值观念的分析,又能够在思维意识上启发新闻学子对政治素质、业务素养以及新闻职业道德的追求。如,中国传媒大学与教育部新闻传播学教学指导委员会主办的“新闻大讲堂”,它兼具思政教学和业务教学的授课内容,受到了学生们的高度认可与欢迎,西安交通大学新闻与新媒体学院硕士研究生刘晓旭观看了“新闻大讲堂”抗疫一线记者的演讲后,深深被打动,在多个录用通知中毫不犹豫地选择成为一名新闻人,开启了自己的健康传播事业。第二,新闻传播领域的实践成果,成为新闻业务教学与实践报道结合中最有效的思政素材。如近年来无论是在教学还是在报道实践中对新闻作品“三贴近”(贴近实际、贴近生活、贴近群众)、“三有”(有思想、有温度、有品质)、“时度效”的强调,还是对新闻工作者“走转改”(走基层、转作风、改文风)、“四力”(脚力、眼力、脑力、笔力)的要求,都直接体现出我党走群众路线的核心和实事求是的作风,这些思政内容的融入,将有助于塑造新闻学子以人民为中心的工作导向,有助于培养新闻工作者“铁肩担道义,妙手著文章”的职业理想。第

① 中国记协网.弘扬伟大抗疫精神,忠实履行新闻工作者职责使命[EB/OL].(2020-10-20)[2021-11-25].http://www.zgjx.cn/2020-10/20/c_139453670.htm.

三，在讲述中国故事和传递中国声音过程中体现思政元素。面对当前复杂的国际关系和舆论环境，新闻工作者的重要责任和迫切任务已转变为如何打造融通中外的新概念、新范畴、新表述，更好地创新对外宣传方式，引导人们更加全面客观地认识当代中国、看待外部世界，因此新闻学科课程思政的重要作用是毋庸置疑的。第四，从对新媒体实践的反思中体现思政。无论媒介技术或媒介环境如何变化，新闻传播教育的基本理念必须坚持的是对社会责任和人文精神始终贯通如一，面对新传媒环境下繁杂的信息与谣言，强化新闻职业道德和新闻理想成为新闻学科课程思政的重要内容之一。

三、新闻传播专业课程思政的路径创新

科学合理地拓展专业课程的广度、深度和温度，增加课程的知识性、人文性，提升引领性、时代性和开放性，是《纲要》中对专业课程思政提出的要求。对于新闻传播专业而言，回应这一要求可以从守正创新、交叉融合、融通中外等路径进行创新。

（一）守正创新，培养面向世界、中国特色的文科人才

《新文科建设宣言》提出："在传承中创新是文科教育创新发展的必然要求，丢弃传统，就是自断根基；不求创新，必然走向枯竭。"我国新文科建设的路径就是"守正创新"，守正是基础，守的就是文化、历史与价值观的"正"，创新则是利用借鉴新技术，从形式路径和内容上进行符合后工业时代的革新。① 对于新闻传播学科而言，面对形势复杂的意识形态领域、整体重塑的传播生态，深刻变化的从业人员队伍以及高校面临教育和研究的不同态势，②首先要做到的是牢牢坚守马克思主义新闻观的指导地位，其次是要守护新闻传播学科的主体性与核心功能价值，坚持新闻专业性与新闻公共性。在此基础上，要创新构建新时代新闻传播学科的学术体系、知识体系与话语体系，以培养面向世界、中国特色的文科人才为目标。新闻传播专业课程思政的正确态度和路径是不仅要在国际上讲述中国思想、中国制度，还要发出中国学派的声音；不仅要传承历史经典文化，还要展示哲学社会科学与新一轮产业技术革命交叉融合产生的新变化。③ 同时，要发挥新闻传播专业的国家标准、一流专业建设、学科评估的引导作用，引导新闻传播专业建设和人才培养方案设计融入守正创新的理念和要求，理论与实务

① 王润泽，徐诚.守正创新：新文科建设背景下的新闻教育变革方向[J].出版广角，2021(7)：9-12.

② 严兵.坚持马克思主义新闻观要守正创新[J].编辑之友，2020(3)：67-71.

③ 吴岩.加强新文科建设，培养新时代新闻传播人才[J].中国编辑，2019(2)：4-8.

教学相结合、课堂讲授与实践实训相结合、人才培养与学科建设相结合、学校教育与社会服务相结合,将课程思政融入人才培养的全过程,培养德才兼备的新闻传播人才。

(二)交叉融合,推动新闻教育课程体系及实践内容的变革

在信息传播渠道和媒介生态发生深刻变革、业界对新闻传播专业人才需求发生重大变化的当下,交叉融合已成为新文科建设的共同诉求与普遍特征,立足"学科交叉与融合",淡化"分科治学",以积极主动的状态推动交叉融合是大势所趋。"交叉融合",首先体现在文科与理科、工科间的交叉融合,立足于媒介融合发展的技术前沿,突破已有的人才培养模式,致力于培养专业与思想具优、理论与实践兼修、技术与人文兼容的复合型人才。近年来从实践层面看,推动省部共建新闻传播学院、促进社会实践基地的建设、搭建现代化的实验教学平台等举措,不仅凸显出以社会需求为导向、以问题为导向的交叉融合人才培养模式创新,也推动了学科建设自觉地走向融合,逐步形成符合学科特色的、完整的交叉融合体系。例如中国人民大学新闻传播实验中心,通过将各实验模块在信息和功能上的互联互通,形成了网络多媒体设计与编辑出版、广播电视制作、传播效果实验研究、广告设计与摄影图片编辑四大功能模块,既提供了在一个实验室就能完成多种媒体产品的制作要求,也使得某一种媒体的制作流程全部实践得以完成。①

其次,"交叉融合"也应涵盖学界与业界的交叉融合。目前我国新闻传播教育已初步探索形成多样类型与模式。"中国新闻传播大讲堂"系列视频课程,以新冠肺炎疫情下的媒体担当、记者作为和优质报道为抓手,录制了 32 堂视频课程,分享到全国 719 所新闻院校、1,391 个新闻传播类专业教学点,覆盖中国有本科教育的高校达到一半左右,打造出一堂供全国新闻学子共同学习的"云端大课"。② 大讲堂很好地打通了实践、课堂、理论三者之间原本的区隔,以新内容、新方法、新模式为标志的新文科融合创新理念,推动了新闻传播教育与业务实践更加紧密地结合,③既精准实现了立德树人,又强化了新闻学子的家国情怀与责任担当。同时,诸如旨在促进国内高校在学、媒融合的教学科研平台建设,如复旦大学新闻学院联合今日头条共建的"智媒先锋实验室",北京师范大学新闻传播学院与微软集团、封面传媒联合成立全国首家"人工智能

① 徐雅琴.媒介融合时代新闻实验教学平台建设[J].实验科学与技术,2016,14(1):181-182.

② 高晓虹.发扬红色新闻事业,传承红色基因[J].新闻春秋,2021(4):10-11.

③ 高晓虹,王晓红,冷爽."新文科"语境下的新闻传播学科建设路径探析:以"中国新闻传播大讲堂"为案例[J].现代出版,2021(1):5-10.

与未来媒体实验室”，中国传媒大学与“学习强国”共建“媒体融合模式研究中心”等，学、媒融合的平台建设进一步朝着专门化、精细化方向发展。[①] 一脉相通的，还可以尝试推进新闻传播学课程思政的资料库、案例库、数据库建设，一来保护珍贵的历史文献资料，二来可以共享优质的新闻学科课程思政教育资源，将新闻事业的优良传统与生动实践及时传递给全国新闻学子。可以看到，交叉融合的实现路径，核心是要在新闻传播教育实践中运用，只有在实践中才能真实反馈出新闻教育中的真问题，才能快速回应业界的迫切需求，才能更好地发挥课程思政价值引领的功能。因此，必须重视交叉融合的实践过程，要在实践中推动新闻教育课程体系变革。

(三)融通中外，打造适应新时代国际传播需要的专门人才

习近平总书记“5·31”重要讲话中强调要全面提升国际传播效能，建设适应新时代国际传播需要的专门人才队伍。新文科背景下的新闻传播教育人才培养应立足于全球信息传播的时代要求，面对复杂多变国际形势的挑战，凸显新闻传播教育的国际性、政治性、意识形态属性，及时回应国际传播背景下国家需求，打造适应新时代国际传播需要的专门人才。而这一点恰恰与课程思政在目标、知识和价值上殊途同归。课程思政元素的融入，不仅有助于强化培养国际传播人才的国家立场和责任使命担当，而且课程思政所体现的国家历史、国情教育及全球问题等内容，也构成了国际传播人才专业教育的重要内容。基于此，融通中外的“强化国情教育，关注全球问题”，结合“卓越新闻传播人才教育培养计划 2.0”所提出的“家国情怀、国际视野”培养，就成为新闻传播课程思政的重要内容。“强化国情教育”使学生正确认识国家的历史、现状和未来以及国家在世界中的位置，激发学生的国家意识和民族共同体意识。“关注全球问题”增进学生对全球发展进程中的政治、经济、社会问题的深入关注和相关知识积累，为培养“复合型、专家型”国际新闻传播人才打下基础。[②] 打造适应新时代国际传播需要的专门人才还要求培养造就一大批适应媒体深度融合和行业创新发展，能够讲好中国故事、传播中国声音的优秀新闻传播后备人才。[③] 其核心是要打造“融通中外”的新概念、新范畴、新表述，更加充分、多样地展现中国故事及其背后的精神力量。这

① 刘明洋，袁晓川.融通之道：解读新媒体环境下新闻传播教育的两大趋势[J].国际新闻界，2018，40(9)：128-148.

② 张龙.新时代国际新闻传播教育的使命与作为[J].现代出版，2019(3)：13-15.

③ 教育部.中共中央宣传部关于提高高校新闻传播人才培养能力实施卓越新闻传播人才教育培养计划 2.0 的意见[EB/OL].(2018-10-08)[2021-11-15].http://www.moe.gov.cn/srcsite/A08/s7056/201810/t20181017_351893.html.

就要求:第一,传承中华优秀传统文化,构建社会主义先进文化;第二,树立文化自信,创新对外话语体系的基本内涵;第三,依托我国发展的生动实践,强调人类命运共同体意识。另外,在课程教学中还要正视传播学和跨文化传播学科化发展事实,正视新技术对于新闻传播教育带来的机遇与挑战,回归新闻传播学领域的初心和使命,[①]以凸显课程思政的价值与意义。

总之,新闻传播专业的课程思政建设还处在探索期,很多问题仍需要从顶层设计的高度进一步明确和思考,例如正在研制中的《新闻传播学专业类课程思政教学指南》,就是从教学目标、教学重点、教学方法、教学评价原则与标准等方面提出新闻传播学专业类课程思政教学的理论与策略,并打造具有示范意义的新闻传播专业史论类课程、业务类课程、方法技术类课程、实践教学四类课程思政教学指南。其他还包括如何对课程思政的效果进行考核的问题,如何将课程思政建设与一流专业建设、一流课程建设、一流教材建设等挂钩的问题等,都需要进一步地结合实践教学与现实情境深入讨论。

〔杨琳,西安交通大学新闻与新媒体学院,教授,博士生导师;李唐波,西安交通大学马克思主义学院,博士研究生〕

〔责任编辑:陈欣钢〕

① 姜飞.新时期对未来国际新闻传播人才培养的思考[J].新闻与写作,2020(7):37-42.

国际新闻传播课程思政的实施路径和理论反思

The Curriculum-Based Integration of China Identity Awareness into International Communication Education: Approaches and Reflection

◎郭　可　索格飞

Guo Ke　Suo Gefei

摘要：本文以教育部出台的《高等学校课程思政建设指导纲要》(2020)和《新文科建设宣言》(2020)为指导，在中国提升国际传播能力建设的大背景下，探讨国际新闻传播的课程思政的实施路径并对国际新闻传播人才培养进行理论反思。通过对我国国际新闻传播教育历程以及新时代课程思政对国际新闻传播的重要性的分析，本文提出国际新闻传播课程思政的四大具体目标，并探讨了国际新闻传播课程思政的四大实施路径，即思政“三课”协同一体、课程思政与传媒实践同向同行、课程思政与党建工作深度融合、多途径、全门类融入思政内容。最后，本文建议国际新闻传播课程思政必须注重人才培养的主体性、课程思政的灵活性和实效性。

关键词：国际新闻传播教育；课程思政；路径；反思

Abstract: This paper aims to discuss how to cultivate talents in the field of international communication education by integrating Curriculum-Based China Identity Awareness. First, the paper reviews the development of international communication education in China, and analyzes the importance of integrating curriculum-based China identity awareness into international communication education. Then the paper proposes four specific goals of international communication education, and further discusses the four approaches of this kind of integration. To wind up, the paper makes the proposal that international communication education should attach much importance to the autonomy of talents, the flexibility and effictiveness of the integration of curriculum-based China identity awareness into international communication education.

Keywords: international communication education, curriculum-based China identity awareness, approaches, reflection

2016年12月,习近平总书记在全国高校思想政治工作会议上强调,要在我国高等教育阶段坚持把立德树人作为中心环节,把思想政治工作贯穿教育教学全过程①。2020年5月,教育部印发实施了《高等学校课程思政建设指导纲要》(以下简称《纲要》)②,全面推进高校的课程思政建设。《纲要》指出,在高校价值塑造、知识传授、能力培养"三位一体"的人才培养目标中,价值塑造是第一要务。2020年11月,新文科建设工作会议召开,研究了新时代中国高等文科教育创新发展举措,并发布《新文科建设宣言》(以下简称《宣言》)③。按照新文科的建设目标,新文科的着力点需从探讨人文社科所涉对象的规律性转向对社会价值观的重塑④。《纲要》和《宣言》在本质上都强调人文学科的思想性和价值性,即对整个社会思想引领和价值塑造的功能。

国际新闻传播是新文科建设的重点学科,尤其在世界面临百年未遇的大变动时代,国际新闻传播被赋予了新的时代内涵。习近平总书记在"5·31"讲话中专门强调了国际新闻传播人才培养的重要性。如何在国际新闻传播教育中把价值观塑造与知识传授和能力培养有机融合,更好地实现"立德树人"的目标?本文以我国国际新闻传播教育发展历程和现状以及新时代课程思政对国际新闻传播教育的重要性为出发点,探讨国际新闻传播课程思政的目标以及实施路径,并进行理论反思。

一、我国国际新闻传播教育发展历程和现状

20世纪80年代初至今,我国的国际新闻传播教育主要以少数重点新闻院系和外国语大学为主,一般突出"外语能力+国际新闻传播专业能力"的特点。

回顾近40年的发展历程,我国国际新闻传播人才培养主要经历了四个阶段:一是"英语+国际新闻"培养模式:20世纪80年代初到80年代末,复旦大学、上海外国语

---

① 习近平在全国高校思想政治工作会议上强调:把思想政治工作贯穿教育教学全过程 开创我国高等教育事业发展新局面[N/OL].人民日报,2020-12-09(1)[2021-11-30].http://dangjian.people.com.cn/n1/2016/1209/c117092-28936962.html.

② 教育部关于印发《高等学校课程思政建设指导纲要》的通知[EB/OL].(2020-06-01)[2021-11-30]. http://www.moe.gov.cn/srcsite/A08/s7056/202006/t20200603_462437.html.

③ 新文科建设宣言[EB/OL]. (2020-11-04)[2021-11-30]. http://www.cuc.edu.cn/2020/1104/c1383a175062/pagem.htm.

④ 徐飞. 新文科建设:"新"从何来,通往何方[N/OL].光明日报,2021-03-20(10)[2021-12-03].https://m.gmw.cn/baijia/2021-03/20/34701706.html.

大学、中国传媒大学等高校最早创办了“英语＋国际新闻”的培养模式，主要从英语专业中招募学生，以培养驻外记者为目标。该模式办学效果见效快，不少国际新闻学员目前已经成为国家外宣媒体的管理者和高校的学术骨干，但由于管理体系没有理顺，到 20 世纪 80 年代末已经基本停止。二是“国传班”培养模式：2009 年，在中宣部、教育部等支持下，清华大学、中国人民大学、复旦大学、中国传媒大学、北京外国语大学等高校专门设置了“国际新闻传播硕士培养项目”，主要由这些高校直接招收国际新闻传播班的硕士生，并在国情教育和国际媒体实践方面进行专项培训。三是“多语种＋国际新闻”培养模式：2011 年起，新华社与上海外国语大学在全国首创“多语种＋国际新闻”的培养模式，主要在全国 985 高校外语系和十多所外国语大学招收非英语的外语专业学生（同时英语能力强）进入硕士国际新闻班。目前该模式已在全国多所外国语大学探索试验，并已经形成了一个嵌入高校教学体系的有效培养模式。四是国际新闻传播新阶段：2019 年“国际新闻传播”专业进入教育部本科专业目录，目前已有中国传媒大学、中国人民大学和上海外国语大学等被教育部批准开设该专业，人才培养进一步聚焦国际新闻传播领域。

国际新闻传播人才培养经过近 40 年的发展，积累了丰富经验，但同时在以下三方面有待进一步探索和深化：一是面临国际传媒环境的急剧变化，如何更加有效地培养既有较强的外语能力，又具备深厚的专业功底及良好的跨文化沟通能力的全能型国际新闻传播人才。二是国际新闻传播人才的实战能力有待进一步提升。国际新闻传播教育既具有理论性、思想性，又具有很强的实践性。目前的人才培养模式在与国际传播媒体和国际传播战略对接过程中仍缺乏有效的对接机制。三是尽管“国传班”模式和“多语种＋国际新闻”模式已经走过十几年发展历程，能够对国际传播开展深入研究并进行理论创新的人才仍然稀缺。要把握国际大局，提升我国的国际传播能力，不仅需要能够在一线从事国际新闻传播业务的人才，也需要能够对国际舆论态势进行分析研判，对国际传播开展深入研究并进行理论创新的人才。

二、新时代课程思政对国际新闻传播教育的重要性

近日，在高校教师课程思政教学能力培训开班式上，教育部高等教育司司长吴岩指出，课程思政建设是立德树人的关键环节，关系接班人问题、国家长治久安问题以及民族复兴和国家崛起的问题。国际新闻传播教育要秉承教育报国的原则宗旨，在教育教学、人才培养中，把“四个意识”摆在首位，坚持立德树人的育人理念，践行课程思政

的育人方式[①]。课程思政对于国际新闻传播的重要性主要体现在两方面：

第一，课程思政为国际新闻传播人才培养模式创新提供了契机。2021年5月31日，习近平总书记指出要下大气力加强国际传播能力建设，形成同我国综合国力和国际地位相匹配的国际话语权[②]。国际新闻传播人才，作为讲好中国故事、传播好中国声音的主体，承担着提升中国话语权的时代重任。然而，国内高校国际新闻传播人才尤其是多语种人才的培养仍处在起步阶段，如何实现国际新闻传播人才培养模式的创新已成为高校面临的新挑战[③]。课程思政把"立德树人"融入国际新闻传播教育全过程，使国际新闻传播教育回归"育人"的初心和使命，也为人才培养模式创新提供了全新的思路。国际新闻传播教育只有坚持"以人为本"的原则，才能更好地聚焦专业特点和育人要求，适应创新型、复合型、应用型人才培养需要，推动国际新闻传播专业教育与思政教育紧密融合。

第二，课程思政是构建中国特色国际新闻传播理论的关键。目前，国际信息流的方向主要由欧美等国家主导，国际舆论场上中国和亚非拉等发展中国家处在边缘化地位。要想改变这样的国际传播格局，全面提升中国的国际话语权，必须建构中国特色的国际传播理论，这应该是未来国际新闻传播人才的重要使命之一。信息技术日新月异的今天，国际新闻传播人才不仅要有知识储备，要具备运用新技术的技能，更重要的是要有强烈的社会责任感和职业使命感，有志于通过中国国际传播理论的创新，推动构建国际传播新格局。思想政治教育围绕"爱党、爱国、爱社会主义、爱人民、爱集体"，有助于大学生坚定理想信念、提升责任感和使命感，为建构新的国际传媒秩序贡献中国力量和中国智慧，形成中国道路[④]。

总之，课程思政将推动人的全面发展。在课程思政视域下，国际新闻传播教育的目标不仅仅是"英语＋新闻"人才、"外宣人才"或具有多语种能力的新闻编译人才，而是拥有多元知识结构、宽广国际视野，集专业技能、政治素养和文化素养于一身的跨领域高端人才。

三、国际新闻传播课程思政的目标

在"5・31"讲话中习近平总书记还强调，要加强高校学科建设和后备人才培养，提

---

① 高晓虹，赵希婧.守正创新：我国新闻传播教育理念探索与实践转型［J］.中国出版，2020(14)：3-9.

② 习近平在中共中央政治局第三十次集体学习时强调加强和改进国际传播工作展示真实立体全面的中国［EB/OL］.(2021-06-02)［2021-12-1］.http://dangshi.people.com.cn/n1/2021/0601/c436975-32119507.html.

③ 张红梅.新文科视域下多语种国际新闻传播人才培养[J].青年记者，2021(14)：93-94.

④ 姜飞.新时期对未来国际新闻传播人才培养的思考[J].新闻与写作，2020(7)：37-42.

升国际传播理论研究水平。习近平总书记的讲话为提升国际新闻传播人才的培养质量提出了根本遵循。在国内外形势复杂多变的当下，国际新闻传播人才的培养必须在知识传授和能力培养的同时，融入思想引领、价值塑造等框架要素。国际新闻传播课程具有强烈的政治导向性，课程思政必须成为国际新闻传播专业人才培养的有机组成部分，并贯穿人才培养的全过程。本文将把国际新闻传播人才培养的能力目标与高等教育“立德树人”的总体目标相结合，探讨未来国际新闻传播课程思政的具体目标。

（一）提升政治素质、树立大局观念

可以说国际新闻传播对人才的政治素质提出了特殊要求。国际新闻传播专业“立德树人”的首要目标是培养国家主体意识、培养坚持党性原则、把握正确政治方向、坚定“四个自信”的国际新闻传播工作者。此外，国际新闻传播人才的政治素质集中体现在能学习好贯彻社会主义理论体系，并在国际新闻传播实践中与国家政策方针保持一致；同时要对党和国家的事业有高度的责任心，对人民群众有深厚的情感[①]。总之，只有具有政治素质硬、大局意识强的国际新闻传播人才才能肩负起党的新闻事业的接班人的使命。

（二）了解中国国情、提高中国文化素养

国际新闻传播人才不仅要掌握理论知识，更要具备社会观察能力以及对国际新闻传播现象的敏感性。国际新闻传播课程思政有助于学生们深刻认识自己国家的现实情况，理解中国五千年积累的优秀传统文化并反映对外开放和现代化建设成果的当代文化。只有理解中华文明的变迁史，才能在认知中国文化独特之处以及全球其他文化与中国文化的差异的同时，更好地理解和欣赏世界文化的多元性，而不会在纷繁复杂的国际传播中迷失方向。可以说，文化素养在一定程度上决定了新闻工作者对新闻价值的判断力和敏感性，也决定了其对素材的挖掘深度和报道形式[②]。良好的文化素养不仅能促生文化自信和民族认同，同时在面对国际受众时，能做到自觉维护国家形象，讲好充满文化底蕴的生动的中国故事。

（三）拓宽全球视野、正确认识世界和中国

近年来，很多国际新闻传播毕业生思想深度不够、知识面狭窄，在国际场合与西方

---

① 谢庆立. 怎样培养会讲中国故事的人[J].党政干部参考，2016(21)：41.

② 张文超，刘沫潇.国际新闻传播需要文化滋养：兼论国际新闻人才的文化素养[J].对外传播，2017(1)：54-56.

媒体同台辩论缺乏竞争力，与国际媒体合作呈现新闻的能力欠缺。系统性的课程思政建设可以帮助学生立足中国、面向世界，把握世界与中国的发展脉络，清晰认识中国在当今世界格局与全球治理体系中的地位和作用，更加全面客观地认识当代中国，更加理性冷静地看待外部世界；同时引导学生进一步坚定“四个自信”，更好地站在中国立场阐释和报道世界、从世界立场讲好中国诠释世界。

(四)培养跨文化素养、提升共情能力

由于中外意识形态和文化价值观存在差异，国际新闻事件中的误解、误读、矛盾、冲突等问题无法避免。课程思政可以培养具备跨文化素养和共情能力的国际新闻传播人，使他们遇到跨文化问题时，懂得换位思考、跨越文化差异、寻求共通点，并由此探索和搭建起不同文化之间相互沟通和理解的桥梁。具备跨文化素养的国际新闻传播人，一方面能够发现、认知和提前消化、规避文化和文明的冲突，另一方面能够跨越文化的边界，在人类命运共同体视野下融入跨文化冲突争端解决机制①。

总之，课程思政融入国际新闻传播专业学习，使人才培养具有更加明确的目标。课程思政和专业学习作为高等教育“立德树人”目标的两翼，必须双管齐下。在课程思政的引领下，国际新闻传播教育要着眼国家需求和时代需求，培养既具有扎实的专业知识，又具有良好的文化素养；既具有出色的实战能力，又具有过硬的政治素养；既立足中国，又具有广阔的国际视野和跨文化沟通能力的全面发展的人才。

四、国际新闻传播课程思政实施路径：以上海外国语大学为例

2019 年 3 月，习近平总书记在学校思想政治理论课教师座谈会上指出，落实好“立德树人”的根本任务，思政课是关键课程，同时也“要挖掘其他课程和教学方式中蕴含的思想政治教育资源，实现全员全程全方位育人”②。课程思政强调课堂的教与学都应该具备育人功能，要让全部课程成为思政教育的主渠道，让课程思政贯穿于人才培养的全过程。就国际新闻传播专业而言，要通过“勘探”“冶炼”“加工”等环节用好“课堂教学”主渠道，也要注重实践拓展③。

---

① 姜飞.新时期对未来国际新闻传播人才培养的思考[J].新闻与写作，2020(7)：37-42.

② 实现全员全程全方位育人(新知新觉)[N]. 人民日报，2020-02-20(9).

③ 高晓虹，赵希婧.守正创新：我国新闻传播教育理念探索与实践转型 [J]. 中国出版，2020(14)：3-9.

上海外国语大学新闻传播学院在学校构建“具有外语院校特色的思政工作体系”[①]的大框架下，以马克思主义新闻观为引导，积极探索课程思政多元融通路径，融会贯通专业教学中的思政教育，实现课程思政在所有学科全覆盖，初步形成了由思政“三课”、思政＋实践、思政＋党建、思政＋专业四大模块组成的、具有国际新闻传播特色的比较完善的课程思政体系。

（一）思政“三课”协同一体

专门的思政课程是实施课程思政最重要的渠道和平台。目前，上海外国语大学新闻传播学院已经初步建立思政“三课”体系，即课程思政公共必修课（世界中国）、思政专业课（习近平新时代中国特色社会主义思想概论）以及部校共建特色思政课（新时代的中国）。这些思政课程旨在引导学生认识中国国情、提升政治素养、拓宽国际视野、正确认识中国与世界的发展大势。

近些年来，上海市各高校在必修课基础上，推出“中国系列”思政课选修课，立足伟大实践、深入阐释习近平新时代中国特色社会主义思想。“世界中国”作为50门特色精品课程之一，是上海外国语大学面向新闻传播学院本科生的公共必修课。该课程包括坚定文化自信，讲好中国故事、世界历史文明中的中国等10个专题。各大专题紧紧依托上海外国语大学“多语种＋”与区域国别研究的学科优势，从马克思主义的立场和观点出发，立足中国、面向世界。第一课由中共中央原对外宣传办公室主任、国务院新闻办公室主任、全国政协新闻发言人赵启正讲授，题为“坚定文化自信讲好中国故事——国家形象和公共外交的价值”。其授课内容广受学生好评，一些新颖且富有哲学思考的理念深入人心。该课程引导学生关注世界形势发展变化，提升学生的全球视野，正确认识和阐释中国和世界。

针对新闻传播学院特色和学科优势，用习近平新时代中国特色社会主义思想指导国际新闻传播，结合上海外国语大学马克思主义学院与新闻传播学院的师资，开设了专门针对国际新闻传播学生的思政课程“习近平新时代中国特色社会主义思想概论”。该课程围绕习近平新时代中国特色社会主义思想的形成背景和科学体系、习近平总书记关于国际传播重要论述的理论与实践解析（国际大变局与提高国际传播能力、中国国际社交媒体舆论场与舆论斗争、中国国际话语权战略、中国外宣实践发展）、习近平

---

① 姜峰，李岩松．“立德树人”目标下外语教育的新定位与全球治理人才培养模式创新[J]．外语电化教学，2020(6)：27-31.

总书记关于坚持和发展中国特色社会主义的重要论述、习近平总书记关于新时代社会主要矛盾的重要论述、习近平经济思想等专题开展。该课程旨在用习近平新时代中国特色社会主义思想引导学生进行专业学习，实现中国特色国际新闻传播理论创新。

自2020年以来，上海外国语大学新闻传播学院依托部校共建项目，邀请政界、学界、业界名师大家开展“新时代的中国”国情教育系列讲座。主讲人基于一线经验、紧贴中国国情，从国际新闻传播工作的实际需要出发，围绕国际传播能力建设、习近平总书记“七一”重要讲话、浦东开放开发、上海城市软实力、中国特色大国外交与中美关系、体育强国、自然资源、对外传播体系等具有鲜明时代特色的议题，为学生提供了一扇了解中国国情、更好地认知世界的窗口。

新文科建设的要旨在于学科交叉、融通以及现有专业的转型升级①。培养多语种国际新闻传播人才，不能仅依托一个学科、一个学校或一个领域，未来需要进一步打破新闻传播学、政治学、马克思主义、世界文明史、区域国别研究、中外语言学等多个学科的壁垒，整合校内外多学科、多领域师资力量，切实贯彻同向同行、协同育人的课程思政教育理念。

（二）课程思政与传媒实践同向同行

国际新闻传播属于应用型学科，因而实施课程思政必须体现专业性、实效性和实战性。国际新闻传播课程思政也需要注重理论与实践相结合，在传媒实践中活用马克思主义新闻观，不断拓展课程思政建设的方法和途径。具体而言，国际新闻传播专业教育必须走出校园，全方位接轨国内外国际媒体实践，学生可以在学校和传媒共同指导下以多种形式向世界讲述中国的发展故事，使思政教育真正“入耳、入脑、入心”。

上海外国语大学新闻传播学院组织学生广泛参加与《新民晚报》合作的“国庆一日”学子报道活动，用纸笔和相机记录并分享自己共庆国庆的体验。近日，学院与电视资深制作人合作的对外传播高端访谈纪实片则推出《部长来了》高端专访节目，邀请赵启正从国际传播角度展现中国的发展，专访节目在学习强国、B站等平台获得很好的传播效果。此外学院师生团队还为国家外宣媒体CGTN以及上海外宣新媒体“第六声”提供国际传播效果研究和调查，并提交调研报告，获得一致好评。

在习近平总书记关于国际传播能力建设思想指导下，国际新闻传播人才的培养必须服务于国家整体的“外宣”需求。为此，国际新闻传播教育必须加强与各类政府部门

① 张红梅.新文科视域下多语种国际新闻传播人才培养[J].青年记者，2021，(14)：93-94.

进行跨界合作，打造各种“外宣”实践平台，为国际新闻传播人才走向世界打下坚实的基础。例如，上海外国语大学新闻传播学院与松江区融媒体中心合作，共建全球传播实训基地。依托实训基地，松江融媒体中心与上海外国语大学新闻传播学院在“上海松江”客户端共同主办上线英语频道。该频道编辑部集合专业教师、外籍专家、业界导师、专业记者以及本硕学生，相继推出“走近松江新农村”“外国人在松江”“上海非遗文化”等系列策划，在培养讲好上海故事、中国故事的国际新闻传播人才方面取得了突出成绩。作为上海唯一的项目，该平台荣获2021年度全国地方党媒融合发展创新示范项目奖，体现了高校学科与地方发展、国家战略密切合作带来的新发展和新成果。

此外，上海外国语大学新闻传播学院师生团队与上海市委外宣办合作开展“涉沪国际舆情与外宣媒体研究项目”，与上海市委新闻办联合新民晚报社共同合作完成百集融媒体产品《百年大党——老外讲故事》，服务上海城市软实力建设，展示了出色的多语种能力和跨文化素养。

（三）课程思政与党建工作深度融合

加强党建工作，必须创新教育方式和手段。课程思政与党建工作深度融合，既是对党建活动的创新，又为课程思政开辟了全新的渠道和平台。课程思政融入党建工作、打造红色品牌实践活动是值得探索的一项特色思政教育活动。上海外国语大学新闻传播学院与中国日报社合作开展“脱贫攻坚看会昌”以及背包记者团活动，在记者引领下深入田间地头走访乡民，在中国日报社的平台发表多媒体报道和采访札记，采访结束后还以“党建直播间”形式与《中国日报》编辑部连线分享并总结记者团的收获，创新党建活动。背包记者团还走进俄罗斯，以多媒体报道形势回溯红色起源，将四史教育融入国际新闻报道实践，报道内容在《新闻晨报》、东方网等多家主流媒体刊发。目前，学院与虹口区北外滩集团开展共建活动，之后会集合学院的人才优势和北外滩集团的资源优势，陆续推出“百年北外滩”和“多语种影视制作和配音”等充满思政元素的党建和国际传播实践项目。

总之，这些融入思政元素的党建活动以生动有趣的形式向教师和学生展示了中国的红色文化、风土民情、党的发展历程和现状，不仅有助于提升国际新闻传播人才对中国文化、中国国情和中国共产党的认知、拓宽国际视野，而且有助于提升他们在国内外新闻媒体的实际工作能力以及讲述中国故事的能力。

(四)多途径、全门类融入思政内容

习近平总书记提出"将高校思想政治教育融入课程教学和改革的各环节、各方面,实现立德树人润物无声"。为了实践课程思政全覆盖的理念,需要从教学管理、教学实践、教学评估等各个环节做好统筹规划,创新课程思政融入专业教育的路径和模式。结合国际新闻传播专业特色制定课程思政实施方案,需要从课程体系、教学目标、大纲、教材、教学方法评估、师资等方面对课程思政进行具体细致的规划。

首先,思政理念必须全方位融入国际新闻传播专业课程体系。专业必修课、外语类基础课以及各类选修课都需要包含思政内容,并设定明确的思政教学目标。例如,上海外国语大学新闻传播学院的外语类课程注重文化内容的拓展以及跨文化能力的培养;"跨文化沟通"课程作为专业选修课程,内容涵盖中国文化、世界多元文化、中外价值观、文化差异等思政元素。这些课程有效提升了学生的外语能力、文化素养和跨文化能力。

课程思政是一项系统性工程,仅仅依靠一门课程、一个专业通常难以完成。树立"课程思政"的理念,需注重挖掘各类专业课程和学科资源,将不同学科领域的专家学者资源、学术资源、学科优势转化为育人资源,从而形成育德合力,与思想政治理论课同频共振①。开展课程思政建设,各专业通过打造"课程链",建设以精品课为引领的课程思政群是一种行之有效的"育德合力"方案。"课程链"覆盖主要专业课程,可以为各个专业方向的课程思政内容的有机融合提供有利的契机。

其次,为了避免课程思政的融入生搬硬套,教学方法的选择必须融合现代教育理念,突出灵活性和特色性。上海外国语大学国际新闻传播课程致力于改变以教师为中心的传统课堂教学模式,采取线上线下相结合的现代教学模式。目前,"英语新闻采访与写作""英语特写采访与写作""跨文化沟通"等多门专业课程在传统的课堂教学以外,把慕课灵活引入课堂教学和课外活动环节,取得了良好的教学效果。在课堂活动设计方面,尝试"以学生为中心"的翻转课堂模式,运用视频展示、案例分析、角色扮演、小组讨论、个人展示等丰富的教学活动,使学生的课堂参与度大大提高。这种教学理念的运用不仅锻炼了学生的批判性思维能力,而且充分激发了学生的积极性和创造性,有效提升了课堂教学效果。

最后,课程思政要达到立德树人的育人目标和良好效果,应该具备一支政治站位

① 焦连志,黄一玲.从"学科德育"到"课程思政":习近平关于教育的重要论述指导下的高校德育创新[J].集美大学学报(教育科学版),2019,20(1):1-6.

高、思想素质和专业素质优秀的教师队伍①。一些从事国际新闻传播教学的教师对开展国际新闻传播课程思政的战略高度重视不够、认识不深，思政意识仍然比较薄弱。教师作为实施课程思政的主力军，必须深刻理解课程思政的重要性并具备开展课程思政的实战能力。为了实现国际新闻传播教育"立德树人""价值引领"的目标，必须通过专题讲座、授课等形式，从教材选取、思政元素挖掘、教学方法创新、课堂设计等方面对教师进行专门的课程思政培训，提升他们的课程思政意识和能力。

五、结语和理论反思

课程思政作为高等教育的一项战略性、系统性工程，必须全面统筹、逐步推进。目前，国内高校中的国际新闻传播课程思政建设虽取得了一定的成果，但总体而言还处于初级阶段。未来，要建设具有鲜明的国际新闻传播特色的课程思政，需要教学管理层面与教学实践层面积极配合，共同探索全校协作、全员参与的课程思政体系。为此，本文提出以下三点建议，作为结语：

首先，突出国际新闻传播人才培养的主体性。新时代国际新闻传播教育要面向世界面向未来，必须首先思考"培养什么样的人才"的问题。面临如此复杂多变的国际舆论环境，国际新闻传播人才需要对"我是谁"和"我为了谁"有清醒的认知。在新文科建设的框架下，国际新闻传播教育从本质上讲是"人格"教育，即培养对中国文化身份拥有强烈的认同感、对社会主义拥有坚定的理想信念的人才。国际新闻传播课程思政建设只有处理好人才培养的主体性地位，才能平衡好育人的其他环节。

其次，突出国际新闻传播课程思政的灵活性。由"思政课程"走向"课程思政"的关键在于思政教育与专业教育的融合必须突出专业特色，并体现出高度的灵活性。国际新闻传播作为应用导向、实践技能驱动型的专业，课程思政必须结合中国丰富的国际传播实践，以"润物细无声"的方式贯穿于"外宣"实践和教学的全过程，让学生在专业教学和国际传播实战过程中体会课程思政的丰富内涵，并反过来更加坚定他们对自己国家的热爱和国际新闻传播的热情。

最后，注重国际新闻传播课程思政的实效性。目前，加强国际传播能力建设已经上升为国家战略，国家急需培养大批国际新闻传播人才，助力我国国际传播能力和全球话语能力的提升，改变中国在国际传播中相对被动的格局。课程思政为国际新闻传

---

① 吴岩.新使命 大格局 新文科 大外语[J].外语教育研究前沿，2019，2(2)：3-7，90.

播的后备人才的培养提供了全新的思路。未来我们需要在教学实践中不断探索课程思政与专业教育的深度融合过程,并逐步建立有效的评价体系,确保国际新闻传播课程思政落到实处,具有实效性。

〔郭可,上海外国语大学新闻传播学院,院长、教授;索格飞,上海外国语大学新闻传播学院,讲师〕

〔责任编辑:陈欣钢〕

新文科视域下新闻传播课程思政的内涵及建设目标*

The Connotation and Construction Goals of Curriculum Ideology and Politics in Journalism and Communication from the Perspective of New Liberal Arts

◎ 郑亚楠

Zheng Yanan

摘要：新文科与新闻传播课程思政有着内在的逻辑关系，它们既是对党又红又专教育思想的历史继承，又是融入世界高等教育的中国答案。为此，新闻传播课程思政的内涵是：掌握正确的价值观和方法论；具有坚定的政治立场；增强理想信念；拥有家国情怀；发扬人文精神；做好品德修为；追求公平正义；自觉使命担当；对人诚信友善；恪守职业道德。而实现新闻传播课程思政的目标必须抓住两个关键要素：课堂和教师。课堂是课程思政的主战场；教师是课程思政的主力军。

关键词：新文科；新闻传播；课程思政；又红又专；立德树人

Abstract: There is an inherent logical relationship between new liberal arts and curriculum ideology and politics in Journalism and Communication. They are not only the historical inheritance of being red and expert education thought of the Communist Party of China, but also a Chinese answer to integrate into the world's higher education. The connotation of curriculum ideology and politics in Journalism and Communication is as follows: upholding correct values and scientific methodology, having a firm belief in socialism with Chinese characteristics, construction of ideals and convictions are continuously strengthened, cultivating devotion of family and country, calling for the strengthening of humanistic spirit, hammering into shape to the moral

* 本文为2021年浙江省省级课程思政教学研究项目“新文科视域下马克思主义新闻观课程思政探索”阶段性成果。

cultivation, making major strides in ensuring equity and justice, taking consciously on missions and responsibilities, promoting honesty and friendliness, adhering professional ethics. To achieve the construction goals of curriculum ideology and politics in Journalism and Communication, two key elements must be grasped: class and teachers. The class is the main battlefield of curriculum ideology and politics, teachers are the main force of curriculum ideology and politics.

Keywords: new liberal arts, journalism and communication, curriculum ideology and politics, being red and expert, morality-strengthening education

如果盘点十三五至今中国高等教育热词,双一流建设、新文科、课程思政都会入选。从国家政策层面看,2018 年 8 月,教育部、财政部、国家发改委公布了中国双一流大学建设的总体要求;2018 年 12 月,教育部公布了新文科建设指导意见;2021 年 5 月末,教育部发布了高校课程思政建设的指导纲要,应该说这是继 1977 年高考制度恢复以来高校教育教学改革的重大布局。这其中,人们最需要理解的是课程思政。因为,课程思政不是一门课程,不是一个现成的课程体系,但它却在紧锣密鼓地落实,那么,它的内在规定性是什么? 2021 年 6 月,教育部公布了 30 个课程思政教学研究示范中心、699 个课程思政教学名师和团队;同时,教育部拟在 12 月完成组织推荐全国课程思政教学指导委员会的工作。据不完全统计,目前至少有 28 所高校通过媒体分享了课程思政的执行情况。[①]

本文将从新文科与课程思政的关系入手,从立德树人与百年大计、人才培养与课程体系、师资队伍与责任伦理等方面,考察二者的纵横逻辑,描述和分析新闻传播课程思政建设的落点,明确新闻传播课程思政的内涵和建设目标。

一、课程思政是新文科建设的新要求

(一)新文科建设与"双一流"建设的应然关系

要搞清楚课程思政与新文科的关系,先要搞清楚新文科与"双一流"的关系。2018

① 在中华人民共和国教育部网站以"课程思政"为关键词进行搜索,截至 2021 年 11 月,媒体报道了 28 所高校课程思政的情况。资料来源:http://so.moe.gov.cn/s? tab=all&siteCode=bm05000001&qt=课程思政&sitePath=true。

年8月发布的《关于高等学校加快“双一流”建设的指导意见》释放出今后高校要在教育强国中奋起的信号，尤其要探索具有中国特色的高等教育发展之路。世界上发达国家均有类似中国“双一流”高校的强国举措。德国称之为“卓越集群”，也叫“卓越战略”，共有若干所高校获批了卓越战略的卓越大学①。澳大利亚由澳大利亚研究理事会（ARC）领衔启动了“卓越中心”计划，这些中心集中了澳大利亚最精英的研究力量，14所获批高校的资助比重达全国高校前20强的70%，且排名都在软科世界大学学术排名500强以内②。日本推行全球顶尖大学计划，在进入新世纪就开始的“21世纪卓越中心计划”和“全球卓越中心计划”的基础上进一步整合优质资源进行改革，创建具有国际竞争力的一流大学③。丹麦科学、技术和创新署推出的是“大学科研投资资本计划”，鼓励建设在世界上具有重大战略意义的大学④。瑞典有“林奈中心计划”，拟在医学、自然科学、工程科学和人文社会科学四个领域引领世界⑤。可见，中国建设一流高校、一流学科的“双一流”行动势在必行。除鼓励传统研究型大学、具有一流潜质的应用型大学和职业技术型院校争创一流之外，我们还面临着一些严肃的问题，那就是怎样才能与世界高等教育携起手来？在“双一流”建设过程中该如何进行反思、扬弃和发展？按照中国高校学科分类的习惯，为具体落实“双一流”建设目标，教育部在2018年年底提出了建设新工科、新文科、新农科、新医科四大领域的顶层设计方案，加速知识生产由求真向求用的转变，以契合知识经济背景下知识生产与科学研究的新趋势。本文涉及的新闻传播课程属于新文科建设范畴，因此，新闻传播教育自然要承担起新文科建设的各项任务。

（二）课程思政与新文科建设的一体化

新文科建设一个很重要的面向是强化专业教育的前沿性、高阶性和国际性，按照社会学家、教育学家马丁·特罗认为高等教育应从精英教育到大众化教育再到普及化教育的理论判断，我国高等教育从2019年已进入普及化教育阶段，该年高校招生录取

① 陈洪捷，巫锐“ 集群”还是“学科”：德国卓越大学建设的启示[J].江苏高教，2020(2)：1.

② 郭宝宇，等.澳大利亚的一流大学建设[J].现代教育论丛，2017(1)：82.

③ JSPs-Global COE Program[EB/OL].(2009-01-19)[2019-10-25].http://www.jsps.go.jp/english/e-globalcoe/data/01_outline_guideline/rev_guide.pdf.

④ Was UNIK unique? Evaluation of effects from the Danish research excellence initiative UNIK [R]. Copenhagen: The Danish Agency for Science, Technology and Innovation, 2016: 18.

⑤ Swdish Research Council. Midterm evaluation report of the 2008 Linnaeus centres[EB/OL].(2014-05-10)[2019-11-09]. https://www. vr. se/download/18. 2412c5311624176023d25557/1529480559131/Midterm-Evaluation-2008-Linnaeus_VR_2014.pdf.

914.9 万人，录取率 88.7%。然而，现实的问题是我们尚没有达到欧美发达国家普及化教育的程度，即教育功能由专才教育完全走向通识教育，我们还必须培养大量的专门人才来适应科技创新、知识经济时代的国家需求。如何解决这一矛盾？有专家给出的答案是“先质变后量变”“以质变促进量变”①。新文科建设不仅要提升中国高等教育普及化初级阶段的质量，而且要在培养专才上更上一层楼。不仅要打破专才与通才的简单切换，而且要培养出德智体美劳全面发展、立德树人的国之人才、党之人才。因此，课程思政与新文科建设具有一体化的性质，课程思政不是一门课，而是融入在新文科的所有课程中。二者的相通之处在于：

其一，是对党又红又专教育思想的历史继承。

中华人民共和国成立 70 多年来，中国高等教育的长足发展，离不开党的领导。党的教育思想始终是第一位的，高等教育要培养社会主义接班人的思想始终不渝。1957 年刚刚完成社会主义改造，开始全面建设社会主义时，毛泽东主席就肯定了“又红又专”的教育思想。他用辩证思维分析了红与专的关系，指出：“政治和业务是对立统一的，政治是主要的，是第一位的，一定要反对不问政治的倾向；但是，专搞政治，不懂技术，不懂业务，也不行。我们的同志，无论搞工业的，搞农业的，搞商业的，搞文教的，都要学一点技术和业务。我看也要搞一个十年规划。我们各行各业的干部都要努力精通技术和业务，使自己成为内行，又红又专。”②这既是对干部的要求，同时也是对高等教育办学方向的肯定。而且，20 世纪五六十年代清华大学的实践也充分证明了这一点。时任清华大学校长蒋南翔在接手改造清华大学时，积极倡导又红又专、全面发展的办学方针，要求师生政治、业务双肩挑起来，培养了一大批红色工程师，在核技术、原子能、电子计算机等领域形成“清华现象”，为社会主义建设奠定了坚实的人才基础。十八大之后党提出立德树人是教育的根本任务，与又红又专思想有着内在的精神承接。它仍然是要回答“培养什么样的人，为谁培养人，怎样培养人”这一根本问题。在中华民族奋斗历程中，目前是最接近伟大复兴目标的时期，高等教育有责任担当起这一重任，为社会主义建设、为国家前途培养人才。从又红又专到立德树人，是中国社会主义建设不同时期对高等教育人才培养始终坚持的目标，是中国社会结构转型的必要前提，是中国实现长远发展的新要求，是走出各种现代化陷阱的重要保证。

其二，是融入世界高等教育的中国答案。

受世界哲学思潮影响，20 世纪六十至八十年代欧美国家新自由主义教育思想盛

---

① 潘懋元.中国高等教育大众化的理论与政策[J].高等教育研究，2001(11)：2.

② 毛泽东.关于农业问题[M]//毛泽东文集：第七卷.北京：人民出版社，1999：309-310.

行，其主要议题是围绕“市场与政府”在教育中的作用展开的。这一论战不仅停留在学理层面，更多是进入各国的教育政策当中。尽管新自由主义内部派别林立，名称多样（美国称新自由主义，英国称新保守主义），但核心原则是两个，即个体自由和市场。政府要提供最基本的教育服务，但选择学校的权利在于个人。与大多数自由市场一样，供需双方靠竞争刺激进行平衡，学生和家长是消费者，学校和教师是教育服务的提供者。这样，政府建立的学校除了要与同类学校竞争外，还要与私立学校竞争，它们通过一系列的政策工具（如：税收减免、优惠券、择校等）解决政府掌控学校的问题，实行教育的市场化、民营化、分权化。应该说，这是与西方发达国家社会结构、经济结构相适应的道路选择。但即使是这样，经过多年实践，还是能够清楚地看到其弊端。主要表现在：第一，对教育质量的提升比较有限；第二，以狭隘的经济效益作为衡量教育改革的成效标准，忽视竞争条件的差异，导致出现了一系列负面影响。不可否认，中国改革开放步伐的加快，社会结构的转型推动了高等教育走向市场化的进程。高校规模的扩张、收费制度的实施伴随着西方新自由主义教育思想的引进，使得教育的资本逻辑越来越强，教育的专业逻辑越来越重，而教育的政治逻辑，即培养什么人的目标则越来越淡。功利主义价值观在高校青年人中盛行，精致的利己主义者遮蔽了教育的意识形态属性。像所有的传播都是有意义的传播一样，高校的意识形态属性不可回避。因此，作为国之大计、党之大计的高等教育与中国社会各个行业的改革一样，要不断地完善党和人民需要的教育体制和制度，探索符合中国社会结构转型时期的具有中国特色的高等教育改革之路。课程思政是一种中国答案。它的提出是多年以来从加强和改进学校思想政治教育工作到开展德育课程改革所积累的大量实践经验的总结，是从思政课程到课程思政的系统化转向，其面向是涵盖所有课程，是全员、全程、全方位的育人大格局。

二、新闻传播课程思政内涵的认识

发轫于“五四运动”时期的中国新闻教育天然地保有反对帝国主义、封建主义的爱国基因，蔡元培在北大新闻学研究会成立时致辞：新闻家应以严肃态度对待新闻事业，否则不但“自毁其品格”，而且“贻害于社会”[①]。革命战争年代，我们党在“青记”成立后迅速在香港创办了中国新闻学院，利用香港环境团结了大量来自沦陷区的爱国青年，教给他们宣传报道的本领，不仅让他们掌握采写技巧，更让他们增强了解时事、判

① 吴廷俊.中国新闻史新修[M].上海：复旦大学出版社，2010：192.

断问题的能力,“由事物现状引导,分析事物发生的背景,以及各方面错综复杂的关系。”[①]从1939年到1947年,陆续举办了五届,毕业生们在抗日战争和解放战争的战场上经受住了血与火的考验,在宣传报道中做出了贡献。陈望道、谢六逸等共产党员和爱国人士无惧山河破碎、颠沛流离,在主持复旦大学新闻系期间,以教育家的眼光和胆识大力推进新闻学教育。谢六逸要求新闻系学生要具备“史德、史才、史识”的素养[②];陈望道以“好学力行”勉励学生,1944年在嘉陵江边为解决学生实习困难创办了复旦新闻馆,这是流亡中的光亮[③]。可见,我们的新闻教育是经历战火,果敢前行的新闻教育。以上的历史积累奠定了我国新闻传播教育课程思政的坚实基础。社会主义建设时期,尤其是党的十八大以来,毋庸讳言,作为以人才培养为主要目标的新闻传播教育正面临着严峻的挑战。一是来自技术革命的挑战。在人文学科中,技术赋权影响了新闻传播教育的走向,能否在一定的时间内培养出适合智能传播要求的新媒体人才,能否为转型中的传统媒体储备后续人才,能否在算法、数据、虚拟中不被工具理性所困……问题接踵而至。二是来自国际传播话语权的挑战。国际舆论场上“有理讲不出”“讲了听众少”的状态是非常尖锐的问题,中国传播话语权的焦虑体现在西方话语体系的排斥上。而新闻传播教育有责任和义务为打破僵局提供人才,因此,新闻传播教育的课程思政要成为破解难点的突破口。习总书记多次对新闻舆论工作、互联网安全工作做出指示,为新时代新闻传播教育指明了方向,那就是在百年未有之大变局下,新闻传播教育更要注重培养学生正确的世界观、人生观、价值观,让新闻传播领域的Z世代了解国情、认识社会,专业知识的习得与人格养成双向合和,课程思政是新闻传播教育的时代擘画。

以下十个方面是新闻传播课程思政所包含的特质:一是掌握正确的价值观和方法论。何谓正确?即认识马克思主义面向世界、改造世界的哲学本性,关注人的实践,关注千百万人的实践,“不是意识决定生活,而是生活决定意识”[④],这也是马克思主义新闻观的精髓所在。方法论即唯物主义辩证法,它的意义在于引导人们“从事实中发现联系”,而不是“从头脑中想出联系”[⑤],不懂辩证思维,两个自然的事件也联系不起来。报道万千事物的新闻传播者需要选择、甄别事件。二是具有坚定的政治立场。中国的

---

① 颜志仁.怀念我的母校[M]//历史 话旧 怀念 香港中国新闻学院纪念文集.香港中国新闻学院校友会筹备会,1984:73.

② 吴廷俊.中国新闻史新修[M]//吴廷俊.中国新闻史新修.上海:复旦大学出版社,2010:291.

③ 吴廷俊.中国新闻史新修[M]//吴廷俊.中国新闻史新修.上海:复旦大学出版社,2010:291.

④ 中央编译局.马克思 恩格斯《德意志意识形态》[M].北京:人民出版社,2018:54.

⑤ 中央编译局.马克思 恩格斯《德意志意识形态》[M].北京:人民出版社,2018:54.

改革开放对于社会主义国家来说是从理论到实践的一场深刻变革。社会主义商品经济从生产、交换、分配到消费的各个领域都与过去有很大不同，这也是中国在历次国际风波中站得住的物质基础，东欧和苏联都没有做到①。新闻传播要讲出“社会主义为什么能”的道理。三是增强理想信念。2016 年习总书记在知识分子、劳动模范、青年代表座谈会上寄语青年人：“要以国家富强、人民幸福为己任，胸怀理想、志存高远，投身中国特色社会主义伟大实践，并为之终生奋斗。心中有阳光，脚下有力量，为了理想能坚持、不懈怠，才能创造无愧于时代的人生。”新闻传播从业人员不仅是时代的记录者，也是时代的创造者。现在青年网络社区里，经常看到啃老、蹲族现象，这与家庭教育、学校教育的偏差有很大关系。理想的养成，信念的忠诚与生存教育、生命教育密切相关。四是拥有家国情怀。要想认识中国社会就要认识中国家庭，家是中国社会的基础。中国社会与家的关系是“反馈模式”，而不是西方社会的“接替模式”。诚如孟子所说：“天下之本在国，国之本在家，家之本在身”，家国情怀永远是凝聚民心的强大动力。五是发扬人文精神。科学主义和人文精神一直是以“工业化逻辑”主导社会结构现代化转型的决定性力量，然而，现代化转型的负面影响也很明显，工具理性、重商主义不断地变换面孔出现，呼唤着人文精神的加强。自我问题、社群问题、人与自然的问题都要求加大人文精神对话的智慧，以实现人类共通互感的理想。六是做好品德修为。中国自古就讲君子纯真无伪，厚德载物，然而，德之大焉不是生而知之，道德涵养人格，宏正刚毅是中国教育的传统。在这里，我们要看到，如果把德性仅仅理解为通常所述的各种“私德”，还是无法解释生活中人的非理性行为，新冠病毒面前谣言蔓延是典型案例。只有将美德塑造为一个共同追求真善美生活的社会共同体，人的德性成长是在参与政治共同体的构建中显现优质的品性，才是现代社会德性之力量的体现。新闻传播要向人们普及一个道理，听从内心、选择善的人一定会迎接恶的挑战，战胜恶才是公共理性的胜利、共同存在的力量。这个过程才是由个人组成的善的共同体修为的过程。七是追求公平正义。新闻传播的监督本性与朴素的是非判断、伸张正义具有天然的联系，舆论的性质也赋予了新闻传播吸引大众的特性。追求公平正义，追求社会秩序的合理性是新闻传播的理想。不同历史时期都有相关内容的精彩报道。今天对于公平正义最基本的理解是“依宪治国、依宪执政”，即怎样报道出中国的法治体系、法治道路，尤其是中国特色社会主义道路法治选择的合理性。八是自觉使命担当。作为行业，新闻传播业要起到举旗帜、聚民心的作用，新闻传播教育要了解新闻生产的全流

① 胡乔木传编写组. 胡乔木传[M].北京：人民出版社，2015：900.

程，特别是融媒时代主流媒体的阵地意识。对外讲好中国故事，对内讲好改革开放是新闻传播教育的两大使命。要让新闻传播专业的学生懂得党对外交工作的集中统一领导是中国外交的灵魂和根本特征，政党、政府、人大、政协、军队、地方、民间的统筹协调是中国外交的实践创新。十九大报告对中国实现现代化进程做出了新的战略安排，2020—2035 年是新征程阶段，也是面对新问题、新挑战、走出各种现代化陷阱的阶段，讲好新征程故事任重道远。九是对人诚信友善。鲁迅先生说："我们从古以来，就有埋头苦干的人，有拼命硬干的人，有为民请命的人，有舍身求法的人……这就是中国的脊梁。"作为社会信息的传播通道，弘扬各个领域出现的劳动英雄、道德模范是媒体使命，这些人身上具有的诚信友善应该对学生们大力诠释，鼓励学生们继承发扬。十是恪守职业道德。现在媒介生态出现了前所未有的变化，不仅微信、微博、短视频，还有社交机器人，虚假信息、个人隐私泄露、情感欺骗、政治操纵等缠绕在网络空间。从事新闻传播工作的难度不是低了，而是更高了，对职业道德的要求也趋于多元。在人机共生面前保持追踪事件真相的职业操守并非易事。

三、新闻传播课程思政的建设目标

中国的革命和建设，尤其在改革开放中形成有中国特色社会主义道路时有一条宝贵的经验，即"渐进式改革"。课程思政从 2005 年上海的德育课程改革开始，经历了学科德育、大中小学德育课程一体化、三全育人模式，逐渐形成了课程思政的理念与模式。这种发起于基层的改革具有鲜明的实践性，正是这种实践性揭示了其演进发展的逻辑，即至关重要的目标的行动者。课程思政是从实践走向观念，又是从观念回到实践、往复提升的产物，它不是一门课，而是要贯穿到所有课程中，那么，所有课程就是供它生长的有机体，它凭借最基础的单位进行由量到质的变化。因此，本文要探讨清楚新闻传播课程思政如何实现？它的目标实现者怎样？鉴于教育教学本身是一个非常复杂又规范的过程，这里只就课程和教师这两个最基本的目标元素进行分析。

（一）课程是课程思政的主战场

新闻传播课程思政的目标很清楚，要培养具有国际视野、家国情怀、懂融媒体、会传播的社会主义接班人和建设者。承认课程的意识形态属性，认同教育是知识性与思想性的统一，知识传授与价值引领的统一。正如美国教育学家阿普尔所说：课程不仅仅是一个技术问题，也不仅仅是一个心理学的问题，更是政治、经济、文化的问题，可能内容不是中立的，而是意识形态的，是价值负载的。因此，为实现新闻传播课程思政的目标，有以下原则要遵循：

1.融入原则

每门课是课程思政的细胞，也是课程思政的主战场。在教材转化为教学，教学转化为课程的过程中，与课程思政相关的内容既不能硬套，也不能穿靴戴帽，而是要水到渠成。如：在外国新闻传播史的近代德国部分，教材选择的是马克思、恩格斯的办报活动和思想。要想让学生了解200年前的德国、英国及欧洲，了解200年前的马克思、恩格斯，就要定位在回到马克思与发展马克思的高度上。以青年时期马克思、恩格斯出身富足、接受良好教育、都是学霸又都背叛了自己的阶级这种可知可感的史实，还原伟人的成长道路。以他们办报与工人运动的密切关系来理解工人抗拒的资本主义社会有多不公，理解资本主义从控制自然到控制人的深层轨迹，也借此了解社会主义道路的艰难曲折，一切为了人民的中国共产党的道路选择。

2.主次原则

高校的具体课程早已形成了比较完备的教学法，以问题为导向，以评估为牵引的专业课教学集背景分析、工作解析、导出目标、选择目标、制定计划于一体。这种对教学计划性与可控性的强调有助于提高教学效率。课程思政不能割裂专业课的专业性，不能把专业课上成思政课，虽然思政课程与课程思政是同向同行的关系。处理好课程思政与专业课之间的主次问题对于课程思政也是一个考验。新闻传播课程类型大体仍可分为理论、史学与实务三大类，每一类每一门课程思政的内涵贯穿不必整齐划一，知识点与教育性的生成不必各自一半。

3.显隐原则

课程思政的显性指课程的知识性、专业性，反对教育中的工具理性，进而防止人被物欲、资本、消费所奴役。教育的隐形指课程的教育性，隐藏在教材、教学活动中的那些“非智力因素”，包括实体的教学环境、内容拓展，也包括心理感受的校风、学风等。应该说，当二者相辅相成、相互促进时才能达到最佳的教学效果。中国传媒大学在教育部高教司指导下，与《党建》杂志、央视网联合制作的100集《红色文物青年说》是显性与隐形教育的典型，是新闻传播课程思政的有益探索，选择全国100位学生讲述了全国各地红色纪念馆的100件文物，走近红色文物的真实氛围与深情的故事讲述发挥了课堂内教育与课堂外教育结合的作用，而且，它的传播范围、传播效果远远超出了新闻传播类课程。

(二)教师是课程思政的主力军

作为实现课程思政目标的底层逻辑要素,除了课程,还有教师是重中之重。只有课程—课堂—教师相一致,课程思政的目标才有具体、清楚的实施者、责任人。“政策性增长极”的制度力量才能不断释放出“扩散效应”,形成新的课程思政教育版图。教师发展学校,教师在课程中要挖掘出育人因素,把课程思政落实到课堂上。为此,教师有两大目标达成,即思想目标和专业目标。

1.思想目标

其一,崇尚良好师德。

古今中外,对于教师职业的社会期待有着高度的认同:“师者,传道授业解惑也”;“学高为师,身正为范”;“教师的人格,就是教师的一切”。师德师风是每一个新闻传播教师职业生涯的最高追求,也是课程思政的基础。教师在现实生活中,一是要严格遵守《教师法》和《新时代高校教师职业行为十项准则》等法律法规。二是要向师德榜样学习。每年评选的全国模范教师、全国优秀教师和全国优秀教育工作者都是可敬可感可学的人。新闻传播课程思政的教师队伍除了与所有教师一样有责任学习这些榜样人物之外,还有一个特殊的使命,就是要研究怎样将这些榜样人物用“故事化”的手段传播好,推广他们在社会公众中的示范引领效能,与公众的审美与道德取向结合起来,从单一的学习者变成时代的传播者。

其二,坚定政治立场。

新闻传播课程思政教师队伍尤其要坚定政治立场,这不仅是对个人的要求,也是对教师团队的要求。这不仅是现实的要求,也是历史使然。源于 20 世纪五六十年代美国的“和平演变”理论和策略,直至今日也没有停歇。毛泽东主席曾清楚地指出:帝国主义把“和平演变”的希望寄托到中国的第三代、第四代身上。冷战时期的思维至今仍在不断上演,中国走什么样的道路?由谁来领导?一直是国际上唱衰中国和“中国威胁论”的核心问题。新闻传播课程教师队伍中的每一个人都要清楚这种严峻复杂的国际形势,对于历史虚无主义、恶搞英雄人物、曲解历史真相具有清醒的认知;对于百年来中国共产党对理想社会的追求,对新时代中国现代化的理论范式和实践路径做到心中有解。

其三，拥有正确的价值观。

虽然价值观是思维的产物，但常常外化于人的行为选择之中。因此价值观不是虚无缥缈的，而是生活实景。新闻传播课程思政教师队伍提高自觉性和责任心的密码在于树立正确的价值观。新闻传播学科的教师自然会与媒介报道、媒介机构、媒介热点打交道，案例选择和解读分析都会显现出教师的世界观、人生观和价值观，都会直接或间接地影响课堂，影响学生。在专业课中对思政教育元素的挖掘是检验教师价值观的试金石。

2.专业目标

其一，精准提炼思政要素。

教师在课堂中的先导作用赋予了教师是课程思政第一责任人的使命。通过各类专业课精准地提炼出思政要素，并有机地融入讲述内容中，新闻传播的教师队伍必须才华横溢、学识渊博，具备举一反三、纵横捭阖的专业能力。一要提炼优秀的传统文化要素，新闻传播史学课中能提炼出传统报人对儒学实践的扬弃；实务课中能提炼出非遗报道的文脉百变。二是要提炼革命文化要素。中国共产党的新闻宣传理论就是在政治动员中产生的。毛泽东说："这个政治上动员军民的问题，实在太重要了。我们之所以不惜反反复复说到这一点，实在是没有这一点就没有胜利。"[①]三是提炼社会主义建设文化。尤其是中国共产党的改革智慧，大量新闻作品都有生动的记录，重要的是将它们深刻的时代背景讲出来。

其二，无缝对接的言说方法。

课程思政不仅要找出专业课中的融入点，还要注意讲述对象是学生，也是互联网的原住民。用他们听得进去的内容，听得懂的话语去沟通。所有的课堂中，专业知识是硬知识，除此之外，还有叙事隐喻的软知识。知识文本组成的真实与触动听者产生移情进而建构的意义才是课堂的真谛，是教师言说的艺术。特别是运用新媒体技术手段进行课堂外的循环互动，增强课程思政的延展性、情境性和连续性。由中国传媒大学开设的中国新闻传播大讲堂，2021 年以"践行四力，与时代同行"为主题，邀请了全国 32 位优秀新闻工作者作为主讲人，讲述他们最难忘的采访，最深刻的一线工作体会。这种运用数字技术手段，覆盖到全国 719 个新闻传播教学点的传播方式，深受新闻传播师生们的好评。

① 毛泽东选集：第 2 卷[M].北京：人民出版社，1991：513.

其三,文化多元的辨别能力。

毫无疑问,已经进入社交媒体时代的今天,公众接收信息的渠道越来越多样,内容越来越复杂,导向越来越多元,这一切对学生影响深远,对教师也挑战巨大。新闻传播课程思政更要破解这些难题,在“乱花渐欲迷人眼”时具有辨析能力,运用扎实的专业知识为学生指点迷津。而且,要有开阔的国际视野,了解国际教育的发展趋势。如:2021年1月,联合国教科文组织发布了《学会融入世界:未来生存的教育》的报告,提出了从人道主义转向生态意识,从谋求社会正义转向谋求生态正义,人类的本质从社会人类转向生态人类等[①]。基于此,应引导学生在百年未有之大变局下认识人类命运共同体的中国意义。

哲学家西塞罗说:教育的目的是让学生摆脱现实的奴役,而非适应现实。课程思政归根到底是要与新文科建设一道培养社会主义合格的接班人和建设者,是中国高等教育走向世界的又一新征程,新闻传播课程思政是其中重要的组成部分。

〔郑亚楠,浙江传媒学院教授〕

〔责任编辑:陈欣钢〕

① 刘海峰,韦骅峰.高瞻远瞩:中国高教2035与世界高教2050[J].高等教育研究,2021(7):4.

职业楷模与新闻理想："中国新闻传播大讲堂"的课程思政实践及启示

Portraying Models of Four Core Features and Arousing News Ideal: The Curriculum Politics Enlightenment of Chinese Journalism & Communication Grand Lecture under the Context of New Liberal Arts

◎ 欧阳霞　白　龙

Ou Yang Xia　Bai Long

摘要：随着中国新闻传播大讲堂正式确立长效机制，新文科背景下诞生的大讲堂模式在全国范围形成"专业课程＋课程思政"的新思路、新经验。本研究结合中国海洋大学大讲堂教学实践，发现大讲堂案例教学构建的情境性兴趣，有效地唤起学生正面情感和高度专业认同，尤其是在促进个人价值情感体验和职业身份认同方面教学效果显著。大讲堂的新文科融合亮点突出反映在课程思政元素充分融入典型事迹，塑造新时代的四力楷模人物形象，激发新闻专业理想与职业认同。大讲堂通过马克思主义新闻观教育的课程思政理念融入专业课程教学全过程，真正紧扣了立德树人、三全育人的新文科建设的时代主题。

关键词：新文科；课程思政；四力典范；马新观；新闻理想

Abstract: With the formal establishment of the long-term mechanism of Chinese journalism & communication grand lecture, the model of grand Lecture born under the background of newliberal arts has formed a new idea and experience of "professional course ＋ curriculum politics " nationwide. In this study, we found that the case teaching in the grand Lecture of Ocean University of China has built a kind of contextual interest, which can effectively evoke positive emotions and high professional identity among students, especially in promoting personal value and emotional experience and professional identity. The highlights of the grand lecture's new liberal arts integration are reflected in the teaching experience of fully integrating the Civic Affairs elements of the course into the typical deeds, shaping the image of the four power model figures of the new era, and stimulating the professional ideals and professional identity of journalism. The grand lecture integrates the curriculum thinking and Marxism journalism ideas education into the whole process of teaching professional courses, which really closely follows the contemporary theme of building a new liberal arts of establishing moral education and educating people in three aspects.

Keywords: newliberal arts, curriculum politics, models of four core features, Marxism journalism ideas, news ideal

在教育部“新文科”建设的倡议下,2018 年以来各学科之间寻求跨界合作,拓域兼容的学科专业横向发展模式逐渐兴盛起来。中国新闻传播大讲堂作为“新文科”建设和部校共建的新尝试,自启动以来获得新闻教育领域的广泛认可。2020 年中国新闻传播大讲堂以在武汉抗疫一线进行新闻报道的优秀新闻工作者作为主要讲述人,用案例教学以新媒体影像方式讲述新闻行业的典型人物和先进事迹。但与此同时,新文科教学实践不得不直面新闻行业当下复杂的生存环境和新闻专业精神凋零的现实。当前新闻从业者普遍陷入专业认同危机,专业认同危机直接影响行业人员的从业意愿和新闻专业的情感认同。[①] 鉴于新闻生产多元主体的强烈冲击,专业新闻生产的影响力和权威性正在受众端逐步下降。而新闻学子对新闻专业和记者职业的认同产生动摇,新闻理想与家国情怀也在不断淡化。如何唤起下一代新闻从业者的新闻专业精神,激发其职业自尊心和荣誉感是新闻传播学高等教育必须面对的重要问题。本文尝试结合中国海洋大学新闻传播学科的新文科教学实践,观察中国新闻传播大讲堂的课堂思政教学效果,挖掘、总结马克思主义新闻观(下简称“马新观”)教育嵌入专业教学的课程思政经验。

一、专业召唤:大讲堂课程思政教学效果及经验启示

创立于 2020 年的中国新闻传播大讲堂(下简称“大讲堂”),是新时代新闻传播学科推进新文科建设、马新观教育和课程思政有效结合的重要工程。大讲堂从基层新闻

① 王军,丁汉青.理想与现实的差异:新闻从业者职业认知危机的现状及其影响效果研究[J].新闻大学,2021(3):62-75,119-120.

工作者群体中汲取典型鲜活案例，以贴近时代、塑造典型和回归专业为抓手，形成了一门生动、有温度的高水平“金课”。2021 年 9 月教育部提出建立大讲堂的长效机制，推动了新文科建设与课程思政的大讲堂模式走向常态化和制度化。为此，中国海洋大学积极探索大讲堂的创新教学模式，集中新闻传播学科的优势资源，将大讲堂有效融入国家级一流课程“新闻采访与写作”，纳入专业必修课和学分制管理，探求新文科建设和课程思政的新闻专业教育融合理念。为掌握大讲堂模式在中国海洋大学的课程思政实践效果，本研究以学生的大讲堂观后感作业作为研究目标，选择中国海洋大学新闻专业在校学生的 99 篇读后感，近 40 万字的全样本内容进行数据分析。聚焦学生对大讲堂课程的教学评价反馈，一方面可以充分掌握学生对大讲堂教学质量的整体评价和意见，另一方面能够发现对学生有启发和有价值的教学亮点，从字里行间洞察大讲堂案例教学的专业教学价值和思政育人效果。研究首先运用 Gooseeker(集搜客)分词、分类检索平台从所有目标文本提取的高频关键词制作词云图，具体内容如图 1 所示。

图 1　研究样本数据的关键词词云图

通过观察观后感的词云分布情况发现，“时代”“病毒”“隔离”“封城”等关键词反映学生的关注点始终聚焦于抗击新冠疫情主题，同时对大讲堂的楷模形象持较为正面的评价，反复出现“理想”“精神”“情怀”“责任”等关键词。学生以积极修辞的方式将新闻从业者的职业形象从新闻“记者”转移到战争的“战士”形象，“逆行”“战场”“战争”“斗争”等关键词反映新闻学子将战争隐喻投射到新闻记者在抗疫一线的采访报道。多次建构的新闻职业身份符号标识伴随新闻专业理想情感的高度唤醒，学生用大公无私、敬业忘我、客观公正等职业共同精神映射到写实式的白描故事当中。凝结新闻专业性的集体意志召唤着观看者有趋同一致的强烈意愿，鼓励观看者在自我行动中实现新闻理想和社会良知。大讲堂鲜活的视频故事将观看者深度卷入其中,个人的情感体验、认知判断、好恶是非参与到抗疫故事的叙述互动,通过不同的视觉要素呈现故事、符号、仪式等图像框架以裹挟情感参与动员。[①] 越是激发观看者的价值认同和思想碰撞,越能唤起他们较为一致的情感共鸣和态度倾向。

随后研究利用 Gooseeker 软件统计分析样本语句的情感倾向,分词共切分出 8,521 个句子。与情感词典匹配后,得出语句主题情感倾向分布结果,如图 2 所示。数据显示,正面倾向的句子数为 4,685 个,中性倾向的句子数为 2,479 个,负面情绪的句子为 1,357 个。

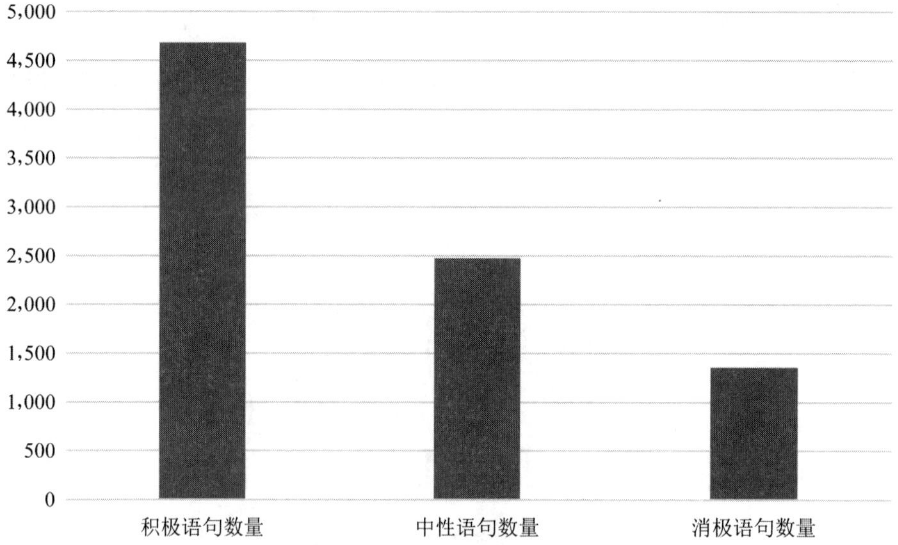

图 2 研究样本语句文本情感倾向统计图

研究发现,正面积极倾向的语句在全样本的篇幅占比最高,约占全文语句总数的 55%。尽管一些文本内容存在消极评价语句,出现如压力、恐惧、悲伤、危险、煎熬等消极词汇,但消极语句主要是反映疫情期间新闻工作者所面对的实际困难,以及用于描述新冠疫情的严重状况,因此大部分文本内容并不是消极评价新闻从业者的专业表现。从样本总体看,情感趋势呈现较为一致的积极倾向。从短期内可以观察到教学视频的主题内容在不同程度地唤起学生短暂、强有力的正面情感反应。

接下来从分词结果抽取正面词汇统计词频,前 20 个高频词汇排序如表 1 所示。

① 李娜,曹茹. 突发公共卫生事件中短视频的情感动员机理研究[J]. 新闻与传播评论,2021(6):81-91.

表 1 研究样本数据正面词词频统计表

序号	标签词	词频	词性	序号	标签词	词频	词性
1	真实	447	形容词	11	担当	142	动词
2	英雄	245	名词	12	创新	138	动词
3	理想	238	名词	13	才能	137	动词
4	使命	204	名词	14	希望	126	动词
5	责任	204	名词	15	伟大	123	形容词
6	情怀	191	名词	16	温暖	120	形容词
7	坚守	189	动词	17	坚定	120	形容词
8	素养	178	名词	18	感动	115	动词
9	优秀	154	形容词	19	感人	103	形容词
10	努力	151	形容词	20	奋战	102	动词

在对正面词的词频统计时发现，大讲堂影像内容唤起新闻专业学生较高的职业认同意识。“真实”“理想”“使命”“情怀”“坚守”“担当”等正面词凸显学生的新闻职业的高度崇敬态度，对秉持客观真实的新闻职业和新闻专业理想有较为美好的憧憬。而“英雄”“优秀”“伟大”“责任”等正面词反复出现，说明新闻从业者作为职业楷模的正面形象深入人心，大讲堂塑造的典型楷模形象获得学生的高度认可。除了新闻专业精神、英雄模范塑造之外，大讲堂内容还唤起学生强烈的正面情绪。“温暖”“感动”“感人”“希望”等关键词的出现反映学生受到正面刺激，普遍表现出肯定和认同的情感倾向。这种正面温暖的情绪暗示同样也增强了学生的自我效能感水平与强度，与塑造个人新闻职业认知和职业精神形成良性互动。高度认同组织的个人将组织的价值观和目标视为自己的一部分，[①]高度的社会认同会鼓励学生与同伴互动或分享经验、意见和专业知识。[②] 强有力的职业认同感促进学生的职业志向和专业兴趣认同，显然这种高度一致的职业认知会显著唤起学生的职业情感认同和后续的行为表现，并内化到学生未来的职业规划和决策行为，实现正向的专业激励。

由此不难发现，大讲堂的案例教学可以唤起学生正面情感与较为强烈的新闻专业认同。大讲堂精心挑选的主题切入点构成一种情境性兴趣，视觉材料的情景化兴趣吸

① HOGG M A, TERRY D J. Social identity processes in organizational contexts[M]. London: Psychology Press, 2014.

② BERGER-ESTILITA J, CHIANG H, STRICKER D, et al. Attitudes of medical students towards interprofessional education: A mixed-methods study[J]. PloS one, 2020, 15(10): e0240835.

引学生高度集中的注意力,[①]新颖且有意义的情境性兴趣以视觉符号的形式刺激个人对特定对象、周遭环境或事件的注意力,特别具有现实的教学价值。身处武汉抗疫一线报道的新闻记者成为教学视频的聚焦对象,他们的所作所为激发了学生对抗疫报道这一主题的兴趣和想象力。而这种激发学生情境性兴趣的唤醒部分源自视频本身深度还原的客观采访现场,源自记者回忆和讲述的画面场景,更源自参与抗疫的每一位伟大"逆行"的小人物。就课堂教学效果而言,视听化内容传达作为一种"重构现场"的新媒体教学手段,在刺激学生学习兴趣、动机和注意力上均有明显的优势。观看作为学习者积极参与的实践活动,不仅是一个持续的、高度关联的监测和理解过程,同时也形成个体复杂的认知活动,它会随着个体的成熟发展以促进学习。[②] 这种教学效果不仅反映在视觉的情境性兴趣和学生的注意力获取,还反映在大讲堂教学目的、价值的建构上,我们可以从人物楷模塑造的榜样引领,以及新闻职业理想的专业精神感召力两个维度上把握。

二、树立楷模:发扬基层典型人物的四力精神和价值引领

教育思想家夸美纽斯在其著作《大教学论》中反复强调榜样示范的意义,他认为社会的"活榜样"必须不断放到学生的面前,优异的德行是对青年人道德的正确训练。[③]塑造典范的榜样教学是在学生面前树立一个优良德行的榜样形象,"活榜样"身上的精神品质与社会成员共同想象的理性品行保持高度一致,以此告诉年轻人什么精神是值得仿效和延续的,利用榜样的引导作用来纠正、改进和提升青年一代的道德品行。长期以来榜样教育是中国共产党向广大人民群众和党员干部开展正面宣传和正面引导的主要方式。党的榜样教育优势在于以人格化的形象感化和打动受教育者,以先进事迹和高尚情操感染人,实现教育目的和自我实现的完整统一。[④] 历史上像邵飘萍、邹韬奋、范长江、穆青等一批新闻前辈的楷模精神今天依然令人奋进,而新时代新闻宣传楷模的价值信念则突出表现在"四力"精神上,它是优秀新闻从业者的一种尺度和准则。脚力、眼力、脑力、笔力虽然仅有八个字,但是完整诠释了新闻工作者的核心职业

---

① 资料来源:HIDI S , RENNINGER K A , KRAPP A . Interest, a motivational variable that combines affective and cognitive functioning,2004。

② 资料来源:MARSHALL J M. Learning with technology: evidence that technology can, and does, support learning,2002:7。

③ 夸美纽斯.大教学论[M].傅任敢,译.北京:教育科学出版社, 1999:168.

④ 李诗夏.党的思想政治工作中榜样教育运行模式创新研究[J].学习与实践,2013(9):28-32.

素质。大讲堂所涌现出的“四力”典型楷模，既体现了新闻工作者的高度职业素养，又彰显了全新的时代精神。如 90 后新闻工作者卢璐、经济日报社记者瞿长福、中国日报社记者雷蕾等一批基层优秀新闻工作者，用自己抗疫报道的实际行动诠释了“四力”楷模应有的职业素养。大讲堂的四力榜样教育注重新闻工作者时代楷模的宣传价值，使之成为新闻队伍最基层、最真实生动的“理想形象”。大讲堂讲述的“逆行”新闻记者多次往返“红区”并坚守在防疫最前线，以“脚力”深入新闻现场，不仅反映楷模“为人民做新闻”的高度思想觉悟，更是展现出他们能够真正做到“俯下身”和“察实情”，使新闻报道实现“三贴近”和“走转改”的群众路线。同时在新闻典型人物身上还展示出敏锐的“眼力”，善于发现、观察新闻题材和新闻价值内在规律的新闻悟性和敏感性。从金银潭医院院长张定宇到环卫工人漫彩美再到一封家书串起来的孙婉清和医生父亲孙鹏，充分表现了记者敏锐发掘楷模人物新闻故事的“眼力”，以及透过现象看本质的新闻职业能力。不论是注重议题设置效果的经济日报社翟长福，还是以情感策略推动外宣效果的中国日报社王晓东、李馨，他们的新闻报道始终用独特的报道策略、角度和方向来施展新闻人强大的“脑力”，展示出个人的思考力和判断力。而楷模人物的“笔力”则表现在新闻记者直击人心的新闻表达水平。如多次深入疫情红区的汪晓东、马芙蓉、李墨等基层新闻工作者，用引人入胜的文字记录了抗疫一线的真实情况和难忘瞬间。新时代的“笔力”不仅体现在文字能力，还表现在全媒体新闻叙事能力。如澎湃新闻的李云芳、经济日报社的陈学慧、中国青年报社的雷宇等，以融合媒体生产和传播“有思想、有温度、有品质”的新闻作品，用新媒体思维展示出当代新闻工作者的全新“笔力”。

典型榜样人物的道德品质通常是普遍的，但也反映他们的社会价值观和精神。[①]他们与常人的明显差异在于执行重大任务的意义与行动上，关照社会每个角落，关心捍卫社会主流价值和道德事业，知晓存在个人风险却不期望回报。他们往往在爱国精神、职业奉献、勇气毅力、领导执行力等方面展现独特的示范价值。这群典型榜样人物变成他人渴望的社会角色，成为默顿提出的“角色楷模”。[②] 职业优势突出的角色榜样直接影响仰慕者的职业认同和选择动机，成为人们眼中生动的行动模仿。同时建构主义说明个体的社会角色建模和学习模仿过程并不是被动的，个人通过直接经验和对经验的反思来建立自己理解世界和知识体系的方式。个人对“意义”的建构使学习者主

---

① BRODBELT S，WALL R E. An examination of the presentation of heroes and heroines in current (1974—1984)[J]. Secondary level social studies textbooks，1985.

② 资料来源：MERTON R K，READER G，KENDALL P L. The student physician：introductory studies in the sociology of medical education，1957。

动形成自己发展身份的理解，对于个体走向专业化和职业化道路至关重要。榜样人物之所以产生如此大的影响效果，一方面是榜样目标在现实生活中做了仰慕者所渴望、敬仰的事情，另一方面则是这种行动是可以被他人效仿的，而不是一种遥不可及的“神话”。按照戈瑟尔斯和艾里逊的划分方式，这种具有社会示范作用的典型人物被称为“透明英雄”，与消防员、医生、警察等社会角色一道活跃在日常生活中，是社会紧急状况下的第一响应者。① 只是这群普通的“平凡英雄”并没有明星名人和社会领袖的曝光率和光环，他们的成就常常被社会忽视。大讲堂将新闻记者中的平凡英雄群像重新升华，将典型人物的榜样行为放大透视，凸显新闻从业者人性背后的利他主义，从微小的善举昭示卓越和伟大的道德品质与职业精神。在回顾抗疫一线的新闻故事中，新闻记者不仅以职业角色客观、真实地呈现抗击疫情的全貌，还以重要参与者的身份全方位投入抗疫工作。在社会学习理论看来，个人通过观察和模仿他人可以获得新的行为。② 有研究表明，利他行为的动机和意图是可以“传染”的，利他行为的示范作用会在群体层面有效激发新一轮的利他行为，人们通过观察他人的利他行为模仿、学习并实施行动。③ 大讲堂通过搭建物资捐赠平台、担任社区志愿者、协助医院清理垃圾、联络解决滞销农产品等利他行为展示新闻工作者的形象，以榜样教学激励学生对利他行为的学习、模仿。显然令人钦佩的角色模范令学生有更为具象的崇敬对象，成为他们坚持主流专业理念的重要载体，以个人高尚的职业行为启蒙并强化学生对新闻专业性的认知。④ 因此学生一旦长期接触榜样人物的示范性行为，常态化、沉浸式的榜样教育会内化成为学生的认知模仿意愿，就有可能将学生的新闻职业热情、专业主义价值认同和职业崇敬感转化为积极行动。

三、不忘初心：重新唤起新闻理想和弘扬新闻专业精神

新闻理想和新闻专业精神作为新闻从业者的“灯塔”，指引他们遵循正确的新闻实践行为规范。“新闻为谁而做？何为有价值的公共新闻？新闻应当按照什么样的规范来做？”等诸多问题均需要依托新闻专业性来引领。追求新闻理想、信奉新闻专业理

---

① GOETHALS G R，ALLISON S T. Making heroes：the construction of courage，competence，and virtue [M]//Advances in experimental social psychology. New York：Academic Press，2012，46：183-235.

② BANDURA A，WALTERS R H. Social learning theory[M]. Prentice Hall：Englewood cliffs，1977.

③ TSVETKOVA M，MACY M. The contagion of prosocial behavior and the emergence of voluntary-contribution communities[M]//Social Phenomena. Springer，Cham，2015：117-134.

④ 曹艳辉，林功成，张志安. 角色模范对大学生新闻专业主义信念的影响研究[J]. 国际新闻界，2015，37(7)：36-52.

念，是新闻学子进入新闻业之前获得职业认同和精神价值的关键前提。作为一套规范的新闻工作职业伦理价值和定义媒介社会功能的信念，新闻专业性体现出一种服务公众的自觉态度，[①]从公共利益角度出发响应服务公众的召唤。公共服务理想是新闻工作者所追求的理想，它是建立在新闻业与公众之间的"社会契约"之上。[②] 新闻业的制度化身份和新闻工作者的属性定位，决定了新闻工作者承诺以负责任的方式回报和服务社会。而记录抗疫真实场景的"逆行者"用自己对社会的承诺，诠释了什么是优秀的新闻从业者和美好的职业理想。大讲堂使用特定的镜头来聚焦平凡岗位的新闻从业者，建构起新闻专业精神意义。当学生感动于大讲堂记者的经历并认同其职业行为之时，就会唤起对新闻职业的身份认同和职业化转变，新闻专业精神也随之形成。有效地塑造新闻专业形象意味着学生开始意识到在新闻实践中什么是最重要的，什么价值观和新闻理念是塑造新闻专业性的职业标准。为寻求个人归属于一个专业群体，个人开始反思自我能否获得这种专业身份的能力，不断地解构过去的身份并尝试构建新的职业身份。自我内心建立一套与专业精神相关的价值观和职业意识形态，以保持与专业群体高度一致。根据特纳的社会认同理论，在具有共同价值观和惯例的群体中的成员资格对于维持固定的身份很重要。[③] 如果记者被认为在思考方式、业务行动等方面更符合职业身份，那么专业精神就表现得更像是专业人士担当起的社会责任。正如特雷德等人所解释，专业精神需要被视为在实践的语境下做出决策判断的一种责任。[④]

培根认为，新闻专业教育应该促进学生发展新闻专业实践的知识基础和道德规范准则。[⑤] 专业化教育被认为一种"社会化代理"，既是人才培养过程的重要组成部分，又是新闻专业的职业价值观和规范形成的重要因素。事实上，个人的行为反映受到其行为、信念和环境三者交互作用和影响。[⑥] 个人的学习经验和社会认知一方面可以是个人主动获取、接触和了解的结果，另一方面牵扯到外部环境因素的刺激。所以个人

---

① 陆晔，潘忠党. 成名的想象：中国社会转型过程中新闻从业者的专业主义话语建构[J]. 新闻学研究，2002(4)：17-59.

② SJØVAAG H. The reciprocity of journalism's social contract: the political-philosophical foundations of journalistic ideology[J]. Journalism studies, 2010, 11(6):874-888.

③ TURNER J.Towards a cognitive redefinition of the social group[M]//TAJFEL H (ed.). Social identity and intergroup relations. Cambridge and New York, NY:Cambridge University Press,1982:15-40.

④ TREDE F, MACKLIN R, BRIDGES D. Professional identity development: a review of the higher education literature[J]. Studies in higher education, 2012, 37(3):365-384.

⑤ BACON W, GROUNDWATER-SMITH S, NASH C, et al. Legitimating professionalism[C]//British Educational Research Association Annual Conference, University of Cardiff. 2000.

⑥ BANDURA A. The explanatory and predictive scope of self-efficacy theory[J]. Journal of social and clinical psychology, 1986, 4(3):359-373.

的学习经验和社会认知对其未来的职业规划和选择起到关键作用。从社会认知理论的角度也解释了个体在形成个人职业生涯决策的影响因素。[①] 环境与个人认知对职业兴趣产生深刻影响,作为“个人外在变量”的学习环境直接影响到个人未来选择职业的动机和志趣。由此可见,学校的教育环境和外部刺激因素伴随着个人认知,成为学生未来职业生涯规划和职业认同感的直接影响源。从这个角度看,大讲堂的重要贡献不仅在于传授新闻传播专业知识,更重要的是教育学生成为专业新闻人,成为完整的人,而不仅仅成为掌握采写技巧的人。大讲堂中的优秀新闻工作者既是尚在接受新闻教育的未来新闻人的“前辈”,又是他们走向新闻职业化道路的领路者。大讲堂的教学案例让新闻典型人物的专业意识和道德良心参与到故事叙述,唤起新闻学子的新闻职业身份意识。典型的新闻记者形象被观众观看,抗疫事迹的影像再造激发了专业精神的重塑。新闻专业精神的塑造正是呼应舒德森所描述的至高无上的“职业意识形态”,它作为新闻从业者基于新闻文化知识的基本“判断”,深深植根于传播者的意识之中。[②] 新闻学子在观看过程中形成情感共鸣,深刻感受到新闻记者作为社会环境“监测者”和“瞭望者”的精神。

四、守正创新:融合新闻专业意识与课程思政的新文科教学思路

面向新文科建设和课程思政的教学改革目标,新闻传播学科的专业改革离不开复合型、协同化的融合课程创新。“融合”是新文科课程建设中一个重点概念,课程交叉、文理融合和思政贯通是新闻专业课程融合教学的关键。课程思政要实现社会主义价值信仰体系与专业知识理论体系建设的高度统一,将全程育人和全方位育人的理念贯穿于新文科课堂改革建设之中,做到同向同行和协同育人。这意味着新文科的课程思政专业教学一方面要掌握意识形态领域教育的主动权,培养学生涵养深沉的家国情怀,具有高度的制度自信和文化自信;另一方面也要关切专业人才培养的供需逻辑和职业现实状况,树立学生的专业、职业自信,使其具有职业素养和专业精神。大讲堂模式立足于学科特点,开创出一条关切时代、立德树人和回归专业的教学新思路。新文科建设的核心意义在于重新思考人的培养,注重人的主体价值和发展内涵,关注人性和回归人的本真。大讲堂“重启”了新闻传播学科的新文科价值,凸显新闻专业的人文

① LENT R W, BROWN S D, HACKETT G. Toward a unifying social cognitive theory of career and academic interest, choice, and performance[J]. Journal of vocational behavior, 1994, 45(1):79-122.

② SCHUDSON M. The objectivity norm in American journalism[J]. Journalism, 2001, 2(2):149-170.

情怀与职业素养的有机统一。同时大讲堂与改革开放以来马新观的当代理论阐释一脉相承。大课堂教学的讲述案例充分吸收思政教育元素，以有温度、真实鲜活和贴近时代的新闻实战案例创新马新观教学实践。树立楷模典范的引领带头作用，用榜样力量鼓舞人，以典型事迹激励人，是共产党强化社会主义理想和宣传党的理论主义的优良传统。楷模典范的示范性体现出“勿忘人民”的社会驱动力和马克思列宁主义思想引领价值。[①] 大讲堂表扬、肯定与塑造人物典范契合马新观强调党的正面宣传理念，挑选抗疫报道有突出贡献的典型新闻人物符合“三贴近”原则，更是新时代新闻工作者的“四力”实践的真实写照。大讲堂课程思政的融合理念打破了新闻专业课程和思政课“两张皮”现象，将课程思政理念有效融入专业教学。案例教学遵循差别化和专业化的课程思政思路，以情景教学的案例实践增强学生的价值体验感，将显性教育的教学场域转换为价值观、情感体验场域。大讲堂案例紧密结合楷模人物的抗疫经历和报道经验，将“小”人物楷模放置在“大”的时代背景之下，创造情景激发学生的参与感和情感体验。这种将小我融入大我的课程思政模式在思政通识教育中融入、根植专业理想信念，以新闻专业理想出发引领社会价值观的重塑，重新焕发思政教育的生命力的同时全方位展示立德树人的核心内涵。中国新闻传播大讲堂课程思政的创新模式既实现马新观教育的正面引导，又传承和坚守新闻专业精神和新闻理想，实现课程思政与新闻专业实践的有效衔接，做到了“润物细无声”的新文科专业教学与课程思政的深度融合发展。

〔欧阳霞，中国海洋大学文学与新闻传播学院教授；白龙，南京师范大学新闻与传播学院博士生〕

〔责任编辑：王婧雯〕

① 孙力.中国特色社会主义理想：大众化传统、传播维度与楷模效应[J].江苏行政学院学报，2013(4)：5-9.

新闻专业课程思政与学习者知识建构*

Thoughts on the Ideological and Political curriculum of Journalism and Learners' Knowledge Construction under the Background of New Liberal Arts Construction

◎张 允 贾 敏

Zhang Yun Jia Min

摘要:知识建构是一个从学习者出发、主动建构的动态性过程。本文基于建构主义强调知识具有动态性、情境性以及学习的主动建构性的角度,认为新闻专业知识建构的最终目的是让学习者在实践中观照社会,并不断主动建构新内容。新闻专业课程思政可以从主动结合热点、融入情境、多元对话互动三个角度为新闻专业学习者提供真实环境的切入点,助力知识建构。

关键词:新文科建设;新闻专业;课程思政;知识建构

Abstract: Knowledge construction is a dynamic process that starts from the learner and is actively constructed. Based on the perspective of constructivism, which emphasizes the dynamic, situational and active construction of learning, this paper believes that the ultimate goal of journalism knowledge construction is to enable learners to observe society in practice, and to actively construct new content. The ideological and political curriculum of journalism can provide journalism learners with a realenvironment entry point from three perspectives: active integration of hot spots, integration into situations, multiple dialogues, interactions, and help knowledge construction.

Keywords: new liberal arts construction, journalism major, ideological and political curriculum, knowledge construction

---

* 本文系2021年度新疆维吾尔自治区高校本科教育教学研究和改革项目资助项目阶段性成果,项目编号:XJU-2021JG10,项目名称:立足新疆区情的新闻业务课程思政教学改革研究。

2020年11月,中华人民共和国教育部发布了《新文科建设宣言》①,对新文科的建设作出全面部署。要求各高校形成具有"文科教育必须加快创新发展"的共识、必须坚持走中国特色文科教育发展之路、明确构建具有世界水平和中国特色的人才培养体系。新闻专业知识建构不再是以往单一学科背景下的以教为主的过程,而是一个通过学习者能动建构的过程。课程思政是隐性教育,是一种渗透性、潜隐性地对环境和情景等因素加以应用,从而潜移默化地将思想政治教育因素作用于受教育者的教育方式。新闻专业课程思政应关注学生教育获得感和学生学习自主性,更加关注社会新现象背后蕴含的价值导向,并在教育教学过程中做好学习者知识建构的把关。基于此,本文从建构主义视角重点分析新闻课程思政如何更好地服务于学习者知识建构。

一、建构主义视角下的新闻专业知识

建构主义认为,知识不是客观存在的事物,而是人们在实践进程中面对新事物、新现象、新问题等做出的暂时性解释或假设。② 辩证唯物主义认为认识是人脑对于物质世界的能动反映,建立在可知论与实践论之上。认识源于人们对世界的多次探索,在实践中多次反复、无限深化地发展。在认识基础上提炼出的知识也具有相同特征:知识不像存在于世界中的客观事物那样等待人们去发现,而是对社会实践活动中的对象或现象作出暂时性解释和假设,所以知识具有动态性、相对性的特征。由此可见知识是"被建构"的,它需要针对具体情境不断被推翻或更迭、修改或重建,以便有效应用于具体的实践中。从这个角度看,新闻专业知识在建构主义视角下有以下特点:

新闻专业知识具有非常鲜明的动态性,产生并应用于不断建构社会意识形态的过程中。例如,在革命战争时期,报纸是新闻舆论宣传的"承重梁",肩负指导军事作战、解放思想的任务;在改革开放时期,新闻负责宣发有关经济建设的政策和观念;在互联网时代,国内外舆论环境形势复杂,主体多元化、内容小众化,对社会主流舆论有所冲击。目前我国正处于社会转型时期,要求新闻发挥主流舆论导向和社会凝心聚力的作用,面对技术和环境的变化发出更大更强的主流引导声音。新闻专业知识随着社会的

---

① 教育部.新文科建设工作会在山东大学召开[EB/OL].(2020-11-03)[2021-11-29].http://www.moe.gov.cn/jyb_xwfb/gzdt_gzdt/s5987/202011/t20201103_498067.html.

② 刘儒德.建构主义:知识观、学习观、教学观[J].人民教育,2005(17):9-11.

变化不断发展，这就要求新闻专业知识建构也要不断以社会现实为基准。

新闻专业知识须紧密结合社会现实情境，在分析具体问题中不断被建构。建构主义表示，在具体情境中建构新的知识或模型给学习者带来经验的积累、能力的提升，这超越习得知识本身。新闻专业知识学习者在学习过程中，以真题真做、解决问题、服务社会为目的的学习，能够培养他们面对具体事件、信息总结归纳出背后的本质的能力。新闻专业人才被要求在实践活动中尽可能客观地再现事物的原貌，在事实的基础上运用具体问题具体分析的原则，提出建设性意见与建议。脱离现实的新闻知识学习只能是纸上谈兵。毛泽东同志在《实践论》中提到实践是检验真理的标准[①]，邓小平在1978年提出“真理标准问题”，要求继续深化、敏锐抓住“实践是检验真理唯一标准”这一思想。一是说明真理不是处处适用的，真理是一定范围内的真理；二是说明“纸上得来终觉浅”[②]，个人的知识必须与现实世界有所互动，才能使知识具有实际意义，从原理上指导新闻专业教育。

新闻专业知识建构的最终目的是能够让学习者在实践中观照社会，并不断主动建构新内容。建构主义知识观认为，静态的知识与旧有的经验应该被学习者充分混合调用，构成新的知识体系。新闻专业知识的学习过程恰好要求学习者的重心落在掌握基础知识上，习得建构自身知识模型的能力，不断运用知识进行实践，相较于被动接受知识输入的学习模式可以更好提升知识与实践的融合程度。新闻生产活动环节对于新闻学习者的要求显见于采写编评和全媒体记者的“七个全会”[③]中，要求在前期知识储备过程中新闻学习者就发挥主动建构性，透过现象看本质，明确他们学习目的是运用新闻手段维护社会稳定、促进社会向前发展。但是在学习过程中，学习者实际上是通过前期的旧有经验来实现所学技能与社会实践的结合，学习者的经验和价值观应该是教育者更加关注的知识建构基础。

二、建构主义视角下的新闻专业课程思政

建构主义代表人物皮亚杰（Piaget）认为，学习是一种建构自我思维的过程，认识起因于主客体之间的相互作用。[④] 也就是说，思维无法自我构建，必须与客观世界发

① 毛泽东.毛泽东选集：第一卷[M]北京：人民出版社，1991.

② 出自《冬夜读书示子聿》，作者陆游。这是陆游的一首教子诗，作于宋宁宗庆元五年（公元1199年）底。

③ “七个全会”：会选题、会采访、会出镜、会写作、会标题、会互动、会直播。出自《媒体深融，全媒记者亟须“七个全会”》，作者系中国报业融媒研究中心主任、盐阜大众报报业集团总编辑周劲。

④ 皮亚杰.发生认识论原理[M].王宪钿，等译.北京：商务印书馆，2017：21.

生联系，学习者在习得知识的过程中会不断地与客观世界发生主客体互动。即学习者会在一定的社会文化背景下，通过与教师、学习同伴的互动（教师多为帮助角色）对新的知识进行自我意义的建构。新闻作为构筑社会意识形态的手段之一，内容反映政治、经济、文化等多个方面的意识形态，新闻成果又以多种方式反作用于意识形态。新闻专业属性赋予课程思政相应的内容和方式特点。相较于其他专业，新闻专业有更多的课程元素可以与课程思政相联系，拥有更广阔的发挥空间。

(一)新闻专业课程思政具有天然社会亲密性

课程思政是指依托课程这一载体，以隐性教育的方法，将思想政治教育的原则、要求和内容与课程设计、教材开发、课程实施、课程评价等有机结合起来的一种思想政治教育形式。[①] 新闻专业的课程思政与其他课程思政相比有其自身的特殊性。首先，新闻本身具有的政治性决定了新闻专业内容可以发挥课程思政效果的最大值。新闻专业内许多课程具有天然政治属性，在教学过程中会不自觉地执行政治教育功能，运用隐含的马克思主义新闻观指导新闻专业人才建立正确职业价值观。其次，新闻对于社会舆论的发展起着至关重要的作用，新闻专业一般会将舆论学设置为基础课程，同时辅以其他与舆论相关联的专业课，正确引导学习者建立正确价值导向，在一定程度上，新闻专业课与课程思政的核心目的相通，都是想在学习者的头脑中筑起防护墙，让他们能正确地对待社会中的各种声音。最后，新闻与技术使用伦理离不开课程思政的宏观指导。不论是传播介质还是传播技术都在不断迭代，这就促使技术带动传播环境的变化，从而影响环境中的人。不论技术开发还是技术使用，都离不开正确的价值导向，厘清技术与价值的主次问题也成为新闻专业课程思政教育过程中需要重点关注的问题。

(二)新闻专业课程思政注重隐性教育资源

新闻专业课程离不开马克思主义新闻观的价值引领，马克思主义新闻观对新闻工作和舆论工作，仍有不可低估的现实指导意义[②]。马克思主义新闻观不是哲学式的抽象理论，它来自马克思、列宁、中国共产党历代领导人等马克思主义经典作家从具体社会实践中发展而来的新闻实践，既一脉相承又与时俱进，新闻教育更应该是在分析新

---

① 陆道坤.课程思政推行中若干核心问题及解决思路：基于专业课程思政的探讨[J].思想理论教育，2018(3)：64-69.

② 丁柏铨.马克思主义新闻观：理论与实践[M].南京：江苏人民出版社，2016.

闻实践中教育人并推动理论的发展。推动人的全面发展是教育的时代使命。作为新闻专业的学生，在专业学习过程中构建了头脑中对社会环境的基本认知，日后成为生产新闻的采编人、把关者时再将这种认知通过大众传播传递出去，或者因为具有较高新闻素养在受众互动中影响舆论。所以我们要高度重视新闻教育中马克思主义新闻观的具体化，在新闻实践案例中讲解马克思主义新闻观。

从知识建构的视角看新闻专业课程思政内容建设更要避免显性教育模式，要注重为学习者提供从社会宏观环境到微观具体事实的课程材料，依托重大主题报道将专业实践与课程思政紧密联系，让学习者在真题真做的过程中实现知识深化。重大主题报道作为主流媒体的重要工作议程，指新闻媒体围绕党和政府的重大决策、中心工作、重要活动及社会热点等进行的集中、大规模、连续性的正面宣传报道，具有主题选题立意高、宣传报道意义大、影响范围和受众面广等特点。连续性的重大主题报道可以为教育者提供具有时间和空间意义上双重动态的案例，且满足在新闻专业课程教学过程中紧密关注具有国家性和地区性事件、不断丰富新闻专业教学资源的要求，这些重大主题报道不仅具有动态性和心理贴近性，还具有隐性教育资源属性，能大大增强思政教学效果。另外重大主题报道也应保证时效性，以当下重大主题为主，历史经典宣传主题为辅。以新闻重大事件报道结合课程内容进行分析来帮助学习者剖析社会心态，通过课程思政的放大功能更好作用于知识建构，实现育人目的。这种情况下既能保持思想政治教育理论的科学性、理论性，又充分利用重大主题报道的隐性教育资源属性，相互作用，提升课程思政的实效性。

（三）建构意义是新闻专业课程思政学习的最终目标

建构主义学习理论认为，学习是学习者发挥其主动性参与学习过程的行为。在这个行为过程中，学习不能再以传统的“教师主动传授、学生被动吸收”的模式去理解，一味地强调学生被动接收、勤于练习、强化记忆的知识积累方式只能使教学、学习效率趋于平缓，进而进入瓶颈。应通过学习者进入由“社会文化背景”构造的“情境”中，结合个人知识经验，通过与他人的对话进行意义构建，实际上就是价值观的塑造。对于新闻专业的教学来说，重大主题报道就是最合适的社会文化情境。因为重大主题报道本身具有社会热点、事件情境、多方对话等属性。情景、协作、会话和意义建构是学习环境中的四大要素和四大属性，这四种元素的关系组成分别是情景与意义建构、协作与意义建构、会话与意义建构以及意义建构本身。在新闻专业知识建构中，首先，情境作为第一要素，教授者应在设计教学大纲时注意社会文化环境的部分再现，有选择、有侧重地结合重大主题报道中的社会热点，避免与社会现实脱节。而学习者自身则更应注重主动进入环境，以现实体验作为新闻专业学习的基础，理解“问渠哪得清如许，为有源头活水来”[①]。其次，协作作为动态的次生行为贯穿知识获取的始终，按照“学习金字塔”理论[②]，主动学习包含小组讨论、在做中学、实际演练型实践与教授他人等学习方式，学习效率可达50%-90%，高于听讲、阅读、视听、演示的学习内容留存率，新闻专业学习者可以在分析新闻事件的过程中主动与老师、学习伙伴构建积极正向的学习协作行为，通过预习、提出与解决问题、检验学习成效三个环节进行意义构建。再次，会话也是学习中不可缺少的一部分。新闻时效性对学习者归纳提炼能力的熟练度有一定程度的要求。而新闻事件中的参与者具有多元性，通过讨论与会话可以让学习者换位思考，更好地把握描述新闻和认识社会的视角。所以在学习环节中学习者应注意积极构建思维成果并与他人分享，将分享后的反馈再次作用于自身意义构建，以此锻炼提炼归纳的能力。最后，建构意义是新闻专业学习的最终目标。它要求学习者能透过分析重大主题报道进入理解社会本质，从现象真实到本质真实，最后获得对事物本质的理解。

三、新闻专业课程思政助力学习者知识建构

新闻专业结合课程思政，从目标指向来看高度一致，新闻专业的讲授与学习全过程都有马克思主义新闻观的背书，将价值引领放在首位。所以发展新闻课程思政助力新闻专业建设是新时代人才培养的应有之义。二者相结合促进知识建构，使中国特色社会主义理论思想及实践指导入脑入心，助力学生价值观、责任心以及政治意识的建构。新闻专业课程思政可以从主动结合热点、融入情境、多元对话互动三个角度为新闻专业学习者提供真实环境的切入点，助力知识建构。

（一）运用动态性思政材料，助力学习者紧扣时代脉搏

新闻课程思政内容属于意识形态，而意识形态类的知识核心内涵有其固定释义，不是由学习者重新解释或自我构建，而是着重理解，在外延应用范围中尤其是在专业学习和实践中进行建构。由于核心概念过于宽泛，课程思政的难点首先是如何与课程

---

① 出自《活水亭观书有感二首·其一》，作者朱熹。这是一首哲理性小诗，作于庆元二年（1196年）。

② 学习金字塔是美国缅因州的国家训练实验室研究成果，最早由美国学者爱德加·戴尔于1946年发现并提出。

内容和现实生活融合;其次是讲授方式刻板,容易流于形式,使得专业教育与思政“两张皮”,容易变成显性教育,与思政课程同质化。传统的思政教育侧重用比较经典的案例,但是对于新闻专业来说,学生更容易接触到新闻,尤其是动态性的新闻,学生也更愿意将静态的核心概念与动态的社会热点结合进行思考。习近平总书记说:“‘大思政课’我们要善用之,一定要跟现实结合起来。上思政课不能拿着文件宣读,没有生命、干巴巴的。”①一语道出解决思路。新闻专业教育通过课程思政环节紧扣时代脉搏,以情感上贴近、现实中可感知为要求,选择吸引学生“真喜欢”的教育素材。例如“中国新闻传播大讲堂”通过新闻从业人员剖析抗击疫情的现实,精准实现立德树人、促成新闻思政教育新范式,有效贴近实际、贴近生活。可以说思政教育是贯穿学习者学习生涯的教育,有着时间长、跨度大的特点。加之课程思政作用于意识形态,必须严谨、科学、权威,新闻思政教育素材的选择以主流媒体社会热点内容为主,结合各门课具体的侧重点,可以避免重复选用经典概念、经典案例,以此做到常讲常新,从源头上解决课程思政教育资料静态重复等问题。

(二)提供情境性学习材料,助力学习者提高知识建构效率

情境性学习应伴随专业学习的全过程,将理论知识与现实互相转化。知识的情境性在建构主义学习理论中受到高度关注。建构主义认为知识生于现实实践,经过提炼修正后重新作用于现实,所以意义的建构存在于情境之中。新闻专业与现实紧密结合,新闻专业知识学习就需要在物理和现实层面带入媒介技术手段、社会文化等元素,尽可能地让学习者在拟真实、尽具体建构的环境中面对复杂的知识能理解和把握隐含于内部的真实意义。这也在另一层面对新闻学科专业教育提出新的要求:将社会真实问题置于课堂中,让学习者运用发散思维来解决问题,提前积累相关经验,以便在未来社会真实情景中灵活运用,进行下一步的知识建构。

新闻课程思政立足当下,随时代发展不断完善知识体系,这就要求教育者选用能够实时反映社会现实的情境性材料,画出重点牵头知识建构。以选用重大主题报道作为教学材料来源来对社会现实“划重点”,使新闻专业思政课程有效与社会现实结合,提升课程质感。重大主题报道作为讲授资料使得新闻专业课程思政从实然走向应然。实然是从事物本身角度出发看事件是如何发生,还原事物本来面貌;应然是从观察者角度出发,从观察者的角度看待事物,通过观察者的主观意愿为事物赋予社会意义。

---

① 习近平:“大思政课”我们要善用之[EB/OL].(2021-03-07)[2021-11-29].http://www.china.com.cn/lianghui/news/2021-03/07/content_77281065.shtml.

在此考虑将教育者与学习者置于第三种角度内，即从观察者和事物本身同时出发的角度看待重大主题报道（这里的“事物”即现实参与者）。此时，观察者就是参与者，参与者同为观察者。学习者对于专业课程及其内置思政元素的知识则会有更深刻的体会，全方面提高知识建构效率。

（三）提升课堂观照现实比重，助力学习者多元互动学习

新闻专业课程思政要做到观照现实。新闻专业培养出的人才要同时具备熟练的业务技能和批判意识以及社会责任感，这就要求新闻人才要培养批判思考的能力，达到在有限的新闻事实内包含有价值的思想，为社会和公众服务的目的。习近平总书记深刻指出：“我国高等教育发展方向要同我国发展的现实目标和未来方向紧密联系在一起，为人民服务，为中国共产党治国理政服务，为巩固和发展中国特色社会主义制度服务，为改革开放和社会主义现代化建设服务。”这“四个服务”要落实在新闻专业建设和办学之本上，培养出来的新闻储备人才会在社会各方面都能起到正向推动作用，以此促使国家社会运行流畅。

在新闻专业课程教育过程中，要以多元对话作为互动性学习的基础。在对话教育理论中，巴赫金认为人类所处的社会关系是以对话关系作为基础、借助对话进行表达和阐释的。从学习者角度看，其无法脱离现实从自身内部生成知识，需要以多元对话作为知识来源，这就要求学习者积极与外部环境沟通交流。课程思政教育以“对话”环节为基础，使教育者间、教育者与学习者间、学习者间、学习者与客观世界间在平等的基础上进行交流沟通，使知识流通起来，从而提升专业课教学效率。以此为基础构建的思想互动过程具有主动性、动态性的特征，互动过程中双方或三方都真诚沟通，思维间的互动引导双方或三方形成意识上的共识，从而达成螺旋式上升的意义构建。另外，社会作为新闻和思政教育的鲜活素材来源，存在比教学课堂内更多元的主体，人在其中作为社会的主体构建多元对话，积极与社会联结能加强学习者多元对话的能力。新闻专业知识建构对学习者提出要求：在接受教育时要注重培养与他人对话、与课本对话、与自身对话的互动学习习惯。

结　语

建构主义认为，个体的知识由个人建构，学习者在进入课堂之前已经有从日常生活和学习中习得的丰富经验以及对事物的基本认知，共同作用于其对新知识、新事物

的理解。旧有的日常直觉经验因接收渠道不同而趋于碎片化,不同的学习者在新旧知识交互过程中因拥有不同的知识经验背景致使后续建构知识的过程会形成对于事物的不同理解,新的经验、知识形成后在学习共同体内须经过同化、顺应等步骤,这个过程中不可避免地会存在冲突,学习者要做的是在建构互动过程中对这些冲突进行整合与解决。“互动-多元”的学科理念正在成为学科发展的主流方向,多元互动思维逐渐成为学科、学术发展的主体思维,新闻专业学科教育目前存在:学科基础——社会加速度式发展、学科知识——构建多元交叉专业图谱,学科转向——跨域合作的现实因素,要求新闻人才的培养从“使学生学好已有知识”的旧思路转向培养学生“学会学习、终生学习”的知识建构方法的新思路。

新闻专业学习者在学习过程中应发挥主观能动性建构适合自身的学习方法。建构主义强调知识建构过程具有主体能动性。知识建构的目标是为学习社区形成具有某种价值的公共知识,而不是简单地提高个体头脑中的内容。[①] 因强调学习者在建构知识过程中的主观能动性,学习者头脑中对旧有的作为新闻旁观者的思维和学习观念已不适合,应引导学习者在学习过程中变被动为主动,主动发现问题、针对问题发表观点意见。在学习共同体中,不再将个人个体作为边缘倾听者,而是作为知识建构活动的参与者向共同体的中心地位移动,结合旧有个人经验形成新的学习方法。

新闻专业学习者应在注重主动学习的过程中,掌握构建多元思维、搜集运用资源的能力,强调“发现”和“解决”。在学习中遇到疑难问题时以习得制定方案、灵活运用理论知识的“过程性学习”为导向,基于问题但不囿于问题。有效利用概念知识解释新事物、新现象,着重激发学习者的过程主动性。需要注意的是,强调“过程性学习”并不意味已有的理论知识不重要,新的知识建构基于学习主体原有的概念经验,学习者不一定从理论缘起推导,要做的是主动运用已有知识去解释新事物,在此过程中积累主体建构知识的经验。

新闻专业学习者的目的应着眼于现实,积极参与真实的社会实践。培养什么样的人才决定着新闻行业未来发展的方向,培养的手段决定我们培养什么样的人才,尊重学习者知识建构规律,培养学习型人才成为学科发展应有之义。未来新闻专业人才教育发展方向应继续注重以人为本以及大学科建设,着重学科融合、巩固意识形态与专业知识的相互促进式发展。新闻专业因其自身特性与社会现实密不可分,意味该学科

---

① 赵建华. 知识建构的原理与方法[J]. 电化教育研究,2007(5):9-15,29.

的未来发展及人才培养应着眼于学科发展趋势、业界人才需求及现实导向问题。知识建构中“对于真实资源的建构性利用”的原则点明了新闻专业人才培养要基于现实需求,应考虑通过主动型知识建构培养人才引领业界发展,以批判性姿态继承专业资源、推动社会现实不断进步。

〔张允,新疆大学新闻与传播学院党委书记、院长、教授,博士研究生导师;贾敏,新疆大学新闻与传播学院硕士研究生〕

〔责任编辑:陈欣钢〕

新闻实务课程教学的育德彰显和实现路径探析

Exploration and Analysis on the Demonstration of Moral Education and the Realization Path of Journalism Practice Course Teaching

◎ 韩 隽
Han Jun

摘要:新闻实务类课程是新闻传播学科理论传承性延续和阶梯性深化的基本环节,代表着新闻传播学科理论的基本出发点、共同认知与逻辑倾向。急速变化的媒体环境亦为此类课程教学带来了一些问题和偏失。新文科建设背景下的新闻传播课程体系建设,应该统筹好马克思主义新闻观对教学的指导,重视业务实践与学科教育融合,强化学科融合与多元视野培养,利用技术手段更新教学模式。推动新闻实务课程确立战略定位,明确实现策略,确立崭新课程形态,激发专业课程与思政的内生共鸣,营造德育优位的文化氛围,深化育人方式改革,实现学科育人功能的实践诉求,从而突出学科重点,为学科思想的模型化表达提供强有力的支撑,同时亦为应用文科课程思政提供一个方向性教学创新样本。

关键词:新文科;新闻实务课程;课程思政;教学模式

Abstract: Journalism practice courses are the basic link of the inheritance and step-by-step deepening of journalism and communication theory, and represent the basic starting point, common cognition and logical tendency of journalism and communication theory. The rapidly changing media environment has also brought some problems and biases to the teaching of such courses. The construction of the journalism and communication curriculum system under the background of the new liberal arts construction should coordinate the guidance of the Marxist journalism view on teaching, attach importance to the integration of business practice and subject education, strengthen the integration of disciplines and the cultivation of multiple perspectives, and use technical means to update the teaching model. Promote the establishment of strategic positioning of journalism practice courses, clarify implementation strategies, establish new curriculum forms, stimulate the endogenous resonance between professional courses and ideology and politics, create a cultural atmosphere where moral education is superior, deepen the reform of education methods, and realize the practical appeal of the education function of disciplines , so as to highlight the key points of the subject, provide strong support for the modeled expression of subject ideas, and also provide a directional teaching innovation sample for the ideological and political application of liberal arts curriculum.

Keywords: new liberal arts, journalism practice course, ideological and political curriculum, teaching mode

大学教育,根本任务在于立德树人。中国高等教育的新文科建设中,新闻传播教育天然具备多元开放背景面向,培养担当民族复兴大任的时代新人和促进学生全面发展的现实需求,立德树人至关重要。而作为新闻学重要课程类别的新闻实务课程作为高等新闻传播职业教育的基础层次,担负着培养卓越"新闻人"、学以"致用"的首要任务,也是重要的突破口和创新点所在。

新闻传播学是国家意识形态的有机组成部分,①而新闻传播教育肩负着培养担负我国媒体融合深度发展,具备"家国情怀"和"国际视野"的复合式人才的责任,此中新闻实务课程作为衔接理论与实践的支点,作为培养把握时代发展脉搏新闻实务后备军的支撑,长期以来一直是新闻本科教育的出发点,承担着为新闻传播专业学生进行专业启蒙、传授新闻传播知识的责任。新闻从业者作为媒体内容的策划者、选择者、加工者和制作者,是新闻文化生产领域的关键人才,是主流媒体作为"主力军"进入主战场的设计师、协调人和执行人,肩负文化责任、社会责任和历史责任。近年来,以动态化、去时空化、互动化等特点为代表的新媒体力量迅速崛起,裹挟着互联网运作逻辑不断对新闻生产、媒体环境提出新挑战和新要求,新闻舆论工作成为事关意识形态安全最前沿、最活跃和最日常的工作。这些新挑战、新要求不仅面向新闻实践,更面向新时代的新闻教育。

① 程曼丽.新文科背景下的新闻传播教育[J].中国编辑,2021(2):8-11.

如何以“课程思政和新文科建设”为主题,推动新时期新闻实务课程确立战略定位? 如何用课程思政带动全媒体新闻传播教学的系统建构和目标优化? 这都成为新闻传播专业教师教学和研究的使命与责任。

一、溯源固本:新闻传播实务课程演进与挑战

新闻传播实务课程多属于专业基础课,长期以来的理解,属于专业智育和知识教育中“学与术”的“术”部。传统的新闻实务课程经历了百年发展,新闻传播学科理论传承性延续和阶梯性深化的基础,一定程度上代表着新闻传播学科理论的基本出发点、共同认知与逻辑倾向。

(一)从报学时代新闻业务到互联网新闻实务教学

从历史演进观察,新闻学科专业课程可以切分为三,即史、论、实务。纸媒时代实务课程最基础的就是采写编评,这可以看作新闻实务教学的 1.0 时代。改革开放之初一直延续到 20 世纪 90 年代,新闻实务课程教学见证了媒体功能从宣传纸到新闻纸再到信息纸的转变,此时新闻实务涉及的体裁是固化的:消息、通讯和评论“三大样”。

2.0 版的新闻实务教学从 20 世纪 90 年代到 21 世纪前 10 年,此时报学延伸到广播电视学,业务课程扩容,形成了“采写编评摄录播”一体化教学内容的新格局。此时媒体发展步入市场竞争阶段,广告、娱乐、服务等功能渐次加入,原有体裁概念趋于模糊,形态开始丰富,包括图片报道、追踪连续系列报道、体验式报道、现场短新闻、现场直播报道、电视谈话节目、日记、暗访、调查体新闻等应时而生。

3.0 版的新闻实务教学变革始于新媒体平台化时代,最近十多年疾速发展,新闻表达方式从以文图为主变为以视频为主,文图声像并存,原先的写作模式变为制作模式,新闻实务课程面对的新闻生产流程从封闭单元走向泛社会化,产品呈现从固态走向液化,信息传播既实现了人类社会的“万里共面”传播,同时也精准实现了个性化定制的“点对点”传播,发布时空实现了网络直播零时差、VR/AR 零距离,传播特性更趋于互动、兼容、分享、沟通,用户接收方式也实现了随时随地的碎片化接收。媒介演进使得互联网时代的信息传播呈现为各种新形态,包括网站报道、微信推送、短视频、数据新闻和可视化表达、网络直播新闻、虚拟现实和增强现实新闻、碎片式网络评论。新闻形态、姿态和语态都产生了颠覆性变化。

不断升级的科技创新持续改变着既往的新闻活动方式,这必然导致以总结和研究

新闻活动、新闻生产为对象的新闻实务教学迭代升级。

从新闻传播职业培养的层次上来看，新闻实务是属于新闻传播职业化培养的第一层次、基础层次，实务课程受新闻史论课程的滋养，又和实践实验创新竞赛类以及学年作品、毕业设计等环节相连。同时它也是史论课程的基础史料，由其积累的经验和内容形成规则规范，并上升到理论层面，再次反哺指导实务，其地位的重要性不言而喻。新闻传播学科课程体系中，从前融合时代新闻到互联网新闻，包括采写编评摄录播，以及选修课、实践课中与实务相关的课程、与新技术相连接的实务课程、跨学科课程中偏于应用性的课程群，足足占据了新闻传播本科专业学时学分的 1/3 以上，所以其教学质量的好坏决定了学生培养质量的根本。

新闻实务课程一头衔接着新闻生产，是不断变化的融媒环境在课堂上的缩影，另一头串联着新闻教育，是新闻专业学生认识、理解、深化新闻生产流程的“第一课”。如何搭建、如何搭建好新闻实务课程体系，不仅关系到学生对新闻实务知识的理解和学习，更关系到对学生新闻价值观、新闻生产观的塑造。

（二）新闻实务课程教学：守正与创新

媒体形态进阶，政治语境和技术语境的每一次变化，对社会各个行业都会有冲击，其中高校人文社科类专业对此反应最为迅捷的，就是新闻传播学科。在新闻传播课程群中，新闻实务课程从来都是必须顺应时代呼唤、变革课堂的“急先锋”，坚持新闻教育变革方向的“守正创新”，从来是新闻传播教育形成的一个重要共识。如何“守正创新”，更是长期、基本命题。

如何直面新闻传播教育的未来之路，首先要处理好的就是守正与创新的关系。守正与创新的关系问题对于新闻实务课程体系建设本身就是同一问题的两个维度：缺乏守正，新实务课程建设便会迷失方向，成为无本之木，无源之水；没有创新，新闻实务课程建设便无法与时俱进。

对于新闻实务课程而言，技术变革和媒体环境变化催生创新是课程体系建设的必然。面对动态化的媒体环境和媒体融合进程，创新是新闻实务课程的应有之义。在教学层面，需要紧跟新闻传播在融合媒体时代从融合走向融通转型升级步伐和行业需求，打造 3.0 版全媒体新闻实务课程新体系，不断探索讨论式教学、案例教学、实践实训教学、情境教学、启发式教学等多种形式有机结合的多元化教学模式；知识层面，让学生树立融合新闻实务理论框架并着眼未来技术；能力层面，让学生掌握新闻编辑新技能,既要积极利用新技术为新闻实务服务,又要具有反思和批判能力,提高新闻敏感性;[①]素养层面,让学生练就讲好中国故事的过硬本领。

同时,无论课程如何创新,课程基本定位和基本目标不能变,遵循新闻价值和新闻规律的初心不能变。从课程教学来说,紧紧围绕国家关于"新文科建设"要求、聚焦"融媒时代新闻实务人才培养"基本方向不会变,根据党对新闻工作者的"四力"要求,需要看重加强新闻实务课程中对学生在校期间的"脑力""眼力"和"笔力"训练,目的是更好地培养适应媒体环境的新闻实务人才;从思想意识上来说,应当积极响应党和国家媒体融合的战略规划,依托高校对新闻传播学科卓越人才培养目标和方案,坚持立德树人、立文育人,培养具备过硬政治素养、掌握新知识和新方法的全媒型、专家型新实务人才,坚守新闻实务教学培养党的声音传播者的使命。

(三)新闻实务课程教学:问题和偏失

首先,媒体的深度融合,使得新闻学实务训练教学本位受到挑战。如今的新闻业界,需要从业者熟练驾驭各项本领,成为全媒体记者编辑。而我们根基薄弱的新闻教育教学,习惯于按单一媒介要求分散进行教学,教学思路独立、孤立,二者之间亟待弥合。长期的错位引出新闻传播实务教学中的一系列困惑:如教学战略定位和导向问题,媒体融合与新闻传播教育改革同步匹配问题,媒体急剧转型过程中教学内容和方法守正创新的"度"的把控问题,与社会和业界交叉互融关系的把握问题,等等。

其次,当新技术席卷而来,新媒体给新闻传播教育理论与实践带来了颠覆性影响。虽然技术变革催生创新是课程体系建设的必然,但教学却常常一头陷入了技术革命的假设起点,继而推导出教育成人和教育目的的逻辑悖论。这种逻辑指导下的新闻教育实践,常常囿于技术技巧,明显带偏了育人初衷,短周期的反馈形式也加剧了教育实践的短视,教学内容和教学实践滑向功利应用目标,导致了学科系统育人功能的结构性沉默,教学活动中和新闻实践中共同的"人文"缺失,已经引起众多有识之士的普遍反思。

传统新闻实务教育自身的优势在哪里?应该怎么做?当下新闻教育实务教学的重点和难点在哪里?需要坚守什么,需要渗透融入什么?最好的实务课体系如何构架和规范,如何整合增值?反思匆匆忙忙的新闻实务教学,此类问题的重要性、紧迫性和变革的必要性都在其中。

---

① 刘珍,赵云泽.新文科背景下新闻传播教育的挑战与发展思路[J].出版广角,2021(6):23-26.

新闻学永远要尊重实践变化特性，但教学最重要的是价值观、方法论和思想性，是“育人”，需要注重教学的启发性和培养学生的思考研究能力。新闻学需要的精神特质和价值导向不能丢失，一流课程、先进教法模式创新创优和精品追求责无旁贷，这永远是课程教学最“硬核”的力量。

二、价值引领：新闻实务课程重在彰显“育德”

从课堂学习到新闻实践，新闻实务课程是对学生新闻理念起到塑造作用的课程。因此新闻实务课程体系建设的核心向度，就是思政，就是“育德”。新闻实务课程要始终以“立德树人”作为思想指引，引导学生树立正确的理想信念、价值观念、道德修养，①把“立德树人与实务学习相结合”作为课程学习目标，以“马克思主义新闻观”为专业指导，以社会主义核心价值观为生活指导，引导学生积极向善向好向上，坚定“四个自信”，把好思想关。与此同时，要注重“坚定理想信念、厚植爱国主义情怀、加强品德修养、增长知识见识、培养奋斗精神、增强综合素质”育人目标，将立德树人融入课程体系、教学体系、教材体系、实践育人体系建设中。

课程思政从来不是简单的马克思主义新闻观与新闻实务教学的“贴合”。要通过统筹整合教学资源与科研资源，将价值塑造、能力培养、知识传授多元统一，重视对学生的世界观、人生观和价值观教育，让价值观从个体的内在志向转变为明确的教育目标和实践；②将思政元素、思政意识内化到新闻实务课程的课程目标、课程内容、教学方法、教学模式、课程评价等方方面面；将专业知识学习与学生思想道德教育紧密结合；将新闻实务发展历程以及最新趋势与我国社会历史变革和国家取得的成就相联系，把家国情怀自然渗入实务课程中，引导学生践行社会主义核心价值观和爱国主义精神。

（一）“育德”首先要坚持马克思主义新闻观为理论指导

“立德树人”教育思想的形成和发展本来就是党在领导中国教育事业发展中集体智慧的结晶，其精髓就在于为社会培养全面发展的人。“人以一种全面的方式，也就是说作为一个完整的人，占有自己的全面的本质。”对此，马克思针对资本主义社会对人

① 高晓虹，王晓红，冷爽．“新文科”语境下的新闻传播学科建设路径探析：以“中国新闻传播大讲堂”为案例［J］．现代出版，2021（1）：5-10．

② 施莱希尔，宋晓凤，陈钰童．教育面向学生的未来，而不是我们的过去［J］．华东师范大学学报（教育科学版），2020，38（5）：1-21．

的异化导致人的片面发展，系统论述了未来社会人的全面发展问题，并提出了教育与生产劳动相结合的发展路径。对新闻传播学科来说，首先是明确马克思主义新闻观在新闻传播课程教学中的指导关系。

在长期的新闻事业理论与实践工作中，马克思主义新闻观对于新闻实践的内容生产、价值观念、理想追求都有着关键性指导作用，因此，成长于这一土壤之中的新闻教育自然也离不开马克思主义新闻观的熏陶。习近平总书记在党的新闻舆论工作座谈会讲话中指出："新闻院系教学方向和教学质量如何，在很大程度上决定着新闻舆论工作队伍素质。"这一讲话既点明了新闻教育的价值和重要性，也为新阶段新闻教育教学工作确定了"为社会主义现代化建设服务、为人民服务"，培养"全面发展的社会主义建设者和接班人"的目标，这也与马克思关于教育基本原理的论述完全一致。

新闻教学基本目标就是培养紧跟时代潮流、熟悉媒体发展规律的新闻实务人才。这一人才的培养不仅体现在能力、素养、知识层面，更体现在政治意识和导向层面。新媒体环境下人民需求更加多元化，市场化竞争导向下的新闻业面临的挑战也更多，传统的专业新闻生产过程日益受到社会化媒体的网民参与模式的冲击，这些变化都影响着学生对新闻实务的理解和认知。

马克思主义新闻观是课程导向和价值指引，课程教学是马克思主义新闻观践行行动中的一个重要分支。新闻教学要将"培养全面的人"作为教学方针，根据新历史时期社会变化在专业课堂上时时回答"立什么德""树什么人""如何立德树人"三个问题，①实现"现实的人"的全面发展。这一过程既包括在新闻实务教学过程中加强马克思主义新闻观理论学习，还要将其渗透到新闻工作对其自身的角色认知中去。通过以文化人、以文育人，②使学生真正体会到从事新闻工作的价值和社会责任。对于新闻实务教学而言，马克思主义新闻观的深化与学习并不是阶段性的，要将其融入课程体系当中，成为课程的一部分。

当然，对于新闻传播整体课程教学而言，马克思主义新闻观都具有首位的思想引领作用，新闻实务教学的内容也将内化于新闻教育整体大框架之中，需要长期坚持不动摇，这是思想源流，也是其原理和原则。

（二）"育德"重在强化价值观教育

如何确立职业和专业内在精神特质，如何在"成人""化人"的过程中首先完成价值

① 王鉴，姜纪垒.中国共产党立德树人教育思想的百年历程与基本经验[J].教育研究，2021，42(7)：16-26.

② 田鹏颖，单旖旎.把立德树人放在首位——深入学习习近平总书记关于教育的重要论述[J].中国教育学刊，2020(8)：1-5.

观塑造，这其中职业理想塑形和职业伦理矫形也就成为“育德”首要思考的问题。

如何将价值观纳入大学教育，是现代社会高等教育面临的最艰巨的挑战。正确的价值观教育一直是教育教学的核心，但现在正是时候让价值观从个体的内在志向转变为明确的教学导向和教育目标了。新闻实务课程教学首先要将价值伦理和学科知识紧密结合，方法上通过所有途径，包括课堂教学、专业活动、前沿讲座等，强化学科属性并融入教学，对学生的人生尤其是其走出校门后的职业生涯至关重要。

明确将价值观置于其课程框架的中心，强调培养新闻传播事业的“接班人”，一定要树立学生的新闻理想，使其志向于服务“中华民族伟大复兴”事业，熟悉中国国情，筑牢中国基因，打好中国底色，立足中国，放眼世界，体现新闻传播教育特有的理想与情怀，这是新闻传播课程教学不可偏离的底色。

强化新闻传播学科的价值观教育还有一个重要任务，就是要发挥各个区域的红色文化资源优势，用百年红色精神谱系引领时代新人培育。学历史，梳理红色精神谱系生成发展的脉络，挖掘红色精神谱系的科学性和先进性，找寻时代新人培养中急切需要的精神原动力，将其内化为传媒新人特有的精神特质和精神力量。作为新闻传播实务课堂教学，还要深入持续地、有自觉意识地将育人的主渠道教学因素“激活”，根据学生身心特点，将党的百年精神谱系中的红色新闻故事和红色精神体现在教材教法和课程教学元素中，增强专业课的价值厚度。

新闻实务技能训练是起点和基础，最终的目标，是让学生形成有良好职业理想和正确价值观支撑的，时刻回应时代重大课题的，以思考、分析和解决问题的能力为基础的，强化技术思维的，具备全媒体新闻传播学术思想和研究能力的卓越传媒人才。

价值观教育还包括了对中华传统优秀文化的精神营养吸收，包含了对新闻事业中新闻规律的敬畏和遵守。在此，新闻学的专业认同也是价值观教育中不可缺少的一部分，诚信、勇敢、理解、理性、平等、尊重、责任、毅力、包容和和谐等。这些价值观旨在塑造学生的品质，例如自我意识和社会意识关系管理、自我管理和负责任的决策。实际上，如果这些品质融入课程教学框架就可以有力地塑造学生行动的价值观，这也是教学重要的一个方面。

课程思政体系建设的中心是促进新人培育，价值观的教育最终在理论层面，就是人文精神与科学精神的统一、自我价值与社会价值的统一、学术逻辑与社会逻辑统一、知识教育与价值教育的统一。

(三)“思政”重在课程内容建设不离“时政”

新闻教育有其独特使命和价值,不能离开的是“及时”“即时”,不能离开“新”,新闻课程的“思政”从来离不开“时政”和从时政中析出的思想性和方法论。

新冠疫情背景下的新闻传播教学就给了课程如何“思政”很多启示。在新冠疫情肆虐的特殊时期,物理区隔、信息疫情、舆论冲突、风险放大都成为国内国际传播新语境,“信息传播数量巨大且真假难辨,内容涉及面广且倾向性强,传播范围大且速度极快,关注度高且危害极强,对信息疫情的防控和治理已经成为后疫情期间的第二战争”①。信息洪流潮涌,人们主要选择社交媒体摄取公共信息。社交媒体是一种理想的公共传播渠道吗?平台如何作为,信息深加工需要去中心化还是中心化?如何建立对信息疫情的集体免疫力?② 学者彭兰之问也都是新闻课堂必须回答的“思政”命题,课堂上根据新闻生产新流程和技术变化,研讨如何输出有据,呈现有法,表达有底线,内容有重点,挖掘有深度,引领有方法,这其中媒体人和公众的伦理素养和媒介素养提升,在纷繁芜杂的信息世界中坚持真相、追求价值引领就自然析出了。

新闻实务课程的“思政”要让学生在课程学习中认识到怎么做新闻,怎么做好新闻,更要激发学生的家国情怀以及责任感、使命感与职业荣誉感,引导学生在接受新闻实践训练、提升专业素养过程中持续强化政治意识和责任精神,实现“强化大局观”,培养学生“向公众提供信息服务、阐释变动之意义,助益社会良好沟通”③的能力。教学融入社会大场景,聚焦重大主题,对于专业预备役的新闻人明辨是非、练就笔力、提升脑力,培养家国情怀,讲好中国故事都多有裨益,这也正是价值观引领下的新闻传播教育的题中之义。

三、系统建构:创新实践和创设崭新教学形态

新闻传播实务课程本身的教学方法,是知行合一,是在学习中提升、在阅读中思考、在实践中认识,是演讲通要义,写作探精微的螺旋式上升过程,更多体现“文科中的工科”特性,既要靠正确的价值观引导人,也要靠深厚的学理素养说服人,还要靠端正的行为示范影响人。知识、能力、素养,需要的是知与行的“一体化”和“融合式”培养。

---

① 强月新.媒介融合下的实践教学新思路[C].教育部第五届新闻传播类教学指导委员会第四次会议主题发言,2021-10-23.

② 彭兰.我们需要建构什么样的公共信息传播?对新冠疫情期间新媒体传播的反思[J].新闻界,2020(5):36-43.

③ 陈昌凤.面向人类世界 培养传播高手[C].教育部第五届新闻传播类教学指导委员会第四次会议主题发言,2021-10-23.

(一)处理好从“第一课堂”到“第二课堂”的迁移

就新闻实务教学来说,第一课堂的教授与第二课堂的专业实践相生相伴,实务课程的育德任务还要落实在以专业实践为延伸的“第二课堂”中。基于传统实务,纳入互联网新闻制作、融合新闻作品、数据新闻、可视化表达等多门课程的新闻实务课程,其实践意义也同样重要。

当前国内高校采取的新闻实务实践方式是校内外并重,新闻实务课程体系建设虽然也通过课外实践活动、专业实习等方式将业务实践与理论学习衔接,但两者之间并没有实现深度互融,学生的新闻业务实践更多是在校内通过专业相关比赛、采编实验室等完成,校外实习更多是利用暑期和单独学期进行,与新闻实务教学无法形成良好互动,业务实习与学校教学之间缺乏反馈,学生一旦实习,经常就处于阵性“失联”状态。在这种状态下,学生的课外实习实践缺乏明确清晰的认定和准确评估体系,未能实现与课堂教学的协同对接,“第一课堂”向“第二课堂”衔接过程中仍然存在一定的“融合鸿沟”。

与媒体环境和新闻生产方式的动态化相比,新闻实务课程教育的内容变化多半不够及时。无论是课程体系建设,还是教学内容方式,更多是按照传统的大众新闻媒体的运作方式建立起来的,新闻实务的学校教育与实务实践之间出现“融合鸿沟”的原因还体现在新闻实务课程教育的滞后化。①

专业实习实践与学校教学的关系并非静态,而是相互影响,相互促进,完全可以是动态关系。对于新闻业课程而言,如果说“第一课堂”是“第二课堂”的基础,那么“第二课堂”就是“第一课堂”的延伸,是对“第一课堂”成果的检验。因此,在新闻实务课程体系建设中注重以实习实践为延伸的“第二课堂”建设是关键性话题。教学活动中,要以校园媒体为练兵场,以教师带动学生共建的“工作坊”“项目组”为平台,延伸新闻实务课程的长度。学校要积极建设中央厨房、采编实验室、虚拟仿真实验室等实验室,充分利用技术优势将采写编评摄录播内容按生产全流程分成模块在融合媒体背景下重新规划组合,延伸“第二课堂”的长度,提升“第二课堂”的深度。与此同时,进一步发挥“校地融合”“校媒联合”“校企联合”对新闻实务训练的带动作用,通过多种形式,为课程教学搭建更多课外实践平台;另一方面,要积极引导学生将所学知识转化为内在德行、内在素质及业务能力。

新闻实践新空间建设和完善以及提质增效是打造思政与专业深度融入的全媒体

① 尚京华.跨媒体传播与高校新闻学课程体系重塑[J].现代传播(中国传媒大学学报),2017,39(6):163-165.

育人体系的重要方面。项目驱动,协同育人,实现课堂教学、专项训练,将实训与实践进行有机统一,"第一课堂"与"第二课堂"这一融合不仅仅意味着为学生搭建从理论到实践的学习桥梁,更是从深层次意义上为新闻实务课程的教学内容、教学形式、教学理念提供新的入射角。新闻实务教学与专业实践要形成动态反馈、相互补充、相互促进的良性融合关系,让学生在课堂上学到的知识可以在实践中得到验证,在实践中遇到的问题可以在课堂上得到讨论和回应,在教授新闻实务专业知识的同时,为学生种下新闻理想的种子。

(二)处理好学科融合与多元视野关系

学科交叉、理念交叉是"新文科建设"的主要着力点,旨在通过推进不同学科之间的相互促进、相互影响,以交叉融合的方式推动构建世界水平、中国特色的文科人才培养体系。新闻传播学科天然具有开放面向,本身就具有人文社会科学之间交叉的扎实基础和内在优势,无论是新闻信息还是媒介自身,都是社会活动精神观念和人文环境的一面镜子,这不仅对现有新闻传播类课程成果具有重要示范作用,也将辐射其他人文社会学科相关课程。

新闻实务课程虽然从面向来说聚焦新闻学,但是由于新闻本身的特殊性,不可避免地兼具社会学、传播学、政治学、人类学、文学、历史学等多元学科的视野,这些不同的学科视野为新闻实务课程体系建设打开了新的窗口。如何实现这些不同学科视野与新闻实务课程之间的深度融合,进一步发挥出多元视野的内化优势成为新闻实务课程回应"新文科建设"面临的又一大问题。

传媒格局的改变、传播手段的变化带来了社会对新闻人才需求的变化,培养新闻业学子使其在未来工作中更好符合社会需求成为重要命题。命题解决之道,既需要新闻传播教育工作者把握国际新闻教育发展趋势,拥有国际视野,符合国内社会经济发展需要,又要他们立足不同高校多学科发展实际,注重多元学科融合给新闻实务课程体系建设带来的"新鲜血液"。从教学理念到课程体系等多方面,注重系统研究、整体优化。全面提升课程思政"育人"培养中的综合效能,也需要多学科联手,"全程、全息、全员、全效"优化教学过程、凝练教学内容、创新教学管理、塑造教学风格,建设"课程思政"育人共同体。

当然,无论是多元视野还是学科融合,都是以新闻实务为核心进行向外延伸的建设探索。新闻实务课程体系建设既要借鉴社会学、历史学、社会心理学、传播学、管理学等多元架构探寻合适的切入点,也要充分发挥自身优势,积极借鉴国内外新闻实务课程体系建设的先进经验，创建多形式的学、媒融合的教学科研平台，[①]积极探索建设具有中国特色的新闻实务课程体系。

（三）处理好教学模式与技术手段的关系

教学模式的探索一直以来是提升新闻实务课程体系建设的发力点和生长点，单以一系列技术支持下的协作教学法为例，借助技术的学习能够更好提升效果，相对于传统课堂面对面的更看重过程和情感的讲授，其会有效提升认知类学习的效果。

各种形式的翻转课堂、课堂分享、互动讲座，在课程设置、课程模块化建设、课程实践中寻找新闻教育的有效创新点，这些教学方式有利于培养新闻学子的综合能力，在整合多种内容的基础上，提升整体学习效果，使新闻教育模式进一步优化。但是随着互联网对媒体环境的影响，多元价值观对主流意识形态的冲击、碎片化传播对新闻价值的渗透、娱乐化消费对社会认同的消解，使新闻实务面临的环境愈加复杂。人工智能、大数据、云计算、VR/AR、区块链、5G等新技术为新闻实践带来新的方式方法，AI合成主播、机器人新闻、算法新闻推荐等新的新闻呈现形式也让新闻生产面临着新的挑战。这些新问题、新挑战、新趋势在从新闻实践走向新闻课堂的过程中首先需要面对的问题就是如何让学生更好地认识、接受、理解。以技术架构为支撑的新闻生产转向反映到新闻实务课程教学上就体现为教学内容和教学方式的技术化。中央厨房、信息化采编实验室、AI录音棚等多种辅助教学实验室当前已经成为新闻实务课程教学过程中不可或缺的部分。

在新闻实务课程教学过程中将传统教学手段与现代媒体技术融为一体，这一点在后疫情时代显得尤其重要，线上加线下教学模式成为常态，如何更好地适应线上教学模式，如何应用教学辅助技术达到更好的线上教学效果成为重要议题。从实务课教学效果看，案例式、知识建构和探究式教学策略更能提升教学效果，加强课程育德情感目标的设计，更好发挥知识点可视化特征，用技术联通课堂内外、线上线下、校内校外，多种策略推进协作探究学习，能更有效地促进新闻学科教学理念及课程体系整体优化，是先进的新时代新闻实务人才培养模式。

新闻生产的技术化转向是未来新闻实践的主流趋势，也是未来新闻实务教育需要把握的基本方向，新闻生产的技术化转向越深，新闻实务的教学呈现就越需要动态化、深度化。教学模式与技术手段以一种互为表里的关系参与到新闻实务课程体系建设

---

① 刘明洋，袁晓川.融通之道：解读新媒体环境下新闻传播教育的两大趋势[J].国际新闻界，2018，40(9)：128-148.

过程中，两者关系的平衡是要同时增强师生的技术赋能和技术批判理念。

新闻学科课程体系建设与改革是新文科背景下新闻传播教育转型的一个关键支撑点。推动新闻实务课程确立战略定位，明确实现策略，确立崭新的课程形态，激发专业课程与思政元素的内生共鸣，营造德育优位的文化氛围，深化育人方式改革，实现学科育人功能的实践诉求，从而突出学科特色，为学科思想的模型化表达提供强有力的支撑是本文的目的所在。新文科建设是新的时代背景新闻传播教育转型的"新窗口"，新闻传播类课程"立德树人"体系建设要以此为契机，遵循新时代教育的新导向，完善以马克思主义新闻观为指导，以教学模式创新为基础，以业务实践为延伸，以技术手段为支撑，兼具学科融合和多元视野的开放性课程体系，最终达到师生一心向教向学，教以成人的核心目的。

〔韩隽，博士，西北大学新闻传播学院教授，博士生导师，西北大学新媒体研究院执行院长〕

〔责任编辑：陈欣钢〕

新文科建设中卓越新闻传播人才培养的内在张力与解决路径*

The inherent tension and solution of outstanding journalism and communication talents training in new liberal arts construction

◎ 董天策
Dong Tiance

摘要:新文科建设中卓越新闻传播人才培养是一次全面改革与创新,如果单在本科层面推进,内在张力比较突出,在知识扩张与培养期限、学科交叉与专业融合、知识传授与能力培养等方面都存在张力。解决路径是贯通本硕人才培养,形成两条腿走路的格局,一是本硕贯通的培养方式,二是本科双学位的培养方式。

关键词:新文科;卓越新闻传播人才;内在张力;解决路径

Abstract:The outstanding journalism and communication talentstraining in the new liberal arts construction is a comprehensive reform and innovation. If it is only promoted at the undergraduate level, the inherent tension is relatively prominent, which exists in knowledge expansion and training period, interdisciplinary and professional integration, knowledge transfer and ability training, etc. The solution is to integrate the training of undergraduate with master talents and form a pattern with dual development paths. One is the training form of undergraduate and master's degree, and the other is the training form of undergraduate double degree.

Keywords:new liberal arts, outstanding journalism and communication talents, inherent tension, solution

---

* 本文系教育部首批新文科研究与改革实践项目“复合型卓越新闻传播人才培养创新与实践——学科交叉融合与核心专业能力提升的有机协同”(项目编号:2021100072)研究成果;重庆市第六批研究生教育优质课程“新闻传播理论”(项目编号:20190701003)研究成果。

把“新文科建设”与“卓越新闻传播人才培养”放在一起,似乎有些繁复,且会让主题显得分散。不过,“新文科建设”与“卓越新闻传播人才培养”本来就关系密切。2018年9月,教育部、中宣部发布《关于提高高校新闻传播人才培养能力 实施卓越新闻传播人才教育培养计划2.0的意见》。2019年4月,教育部、科技部等13个部委在天津联合启动“六卓越一拔尖”计划2.0,全面推进新工科、新医科、新农科、新文科建设,并将2019年定为新文科建设启动年。有关政策的出台过程表明,新文科建设是国家更高层面的教育创新战略,卓越新闻传播人才培养计划2.0是新文科建设的有机组成部分,新文科建设提出之后,卓越新闻传播人才培养就必须立足于新文科建设的高度来推进。“新文科建设中卓越新闻传播人才培养”所表达的,正是这样的意涵。

一、新文科建设中卓越新闻传播人才培养是一次全面改革与创新

教育部、中宣部关于卓越新闻传播人才教育培养计划2.0的目标是:“经过5年的努力,建设一批马克思主义新闻观研究宣传教育基地,打造一批中国特色、世界水平的一流新闻传播专业点,形成遵循新闻传播规律和人才成长规律的全媒化复合型专家型新闻传播人才培养体系,培养造就一大批适应媒体深度融合和行业创新发展,能够讲好中国故事、传播中国声音的优秀新闻传播后备人才。”教育部新文科建设工作组2020年11月在山东大学(威海)召开新文科建设工作会,发布《新文科建设宣言》,明确宣示——我们的共识:新时代新使命要求文科教育必须加快创新发展;我们的遵循:坚持走中国特色的文科教育发展之路;我们的任务:构建世界水平、中国特色的文科人才培养体系,并提出了强化价值引领、促进专业优化、夯实课程体系、推动模式创新、打造质量文化等方面的具体实施路径。

专业人才的培养总是与时俱进,不断发展,持续进步的。卓越新闻传播人才培养计划2.0提出“打造一批……全媒化复合型专家型新闻传播人才培养体系”,是一个相当高的要求。《新文科建设宣言》宣告“构建世界水平、中国特色的文科人才培养体系”,更是立意高远的宏伟蓝图,因为新文科建设的目的是提升综合国力,坚定文化自信,培养时代新人,建设高等教育强国,推进文科教育融合发展。对新闻传播教育来说,新文科建设中卓越新闻传播人才培养是一次全面的改革与创新。改革开放以来,从复合型人才培养,到国际新闻人才培养,再到网络与新媒体人才培养,这一次次人才培养战略重心的提出已成为这次改革与创新的前奏,下文将简要回顾一下这些前奏的基本情形。

复合型人才培养是教育部1998年修订并颁布新的《普通高等学校本科专业目录》而开启的改革。当时的指导思想是"改变高等学校存在的本科专业划分过细，专业范围过窄的状况"，"专业种数由504种减少至249种"。当时新目录颁布，"是关系我国高等教育改革与发展的一项带有全局性的重要举措，对于高等学校改革人才培养模式，提高人才培养质量，增强毕业生的适应性等方面都具有十分重要的意义"①。随即在1999年开始的大学扩招进程中，各级各类高校竞相开办新闻传播类专业。复合型新闻传播人才培养，不仅是综合性大学的探索，更成为行业性院校打出的一张牌：财经类院校是"经济＋新闻"，外语类院校是"外语＋新闻"，法制类院校是"法律＋新闻"，体育类院校是"体育＋新闻"，诸如此类。②

为了培养合格的驻外记者，一些高校在20世纪80年代就积极探索复合型国际新闻人才培养。北京广播学院1982年在外语系开设五年制国际新闻本科专业，厦门大学、国际关系学院分别于1983、1984年开设国际新闻本科专业，复旦大学、上海外国语学院1983年开设双学士学位国际新闻专业，中国新闻学院1986年开设双学士学位和硕士学位国际新闻专业。然而这些探索在1989年后迅速萎缩。③ 北京奥运会与国际金融危机之后，在增强国际传播能力建设的国家战略背景下，中国人民大学、清华大学、中国传媒大学、复旦大学、北京外国语大学五所高校2009年得到中宣部、教育部支持，统一设立"国际新闻传播硕士项目"，为中央主流媒体培养国际新闻传播高层次应用型人才④，迈入复合型国际新闻传播人才培养的崭新阶段。

进入网络时代或网络社会，网络与新媒体迅速成为新闻传播教育不可或缺的组成部分。2012年，教育部在新闻传播类特设"网络与新媒体"专业，网络与新媒体成为新闻传播教育的新兴专业与增长点。此前，华中科技大学1998年就创办全国首个网络传播专业，并在2006年"通过与计算机学院合作开设网络传播第二学位课程，联合培养网络传播专业人才"⑤，走上复合型网络与新媒体人才培养之路。由于网络与新媒体是信息技术、通讯技术、计算机技术以及大数据、人工智能等技术变革的产物，网络与新媒体人才培养具有极其鲜明的新文科特色。2017年，美国希拉姆学院最早推行

---

① 教育部关于印发《普通高等学校本科专业目录(1998年颁布)》、《普通高等学校本科专业设置规定(1998年颁布)》等文件的通知[J].教育部政报，1998(10)：398-437.

② 侯迎忠，郭光华.新闻传播专业复合型人才培养机制的实证研究[J].重庆教育学院学报，2010(5)：15-19.

③ 张毓强，尚京华，唐艾华.中国国际传播人才培养的历史沿革[J].当代传播，2010(4)：97-99，103.

④ 钟新，崔灿，蒋贤成.国际新闻传播人才的多维度复合与进阶式培养：基于中国人民大学国际新闻传播硕士项目十周年毕业生调查[J].国际新闻界，2020(12)：147-168.

⑤ 何志武.学科交叉与媒介融合语境下传媒复合型人才培养模式的转型[J].中国大学教学，2013(11)：30-32.

的新文科,就是对传统文科进行学科重组与专业融合,实行文理交叉,将新技术融入哲学、文学、语言学等专业中。

二、新文科建设中卓越新闻传播人才培养的内在张力

新文科建设中卓越新闻传播人才培养要求专业人才"全媒化""复合型""专家型",既延续了1998年以来复合型人才培养的内涵,又结合了当前技术变革与媒体融合的需求,还提出了专家型的培养质量标准,是新时代更新更高更强的人才培养使命。

某种意义上,"全媒化"也是一种复合型,因为专业面向不再是按传统的报刊、广电、网络与新媒体等不同媒体类型进行划分,分门别类地培养适应不同媒体需要的专业人才,而是按"全媒体"或"融媒体"的媒介现实来培养专业人才。原先的新闻学、广播电视学、网络与新媒体等专业势必需要进行专业重构,这种重构一定是专业复合性或融合性的,力求让学生掌握新闻传播的"十八般武艺"。当然,"复合型"还有更加丰富的内涵。譬如,国际新闻传播人才的培养需要外语和新闻的有机结合或融合,法治传播人才的培养需要法学和新闻的有机结合或融合,财经记者的培养需要财经和新闻的有机结合或融合,诸如此类。至于"专家型"新闻传播人才,则是一个更高的要求。按邓建国教授的说法,专家型新闻传播人才需要具有强烈的读书阅世的兴趣和能力,有着宽厚的学识基础;需要学有专长,在某一方面有着可以展示出来的专业知识;应具备较强的独立思考和逻辑分析能力;需要具备娴熟的理论应用能力;需要具备精深的外语水平。①

值得注意的是,人们通常把"全媒化""复合型""专家型"理解成一种同时性要求,尝试在本科阶段毕其功于一役,达成"全媒化""复合型""专家型"的目标。国务院学位委员会2019年7月印发《学士学位授权与授予管理办法》第十五条规定,普通高等学校可在本校全日制本科学生中设立双学士学位复合型人才培养项目。② 可以说,这条规定为"复合型"人才培养提供了制度保障,让复合型人才培养切实落地。不过,暂且不论"专家型"标准,单就"复合型"人才培养而言,从以往复合型新闻传播人才培养、国际新闻传播人才培养、网络与新媒体人才培养的经验与教训来看,如果只在本科阶段尝试达成复合型新闻传播人才培养目标,其实蕴含着很大的内在张力。

---

① 邓建国.新信息环境下我国专家型新闻传播人才的培养模式探讨[J].新闻大学,2017(2):133-138,152.

② 中华人民共和国教育部.国务院学位委员会关于印发《学士学位授权与授予管理办法》的通知[EB/OL].(2019-07-26)[2021-06-18].http://www.moe.gov.cn/srcsite/A22/yjss_xwgl/moe_818/201907/t20190726_392378.html.

首先是知识扩张与培养期限的张力。全媒化复合型新闻传播人才培养，意味着教学内容不断扩张，特别是双学士学位的设立，意味着学生在本科 4 年中要学习两个本科专业并加以融合贯通，从而达成复合型人才培养目标。问题在于，过往实践表明，如果条件不具备，弄不好会造成“扁担挑缸钵——两头都滑脱”的局面，两个专业都没学好，都没达到应有的专业水准。譬如国际新闻专业的学生，曾出现过“英语没有英语专业的学生好，新闻实践操作能力又不如新闻学专业的学生强”的尴尬局面。[①]

其次是学科交叉与专业融合的张力。“学科的划分，遵循知识体系自身的逻辑”；“专业是按照社会对不同领域和岗位的专门人才的需要来设置的。不同领域的专门人才需要什么样的知识结构做基础，专业就组织相关的学科来满足。”[②]学科交叉与专业融合似乎自然天成。然而，学科具有独特的研究对象或研究领域、独特的理论体系、独特的研究方法以及独特的研究范式，学科与学科之间既有联系，更有差异。这种差异决定了要把不同的学科融合在一起来为某个专业服务，其实是有难度的。曾有论者指出，财经新闻专业通行的“财经专业课＋新闻专业课”人才培养模式，大多不过是课程内容的简单相加而非有机融合，结果造成财经和新闻“两张皮”的割裂状态[③]。

再次是知识传授与能力培养的张力。教育部 2020 年 6 月印发的《高等学校课程思政建设指导纲要》明确提出，“落实立德树人根本任务，必须将价值塑造、知识传授和能力培养三者融为一体、不可割裂”[④]。价值塑造贯穿于知识传授、能力培养的全过程。传统上，我国教育比较注重知识传授，对能力培养往往重视不够。复合型人才，理应把能力培养放在比知识传授更重要的地位。问题在于，复合型人才培养，尤其是双学位攻读者要学习两个专业，势必投入大量的时间与精力来学习知识，极可能事实上限制了学生独立探索、加强实践的时间与机会。能力作为人对自然探索、认知、改造水平的度量，是完成一项目标或者任务所体现出来的综合素质，总是和实践紧密联系在一起。实践需要投入足够的时间与精力。学生要在规定的期限内完成学业，知识传授与能力培养之间的张力显而易见。

---

① 张毓强，尚京华，唐艾华.中国国际传播人才培养的历史沿革[J].当代传播，2010(4)：97-99，103.

② 谭荣波.“源”与“流”：学科、专业及其关系的辨析[J].教育发展研究，2002(11)：114-116.

③ 张立勤.实现从学科培养模式到社会需要模式的转型：高校财经新闻人才培养模式的探索与反思[J].新闻界，2011(5)：141-146.

④ 中华人民共和国教育部.教育部关于印发《高等学校课程思政建设指导纲要》的通知[EB/OL].(2020-06-03)[2021-06-18].http://www.moe.gov.cn/srcsite/A08/s7056/202006/t20200603_462437.html.

三、新文科建设中卓越新闻传播人才培养的基本路径

早在20世纪80年代,国内教育界就开始倡导培养复合型人才。研究者"按知识的结构来划分人才的类型,形象地用'—'表示知识的宽度,用'|'表示知识的深度,提出了'T'型人才概念。[①] 进入21世纪,日本文部科学大臣咨询机构"科学技术·学术审议会"人才委员会2002年发表《面向培养世界顶尖研究人员》,进一步提出了"π"型人才培养,他们认为"T"型人才是指在具有广博知识的基础上,在某一领域具有高度专业性的研究人才;而"π"型人才是指在具有广博知识的基础上,在复数领域具有高度专业性(其中在某一领域具有更高的专业性)的研究人才。[②] 要注意的是,这个人才委员会讨论的是研究生教育,是培养顶尖研究人员。严格讲,要达成"复合型""专家型"新闻传播人才的培养目标,让本科和研究生两个阶段的教育来完成,具有更大的可行性。前述邓建国教授认为,最能体现"培养专家型记者"理念的是哥伦比亚大学新闻学院的4+5+1模式,即4年本科、5年新闻工作经验、1年新闻硕士培养的MA(Master of Arts)模式。[③]

因此,在探索新文科建设中卓越新闻传播人才培养之际,如果不再局限于本科教育,把视野拓宽到研究生教育,打通本硕或本硕贯通来探讨既是复合型又是专家型的新闻传播人才培养,前述各种张力就比较容易解决,至少是多一种解决路径。当然,本科阶段就培养复合型专家型新闻传播人才,也不是完全不可能,否则国务院学位委员会就不会设立双学位人才培养项目。但是,该项目"必须坚持高起点、高标准、高质量,所依托的学科专业应具有博士学位授予权,且分属两个不同的学科门类"。这就设置了很高的门槛。教育部、中宣部关于卓越新闻传播人才教育培养计划2.0提出"……打造一批中国特色、世界水平的一流新闻传播专业点,形成遵循新闻传播规律和人才成长规律的全媒化复合型专家型新闻传播人才培养体系,培养造就一大批适应媒体深度融合和行业创新发展,能够讲好中国故事、传播中国声音的优秀新闻传播后备人才",同样设置了相当高的门槛。2013年6月教育部、中宣部出台《关于加强高校新闻传播院系师资队伍建设 实施卓越新闻传播人才教育培养计划的意见》曾明确提出,"选择30所高校建设应用型、复合型新闻传播人才教

---

① 林崇德.融东西方教育模式,培养"T"型人才[J].北京师范大学学报(人文社会科学版),2001(1):5-11.

② 高益民.创新人才培养与新世纪日本研究生教育改革[J].比较教育研究,2009(11):46-52.

③ 邓建国.新信息环境下我国专家型新闻传播人才的培养模式探讨[J].新闻大学,2017(2):133-138,152.

育培养基地，培养具有全媒体业务技能的应用型、复合型新闻传播人才。选择10所高校建设国际新闻传播人才教育培养基地，培养具有国际视野和跨文化传播能力的国际新闻传播人才”。尽管其后并未最终确定是哪30所、哪10所高校，但计划2.0所谓“一批”，肯定不是所有高校。

因此，从政策层面和人才培养自身规律来看，新文科建设中卓越新闻传播人才培养主要应由高水平研究型大学来担当使命，譬如当前正在进行建设的双一流大学与一流学科高校。理论上，这样的高校应当两条腿走路：一是贯通本硕，通过本科和硕士两个不同阶段来培养全媒化复合型专家型卓越新闻传播人才；二是开办本科双学位拔尖人才项目来造就全媒化复合型专家型卓越新闻传播人才。

本硕贯通的卓越新闻传播人才培养，意味着人才培养的最终完成是在硕士阶段。2010年，国家已设立新闻与传播硕士专业学位，专业学位在面向行业培养高层专业人才这一点上与本科具有一致性。卓越新闻传播人才培养的本硕贯通，主要是就本科与硕士相衔接而言的。本硕贯通有两种形式，一种是自发性本硕贯通，即学生本科阶段读的是非新闻传播类专业，硕士研究生阶段志愿选择攻读新闻传播类学位；或者学生本科阶段读的是新闻传播类专业，硕士研究生阶段选择非新闻传播类专业。一个人在本科与研究生这两个不同高等教育阶段攻读两种类型的学位，通过自身的专业知识接受与能力培养，最终成为复合型专家型的卓越新闻传播人才。另一种是培养单位的自觉性本硕贯通，即培养单位通过专门的硕士项目或硕士方向来培养复合型专家型卓越新闻传播人才。譬如，2009年中国人民大学等五所高校获批设立的“国际新闻传播硕士项目”，就是一个成功的案例。

本科层面的卓越新闻传播人才培养，主要是通过本科双学位来实施。早在2003年，笔者就曾指出，通常所谓将通识教育与专业教育结合起来的本科教育，培养出来的主要是“复合性”人才，恐怕不是真正意义或严格意义上的“复合型”人才。复合型人才不仅需要拓宽知识面向，更需要对两个领域或行业都具有够得上专业水准的知识和能力。[①] 所有的新闻传播本科教育，都应努力探索各具特色的“复合性”人才培养方式。有条件的高水平研究型大学，则理所当然要担当起复合型专家型卓越新闻传播人才培养的使命。在高水平研究型大学，可以设立法学-新闻学本科双学位项目来培养复合型专家型政法记者，设立经济学-新闻学本科双学位项目来培养复合型专家型财经记者，设立计算机软件-新闻学本科双学位项目来培养卓越网络与新媒体人才。自然，

① 董天策.新闻传播复合型人才培养随想[J].国际新闻界，2003(6)：77-80.

也可以设立某种外语–新闻学本科双专业项目（单学位）来培养国际新闻传播人才。高水平研究型大学通过实施双学位项目，以及双专业、主辅修专业项目，应当而且可以在本科阶段造就复合型专家型卓越新闻传播人才。当然，如何卓有成效地实施双学位项目，还需要办学单位在实践中大力开拓创新。

〔董天策，重庆大学新闻学院院长、教授〕

〔责任编辑：王婧雯〕

新文科建设背景下新闻传播学科课程思政的融合创新研究*

——以"当代媒介素养"课程为例

Research on the Integration and Innovation of Ideological and Political Education in Journalism and Communication under the Background of the New Liberal Arts Construction: Taking "Contemporary Media Literacy" as an example

◎姜 红 鲁 曼

Jiang Hong Lu Man

摘要：高校课程思政建设是新文科构建哲学社会科学中国学派的重要一环。新闻传播学科专业课程虽天然具有思政元素，然而，如何推动课程"加"思政向课程"融"思政转化，把新文科建设的要求和课程思政的价值引领结合起来，成为当下课程思政建设的难点。兼顾纵向的理念贯通和横向的学科交融，本文从理念、内容、方法三方面出发探讨新闻传播学科课程思政的融合创新，进而提出新闻教育应该面向全人教育，回归人的全面发展和人格的全面培养。

关键词：融合；课程思政；马克思主义新闻观；全人教育

Abstract: Ideological and political education is an important part of the construction of a Chinese school of philosophy and social sciences in the the new liberal arts. Although the curriculum of Journalism and Communication naturally has the element of ideological and political education, however, how to promote the transformation of "integrated" rather than "plus" between course and ideological and political education, and how to combine the requirements of the construction of the new liberal arts with the value leadership of ideological and political education, has become a difficult point in the construction of ideological and political education nowadays. Caring about the vertical conceptual coherence and horizontal interdisciplinarity, this paper discusses the

* 本文系国家社会科学基金项目"当代中国新闻传播话语范式的'实践转向'研究"(项目编号:20BXW027)的阶段性成果。

integration and innovation of ideological and political education in the Journalism and Communication from three aspects: concept, content and method, and then proposes that journalism education should be oriented towards holistic education, returning to the all-round development of the human being and the comprehensive cultivation of the personality.

Keywords: integration, ideological and political education, Marxist journalism view, holistic education

引　言

2020 年 5 月,教育部印发《高等学校课程思政建设指导纲要》(简称《纲要》),提出把思想政治教育贯穿人才培养体系,全面推进高校课程思政建设。① 同年 11 月,教育部新文科建设工作组举办新文科建设工作会议,发布《新文科建设宣言》(简称《宣言》),全面部署中国新文科建设,强调要构建"大文科"视野,推动学科交叉和科际整合,强调文科专业之间的深度融通、文科与理工农医交叉融合。《宣言》提出,要牢牢把握文科教育的价值导向性,坚持立德树人,全面推进高校课程思政建设。② 可以说,高校课程思政建设亦是新文科建设构建哲学社会科学中国学派的重要一环。

从国家治理中的多重融合,到发展理念上的城乡融合,再到学科建设的交叉融合,传媒业发展中的媒体融合,"融"已经成为当下社会发展之大"势"。在谈到新型主流媒体建设时,习近平总书记曾提到,从相"加"到相"融"的过程,即是从"你是你、我是我"变成"你中有我、我中有你",进而变成"你就是我、我就是你"③的过程。

无论是新文科建设还是课程思政建设,都需要经历从"相加"到"相融"的过程。首先,如何以思想价值引领教育教学全过程和各环节,解决专业教育和思政教育"两张皮"问题?只有推动课程"加"思政向课程"融"思政转化,专业课程与思想教育"融而为一",化思政教育于专业课程之中,才能更好地挖掘专业课程中的德育因素,实现价值引领与专业培养的统一,全面提高人才培养质量。其次,如何把新文科建设的要求和

① 中华人民共和国教育部.教育部关于印发《高等学校课程思政建设指导纲要》的通知[EB/OL].(2020-06-01)[2021-07-16].http://www.moe.gov.cn/srcsite/A08/s7056/202006/t20200603_462437.html.

② 中华人民共和国教育部.新文科建设工作会在山东大学召开[EB/OL].(2020-11-03)[2021-06-15].http://www.moe.gov.cn/jyb_xwfb/gzdt_gzdt/s5987/202011/t20201103_498067.html.

③ 央广网.从相"加"到相"融" 习近平绘就媒体融合发展蓝图[EB/OL].(2021-02-19)[2021-08-16].https://baijiahao.baidu.com/s? id=1692083025908789156&wfr=spider&for=pc.

课程思政的价值引领结合起来？用正确的价值观引领学生穿越文理、文工的知识分野，编织知识之网？纵向的理念贯通和横向的学科交融都需要兼顾，上下左右，纵横交错。概言之，唯有“贯通融合”方可实现。

从 2018 年“四新”建设提出以来，学者们便开始围绕“新文科”进行研究。“新文科”并不是一个新词汇，而是世界范围内各人文学科应对学科危机采取的对策。[①] 韩立新[②]等学者围绕这一概念提出的中西方背景进行了溯源，该名词虽源于西方，但学者们认为中国的新文科建设不同于欧美自下而上的探索模式，而是由政府发起并主导、自上而下的、强调中国特色的一项国家战略和系统工程。[③] 新文科建设与新闻传播学的关系体现在两个方面：一方面高等院校新闻传播学科是新文科建设的重要部分[④]，另一方面新文科是讨论新闻传播学科的时代背景，也是规划新闻传播人才培养的逻辑框架，在蔡斐看来，新文科对新闻传播学的学科赋能体现在新理论、新实践、新技术三个方面。[⑤] 目前本学科关于“新文科”的探讨主要结合新闻教育展开，既包括宏观的影响，如王润泽等人认为新文科建设为新闻教育带来了外部和内部的双重挑战，“守正创新”则是新闻传播教育的未来之路。[⑥] 延宏提出新文科背景下中国新闻传播学科教育出现了以交叉为导向的学科边界突破、以科学为导向的素养培育、以开放为趋向的共建教学三个转向。[⑦] 具体应对层面则涉及人才培养变革研究，如教育部高等教育司司长吴岩提出要把握好时代发展大势、高等教育发展大势、新闻传播教育大势，努力建设具有中国特色、世界水平的新闻传播人才培养体系。[⑧] 在强月新等人看来，新文科背景下新闻传播人才培养可以从建立技术思维、深化交叉融通、接轨实践需求、服务国家战略四个方面进行探索。[⑨] 其他研究较多围绕课程研究展开，诸如新文科背景下的课程体系建设路径、专业核心课程设置研究、具体到网络与新媒体一流专业建设探索等，在此便不赘述。

与此同时，新闻传播学科的专家学者也在思考如何进行本学科的课程思政改革。

---

① 赵奎英.“新文科”“超学科”与“共同体”：面向解决生活世界复杂问题的研究与教育[J].南京社会科学，2020(7)：130-135.

② 韩立新，杨润东.新文科文献考察及新闻传播学的两个维度[J].出版广角，2021(7)：17-20.

③ 强月新，孔钰钦.新文科视野下的新闻传播人才培养[J].中国编辑，2020(10)：58-64.

④ 吴岩.加强新文科建设 培养新时代新闻传播人才[J].中国编辑，2019(2)：4-8.

⑤ 蔡斐.学科赋能、跨界驱动与人的回归：论新文科背景下新闻传播人才的培养[J].中国编辑，2021(4)：77-81.

⑥ 王润泽，徐诚.守正创新：新文科建设背景下的新闻教育变革方向[J].出版广角，2021(7)：9-12.

⑦ 延宏.边界突破、科学素养与开放趋向：新文科背景下中国新闻传播学科教育的三个转向[J].青年记者，2021(16)：96-97.

⑧ 吴岩.加强新文科建设 培养新时代新闻传播人才[J].中国编辑，2019(2)：4-8.

⑨ 强月新，孔钰钦.新文科视野下的新闻传播人才培养[J].中国编辑，2020(10)：58-64.

丁柏铨认为，新闻学科的课程思政，有其自身的特殊性，这源于“新闻、新闻学与政治的关系特别密切；作为新闻学研究对象的新闻、新闻媒体和新闻舆论工作，与社会舆论的关系特别密切；新闻与意识形态的关系特别密切”①。可以说新闻传播学科天然具有课程思政的要素性质。然而如何发挥新闻传播学科课程的专业优势，做到专业课程与思政课不仅要同向同行，更要“融而为一”？侯勇等人提出，当下的课程思政研究应“加强微观研究的深度……通过分析和总结各专业课程中思政元素挖掘内容、方式等的共同性和差异性，以总结可供推广的实践方案，这对加快搭建全面覆盖、类型丰富、层次递进、相互支撑的课程思政体系大有裨益”②。因此课程思政建设应结合具体课程内容展开，目前本学科学者已经围绕如马克思主义新闻观、新闻写作、新闻史等具体课程探讨如何从微观层面挖掘课程中的思政元素。

具体到一门课程中，如何既体现新文科的学科交叉融合，又践行课程思政的价值引领和思想贯通？我们在安徽大学新闻传播学院“当代媒介素养”课程中采取了一些改革。本文将结合这门课程的实践进行探讨。

“当代媒介素养”是国内较早开设的媒介素养课程之一，也是安徽大学新闻传播学专业本科生的核心基础课。迄今为止，这门课不间断开设了14年，累计听课人次超过3,000人，是新闻传播学院最受学生欢迎的“金牌”课程之一。2013年，该课程入选教育部第四批“精品视频公开课”，在教育部“爱课程”网站上线，2014年在“网易公开课”网站面向社会公众开放，视频累计播放量超过30万次。2021年，该课程申报了国家级一流课程。

作为对新一轮科技革命和产业变革的回应，打破学科专业壁垒，融入现代信息技术赋能文科教育是新文科建设的重要目标。一方面，随着数字化逐渐嵌入社会运行的底层逻辑，当媒介生态开始突破信息互联越来越向“万物皆媒”“万物皆可连接”的方向发展，数字技术已经影响到新闻传播学科最重要的词汇——“媒介”本身的内涵和外延时，我们对于传统媒介素养的课程定位业已明显“失焦”，基于此，体现文工、文理等交融特点的媒介素养通识教育显得日益重要；另一方面，高校课程思政建设应结合新生课程尽早开展，而“当代媒介素养”作为大一新生的入门课，与更深入细分的专业课程相比，它接近于新闻传播专业的通识课程，专业知识与思政元素的交融更加深刻。该课程对于新踏进的新闻传播专业学生具有重要的入门引导作用，深入融合课程思政元素进行媒介素养教育，对于提高大学生媒介素养，增强学生思考能力、开阔胸襟、激发

① 丁柏铨.新闻学科课程思政：特殊性、有效性及实施路径[J].当代传播，2020(6)：9-13，30.

② 侯勇，钱锦.课程思政研究的现状、评价与创新[J].江苏大学学报(社会科学版)，2021，23(6)：66-76.

家国情怀，引导新闻学子践行社会主义核心价值观和树立马克思主义新闻观具有重要作用。

一、理念融合：立德树人与马克思主义新闻观的价值贯通

中国的新文科与西方的新文科除了开展方式的区别之外，极为重要的是，中国新文科建设是要依托中华民族源远流长的灿烂文明，培养具有新时代中国特色、中国风格、中国气派的先进文化，培养知中国、爱中国、堪当民族复兴大任新时代文科人才，构建哲学社会科学中国学派。[①] 因此，强化价值引领是新文科建设内在要求，必须坚持立德树人，坚持以习近平新时代中国特色社会主义思想为指导，不断提高高等学校文科教育的时代性、科学性和创造性。[②]

从课程思政建设的理念来看，价值塑造亦是落实其立德树人根本任务的重点。根据《纲要》，课程思政是要把"立德树人"作为教育的根本任务的一种综合教育理念，而落实立德树人的根本任务，必须将价值塑造、知识传授和能力培养三者融为一体、不可割裂。这一价值塑造包括"要在课程教学中帮助学生掌握马克思主义世界观和方法论，从历史与现实、理论与实践等维度深刻理解习近平新时代中国特色社会主义思想。要结合专业知识教育引导学生深刻理解社会主义核心价值观，自觉弘扬中华优秀传统文化、革命文化、社会主义先进文化"。安徽大学新闻传播学院"当代媒介素养"课程人才培养的素质目标正是朝着这一方向努力，我们希望培养的人"具有坚定的政治素质和社会责任感，兼具人文情怀和科学精神，有过硬的专业素质和创新精神，有开阔的国际视野，讲好中国故事，传播好中国文化"。更重要的是，包括"当代媒介素养"在内的所有新闻传播学专业课程都以马克思主义新闻观为统摄。可以说，价值引领、价值塑造本身就融于新闻传播实践指导和理论研究之中。

马克思主义新闻观是马克思主义中国化的组成部分，我们党的历代领导人在不同历史时期都对新闻舆论工作作出重要论述。"党的新闻舆论工作是党的一项重要工作，是治国理政、定国安邦的大事"，习近平总书记更是从党的工作全局和治国理政大局来论述党的新闻舆论工作，将其从"耳目""喉舌"功能进一步提升到"极端重要"这一

① 齐鲁晚报网.新文科重磅启动！教育部高教司司长吴岩：全面推进新文科建设[EB/OL].(2020-11-04)[2021-06-16].https://baijiahao.baidu.com/s? id=1682402214219491830&wfr=spider&for=pc.

② 中华人民共和国教育部.新文科建设工作会在山东大学召开[EB/OL].(2020-11-03)[2021-06-16].http://www.moe.gov.cn/jyb_xwfb/gzdt_gzdt/s5987/202011/t20201103_498067.html.

思想高度。[①] 党的十八大以来,习近平总书记对加强和改进新闻舆论工作作出一系列重大部署,其关于新闻舆论工作的系列论述既是马克思主义新闻观与时俱进的重要体现,亦是习近平中国特色社会主义思想的重要组成部分。以马克思主义新闻观的核心观念与根本原则——党性原则为例,习近平总书记曾在多次会议中强调要"坚持党性原则",并进一步提出"要坚持党性和人民性相统一,把党的理论和路线方针政策变成人民群众的自觉行动,及时把人民群众创造的经验和面临的实际情况反映出来,丰富人民精神世界,增强人民精神力量"[②]。这就为新闻舆论工作指明了方向,亦为新闻传播学教育培养人才必备的专业理念提出了总体上指导。

从实践的角度来说,数字技术日新月异,数字媒介迭代迅速,从微博到微信到抖音、快手,媒介技术和平台"风口"不断变化,对专业课程内容提出了挑战。因此,数字技术的发展与渗入带来了新闻学理论研究的范式转换,对于新闻教育也提出了挑战。而习近平新时代中国特色社会主义思想等马克思主义中国化成果也随着实践变化和时代发展不断丰富自身,可以给予新闻传播专业课程以方向上的引导,可谓是"同向同行"。

当下,技术正在改变时代和社会,从"新文科"的视野进行课程建设,对新闻传播教育提出了打破文理工的学科界域、保持对技术引发的前沿问题进行追踪的要求。具体到"当代媒介素养"这门课程,我们可以看到数字技术的发展是如何改变"媒介"的观念。曾经在相当长的时间里,本学科对于媒介的理解等同于报纸、广播电视等现代大众传播媒介,而传播媒介被认为是呈现现实的"镜子",或是将黑暗中的事物带到人们视域中的"探照灯的光束"[③],媒介的工具意义强于其表现意义。随着信息互联网的发展,媒介的外延有所扩展,互联网成为一种重要的传播媒介,与此同时,人们开始关注媒介在促进共同参与、信息共享与流通方面发挥的功能性而非工具性意义。当面向愈加成熟的万物互联时代,无所不在的"可计算"成为下一阶段互联网与其前身的重大区别[④],这种"可计算"意味着被数字化了的任何物都拥有传播数据和信息的潜能,基于此,媒介成为人类与多种异质性要素共同参与、共同行动以构造世界的"基础设施"。因此我们对于媒介的理解不能仅限于传统的学科思路,而是需要在马克思主义实践观

① 雷跃捷,王娜.马克思主义新闻观中国化的当代探索[J].现代传播(中国传媒大学学报),2021,43(9):34-39.

② 中共中央宣传部新闻局.习近平总书记党的新闻舆论工作座谈会重要讲话精神学习辅助材料[M].北京:学习出版社,2016:6.

③ 李普曼.舆论学[M].林珊,译.北京:华夏出版社,1989:240-241.

④ VINCENT M.Becoming digital:toward a post-internet society[M].Emerald Publishing Limited,2017.

和文理交融的新文科思路下重新理解媒介的内涵变化及其实践活动。从这一思路出发，我们看到习近平新闻舆论工作中关于媒体融合的部署，已经不只是内容于介质间流动的一种简单融合①，或者是内容形态的多样化呈现，而是从“以先进技术为支撑”到“以先进技术引领驱动”②的深度融合，技术从辅助角色转为引领角色。

总而言之，新闻传播学专业课程与思想政治理论课程不仅可以“同向同行”，而且天然融通。

二、内容融合：多重课程资源的联结与接合

课程建设被认为是新文科最基础最关键的要素，课程资源的开发亦被认为是课程思政建设的基本前提、根本要求、基本依托和必要基础。当下，人工智能、大数据等现代信息技术与新闻业深入融合，日益复杂的新闻业态亟须新闻传播学科自我的革故鼎新，从跨学科角度进行知识整合和融合发展。新闻传播学科的课程内容如何实现新文科建设的学科融合特点及课程思政价值引领的核心目标？既实现新一轮科技革命的技术赋能，同时深入挖掘专业课程中的课程思政元素，有机融入课程教学，达到润物无声的育人效果，成为新闻传播学科课程内容建设的要点。以“当代媒介素养”课程为例，它主要包括六大版块：认识媒介、解读媒介、探索新闻、反思媒介、沟通媒介、使用媒介。六个部分逐步进阶，不仅让学生了解媒介的历史、形态、概念的演变，而且结合当下中国媒体融合的大趋势把握全媒体格局和发展战略。接下来，笔者结合具体课程内容从四个方面的融合进行分析。

首先，技术性与人文性的融合。当下，技术正在改变时代和社会，从“新文科”的视野进行课程建设，重在把新技术融入专业课程之中，为学生提供综合性的跨学科教育。正如最早出版《新文科》小册子的斯蒂芬·怀特所言，“如果忽视数学和计算机语言，文科教育就不再完整”③，今天的新闻传播学学科对此的要求更加迫切。以“媒介素养课程”为例，要理解媒介概念的复杂性，必须对前沿技术进行追踪，了解媒介生态环境的变化，尤其是新技术驱动下的媒介变革，与此同时要坚持以文化人、以文培元，实现技术性与人文性的融合。

① 王菲，樊向宇.回顾与反思：中国媒体融合研究十五年(2005—2019)[J].当代传播，2020(5)：10-14，21.

② 新华社.中共中央办公厅 国务院办公厅印发《关于加快推进媒体深度融合发展的意见》[EB/OL].(2020-09-26)[2021-05-18].http://www.gov.cn/zhengce/2020-09/26/content_5547310.htm.

③ 赵奎英.“新文科”“超学科”与“共同体”：面向解决生活世界复杂问题的研究与教育[J].南京社会科学，2020(7)：130-135.

其次,专业性与思政性的融合。新闻传播学科的课程思政应根据学科专业的特色和优势,充分提炼专业知识体系中所蕴含的思想价值和精神内涵。以“使用媒介”这章为例,让学生在了解媒介使用者从受众到用户的角色变化过程时,需着重强调用户在数字化时代新闻传播活动中的作用和地位,引导学生在使用媒介的过程中正确行使应有的权利,同时强调新闻传播学子应以更加积极主动的姿态参与到社会活动当中,增强时代责任感,更好地成为中国特色社会主义事业的合格建设者和可靠接班人。对于专业课程内容中既是专业知识也是思政内容的部分,要加强思政层面的表达和引导。虽然这些内容本身兼具思政的教育性以及专业的知识性,但是如何在表达上实现知识传达与思政教育的效果,二者在具体实施上仍需具体区分。以第六章“沟通媒介”为例,在让学生理解舆论的特点、新闻舆论的产生过程以及网络舆情的演化机制时,讲解专业知识的同时要让学生深切体会当下舆论引导工作的特殊性与创新之处。一方面,要引导学生正确看待网络舆情,面对网络舆论时,要从作为新闻传播学专业学子的专业素养出发持有理性和思辨的态度;另一方面,从舆情治理的角度引导学生树立职业理念即新闻传播从业者在舆论引导中应有的角色,树立马克思主义新闻观以及社会主义核心价值观,更好地做党的政策主张的传播者、时代风云的记录者、社会进步的推动者、公平正义的守望者,从而讲好中国故事、传播好中国声音。

再次,前沿性与思政性的融合。前沿性即如何将前沿政策变化以及业界的前沿实践理念转化成专业知识并起到思政教育效果。由于数字化技术革命带来的新闻传播整体形态的变化,党对新闻舆论工作作出一系列重大部署,因此需要将前沿性的政策理念转化成专业知识,寓于专业教育之中。以“媒体融合”为例,从 2014 年“媒体融合”上升为国家战略之后,新型主流媒体、四全媒体、“中央厨房”、县级融媒体建设、“新闻+政务服务商务”等概念在党的各项会议和文件中被逐步提出,这既是党将媒体融合作为一项国家战略推进的过程,同时也是党对转型时期的新闻业给予的方向指导。因此我们亦要结合具体案例让学生看到不同时期不同媒体机构在自身转型方面的具体实践,以及这些实践给新闻业带来了什么变化,同时要从一系列政策的变化角度让学生看到党在推动媒介融合过程中的角色以及不同时期的政策和思想变化,让学生结合具体专业实践对政策加深理解,从而使专业培养顺应新时代要求。

最后,反思性与思政性的融合。新闻传播学科理论紧贴经验现象,在引导学生了解互联网环境中的特殊现象(如网红运作、流量为王等)时,需要以辩证的思维对学生进行引导。以“反思媒介”中的“流量反思”为例,一方面需要从历史的角度来看移动互联时代的媒体“流量为王”论调的产生背景,同时要看到对流量的过度追捧对新闻业乃至社会环境产生的负面影响。如内容生产的低质化，具体表现为标题党、虚假新闻、低俗内容的出现；内容生产的同质化，具体表现为容易导致用户信息的闭塞、网络群体极化；内容生产的IP化，具体表现为导致行业评价体系的变化，市场对于“流量明星”的偏好，粉丝的数量、明星的带货能力成为评价的重要指标，以及流量数据造假等。在此基础上要引导学生转换思维，在意识到流量在经济领域的变现能力时，更要着重挖掘流量在社会、政治、文化领域的巨大潜力。将对“流量为王”带来负面现象的反思转换为互联网治理的“流量思维”，通过挖掘其背后蕴藏着极大效能的关注度和注意力，将流量引导看作网络治理的一种新路径，以把握好流量“流向何方”的问题。

总体来说，对技术的关注以及思政课程中的德育因素与新闻传播学科专业课程的内容本身就具有融合性，但是在面对不同类型的知识内容时，要以不同的方式进行融合方能达到最佳效果。

三、方法融合：技术破壁与多场景全过程教育的贯连

媒介素养课程本身的培养目标不仅仅包括知识的习得，更包含了素质、能力的提升。如何化思政教育于专业教育，化能力培养于知识涵育，需要灵活运用教学方式和手段，贯彻全员育人、全方位育人、全过程育人的理念，实现显性教育和隐性教育相统一。

首先，“盘活”第一课堂。第一课堂是教师与学生面对面直接交流的场景，对于内容传递往往具有最直接的效果。作为教师，第一，要紧跟当下数字实践中的新经验、新现象，将案例教学引入课程中与专业内容结合，推动传统理论的更新，让学生结合经验辩证看待理论本身的发展。第二，要引导学生关注身边新近发生的事实，及时关注世情、国情、党情、民情，并鼓励学生通过小组展示等方式进行自我阐述，推动学生对经验进行思考和反思，提高其自身辨别是非的能力和专业能力。第三，要利用好新技术手段来活跃课堂，更新课堂教学理念。当下新闻实践对专业人才的技术素养提出了较高要求，从教师自身出发的教学手段的创新也可增加学生对前沿技术的感知以及自我对技术的掌握能力。要而言之，科学合理拓展专业课程的广度、深度和温度，从课程所涉专业、行业、国家、国际、文化、历史等角度，增加课程的知识性、人文性，提升引领性、时代性和开放性。①

---

① 中华人民共和国教育部.教育部关于印发《高等学校课程思政建设指导纲要》的通知[EB/OL].(2020-06-01)[2021-05-18].http://www.moe.gov.cn/srcsite/A08/s7056/202006/t20200603_462437.html.

其次,运用好第二课堂,打破业界和学界的边界。新闻学理论本身的经验性倾向意味着来自新闻业的实践型知识对于人才培养也具有重要意义,优秀的网络资源是一个没有边界的课堂。由中宣部、教育部指导,中国传媒大学、教育部高等学校新闻传播学类专业教学指导委员会主办的中国新闻传播大讲堂是本课程重要的第二课堂。该课堂结合了新文科建设的要求,每年邀请优秀新闻工作者讲述一线采编工作心得体会,以案例教学的方式创新马克思主义新闻观教学实践,引导广大师生深刻理解中国特色社会主义的制度优势、理论优势、道路优势,打牢思想基础、夯实思想根基。① 除此之外,我们也可以利用当地媒体资源和历届学生资源,邀请媒体行业从业者从自身经验出发为学生传递来自业界的实践知识。同时,鼓励学生、引导学生利用校园媒体、新闻机构等参与实习与实践,学思践悟,并推动优秀实习成果的转化。这样一方面可以让学生扎根中国大地,了解国情民情,将在课堂上学习到的专业知识转化为专业实践,锻炼学生在实践中解决问题的能力,磨炼意志品质和提升专业素养;另一方面,在实践中深化学生的职业理想和职业道德教育,引导学生深刻理解并自觉实践职业精神和职业规范,增强职业责任感,培养遵纪守法、爱岗敬业、无私奉献、诚实守信、公道办事、开拓创新的职业品格和行为习惯。②

四、目标能力融合:从“行动者”教育走向“全人”教育

新文科建设的任务是构建世界水平、中国特色的文科人才培养体系,其基本前提是要尊重文科教育特点和人才成长规律,培养学生的跨领域知识融通能力和实践能力,培养担当民族复兴大任的新时代文科人才。从课程思政立德树人的根本要求出发,我们要培养的是讲政治、讲立场、讲能力、讲智慧、讲德才兼备、具有国际化视野的人才。③ 具体落到“当代媒介素养”课程上,我们培养的是有初步掌握新媒介内容生产和运维能力,具备对媒介内容的核验、评判能力,对媒介事件的综合研判及舆论引导能力的学生。基于此,融合了新文科建设和课程思政要求的新闻传播学科专业培养出的学生应该具有什么样的能力?当下新闻传播专业培养出来的学生已经不仅仅是行业的从业者、事件的报道者、信息的传递者,而是裹挟到新闻实践中成为参与者,即新闻

---

① 中国青年网."中国新闻传播大讲堂"启动仪式在中国传媒大学举办[EB/OL].(2020-11-07)[2021-05-18]. https://baijiahao.baidu.com/s? id=1682654018961051600&wfr=spider&for=pc.

② 中华人民共和国教育部.教育部关于印发《高等学校课程思政建设指导纲要》的通知[EB/OL].(2020-06-01)[2021-05-18].http://www.moe.gov.cn/srcsite/A08/s7056/202006/t20200603_462437.html.

③ 侯勇,钱锦.课程思政研究的现状、评价与创新[J].江苏大学学报(社会科学版),2021,23(6):66-76.

传播的行动者，在此基础上，我们认为，当下新闻传播行动者需具备以下五个方面更具创新性的能力：

第一，“深描”的能力。从以往的新闻实践来说，新闻传播学科从业者本身就要拥有从纷繁复杂的现实中抓取重要信息的能力，以及通过深度调查获取表象之下公众不可见之内容的能力。而在当下，面对技术革命带来的愈加复杂的新闻业态，如何通过技术看见世界、看清事物，尤其是如何看清在过去被遮蔽的而在当下因数字技术显现的那个世界，基于此，对行动者提出了能利用数字计算手段连接“碎片”，“深描”现实的能力要求。

第二，“转译”的能力。当前，数字化给媒介形态和传播形态带来了革命性的变化，原先以报纸和电视报道为主形成的写作方式已经无法适应当下用户的多样化需求，这就要求新闻传播行动者要拥有利用数字化技术进行内容“转译”的能力，这种能力不仅包括利用数字技术推动内容形态创新的能力，还包括在“讲好中国故事”的新时代要求下，通过讲故事、非虚构写作等方式推动内容本身的变革，以及将官方话语如政策、理念、思想转译成日常话语的能力。

第三，“沟通”的能力。当下舆情事件呈现的新特征和舆情治理的变化，也对行动者的沟通能力提出了要求，即如何避免传统一刀切和“断流”式做法，结合时代特点树立正确引导流量的思维，在舆情治理中重点关注引导多元行动者即流量流向何方的问题。

第四，“感受”的能力。后真相时代，整个社会的情感转向对行动者的共情能力提出了新的要求。特别是在共同面对人类灾难的后疫情时代，新闻传播的行动者与他人之间的关系，从中立者和报道者的角色转变为病友和病友之间的互相探问，“人在世界之中”的共同体交往，因此，传统教育中对于从业者理性至上、零度情感的要求需要重思，感受温度、发现情感、表达情感的能力是这个时代对行动者提出的新的要求。

第五，“连接”的能力。随着万物皆媒、万物数字化时代的到来，数字技术成为一种基础设施型的存在，面对技术的不断更新，新闻传播行动者要如何利用数字技术手段，实现人与人连接、人与物的连接也成为一项重要的实践能力。

在对新闻传播专业人才培养提出有关新型能力的思考之后，我们需要思考的终极问题是：新闻传播学科究竟要培养什么样的人？曾经，我们瞄准的方向是培养具有专业素养和专业精神的新闻传播专业人才。随着业界对专业化新闻如财经新闻、法制新闻等跨学科内容生产的需求增加，我们的人才培养目标转向培养具有“新闻＋经济”“新闻＋法学”等知识背景的“复合型”人才。当下，随着新文科建设的推进，我们对于

“文理交融”“文工交融”等学科交叉融合的人才培养方向更为青睐，提出要培养兼具人文素养和科学素养的应用型、复合型文科人才。这种对人才培养方向的不断思考，既契合业界转型的需要，也反映了新闻传播教育界的观念升维，即由“纯化”到“相加”再到“相融”的过程。

但是，新文科建设和课程思政建设的根本内涵，是立德树人。人，才是一切教育的最终目标。人才培养不仅仅是知识的传递与技能的训练，而更应关注人的内在情感体验与人格的全面培养，以达到人的精神与物质的统一。①

新闻传播教育如何回到人本身？回到人的本质和人的全面发展？如何进行“全人”教育，即具有高尚精神、整全人格、健全身体与专业能力的人的培养？对这些问题的思考，或许是下一步“融合”的方向。

〔姜红，安徽大学新闻传播学院院长；鲁曼，安徽大学新闻传播学院2020级博士〕

〔责任编辑：王婧雯〕

① 谭敏，范怡红.西方当代全人教育思想探析[J].外国教育研究，2006(9)：48-51.

国际传播

同一世界，不同话语："人类命运共同体"的中国话语表达分析*

One World, Different Discourse: Analysis On the Global Communication of " Community With a Shared Future Community "

◎ 丁汉青　揭其涛

Ding Hanqin　Jie Qitao

摘要："人类命运共同体"作为中国首倡的全球治理理念正逐渐走向更广阔的世界舞台。本文采用话语包分析法，研究中国有关"人类命运共同体"的话语表达特征与效果，进而探寻提升中国"人类命运共同体"话语表达效果的策略路径。研究发现，在国际传播中，中国媒体以语言隐喻、事实案例、评价性形象构建起"人类命运共同体"话语体系，该话语体系以提及、赞赏、澄清、例证、对比、期待为结构。但目前中国有关"人类命运共同体"的话语表达仍处于"不可见""少共情""缺认同"的状态。本文认为，改变此状况的路径是从"与谁对话""怎样对话""对话内容"三方面，将"人类命运共同体"打造成既吸引人注意，又焕发迷人色彩的"独异品"。

关键词：人类命运共同体；话语；独异品

Abstract: As a global governance ideology initiated by China, the "Community With a Shared Future Community" is gradually moving to a broader world stage. By adopting the methodology of discourse package analysis, this paper focuses on the characteristics and effects of China's discourse on "Community With a Shared Future Community ", and then explores the possible strategic approach to improve the effects .It comes to conclusion that in the context of international communication , Chinese media use language metaphors, factual cases and evaluative images to build a discourse system of "Community With a

* 本文为北京社科基金重点课题《北京网络舆情认知——表达特征与治理研究》(项目编号:21XCA004)的阶段性成果。

Shared Future Community", which is structured by mentioning, appreciating, clarifying, illustrating, comparing and expecting. However, the discourse is still "invisible" "less empathetic" and "lacking in recognition". This paper then argues that the possible approach to change this situation is to make the ideology of "Community With a Shared Future Community" becoming a "singularity product" which can attract people's attention as well as glow with fascination.

Keywords: community with a shared future community, discourse, singularity product

2012 年 11 月,习近平总书记在党的十八大报告中提出:"人类生活在同一个地球村里,生活在历史和现实交汇的同一个时空里,越来越成为你中有我、我中有你的命运共同体。"①2017 年,构建"人类命运共同体"的理念被载入联合国多份决议和文件中,逐渐走向更广阔的世界舞台。本文用话语包分析法回答以下问题:在国际传播中,中国有关"人类命运共同体"的话语结构与建构方式是什么?此话语表达的传播效果如何?应如何提升中国有关"人类命运共同体"话语表达的效果?旨在通过对上述问题的回答,促进"人类命运共同体"在扩散为全球治理核心理念的道路上,行稳致远,进而有为。

一、研究方法

话语包(discourse package)是指"论述某一论题的一个意义体系"②。甘姆森在 1981 年发表的《阿以冲突的政治文化》一文中首次提出话语包分析方法。他认为:"任何叙事打开之后就是一个或者几个话语包,即论述某一议题和意义时由框架、显义手法和处理对策构成。"③本研究将借鉴此方法,从话语结构和话语建构两个层面分析中国有关"人类命运共同体"的话语表达。操作步骤如下:

① 新华社客户端.习近平主席 7 年前提出的这个理念意味深远[EB/OL].(2020-03-23)[2021-09-30].https://baijiahao.baidu.com/s? id=1661958606584412067&wfr=spider&for=pc.

② 曾庆香.西方某些媒体"3·14"报道的话语分析[J].国际新闻界,2008,15(5):25-31.

③ 沈国麟,王倩.利益冲突和观念落差:"中菲南海冲突"的对外传播话语结构及其"二次传播"效果[J].国际新闻界,2014,(12):6-20.

(一)建立两个文本库

使用Google News搜索引擎,不限时段地抓取含“a community with a shared future”或“a community of common destiny”或 “a community of shared future” 或“a community of shared destiny”等关键词的文本共计960篇,删除重复和与主题无关的报道后共得有效文本909篇。在这909篇有效文本中,500篇中国信源文本构成中国文本库,409篇国外信源文本构成国外文本库。本研究聚焦的研究对象是中国文本库,国外文本库在本研究中发挥参照系作用。

(二)两个文本库的文本抽样

以文本发布时间分层,然后采用层内定额抽样的方式完成文本抽样。其中,从中国文本库中抽取136篇,构成分析中国有关“人类命运共同体”话语表达所需的样本;从国外文本库中抽取35篇,构成参照系的文本样本。35篇国外信源样本的国别结构为美国43%,日本20%;英国9%、印度9%,其他为19%,与409篇国外信源的国别结构(美国46%,日本17%,英国13%,印度6%,其他18%)类似,故35篇样本对国外信源文本总体具有代表性。

(三)话语包分析

先选取报道中较为典型的二至三段话语表述,研究其关键词、关键句子、核心观点,并将文本内容划分为相应的话语包。然后分析每个话语包的“核心标签”“描述”“例证”“论述过程”“关键词”“根源”,以描述语话结构。在此基础上又从隐喻、事实、形象建构等方面,研究文本的话语建构。

二、研究思路

本研究的思路如图1所示。整个研究由“是什么—效果如何—如何提升”三部分组成,分别对应本研究提出的三个问题。其中前两个部分属于“实然”层面的研究,第三个部分属于“应然”层面的研究。

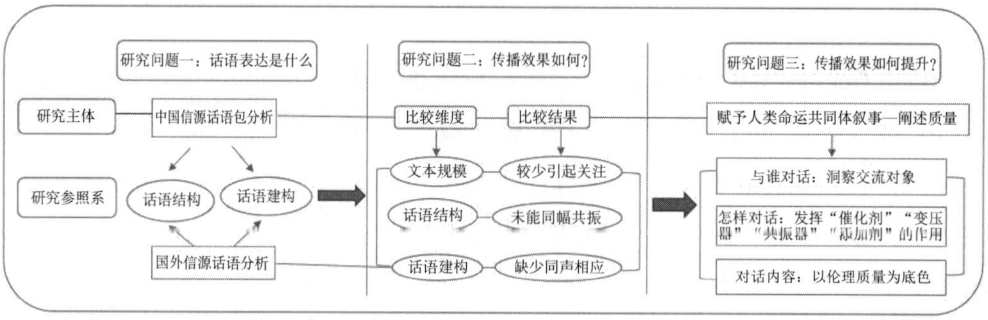

图 1　研究思路图

(一)"是什么"研究

聚焦中国有关"人类命运共同体"的报道,从话语结构与话语建构两个层面,分析在国际传播中,中国有关"人类命运共同体"的话语表达。与此同时,本部分还将国外信源报道视为参照系,分析国外媒体有关"人类命运共同体"的话语表达结构与话语建构,为回答"效果如何"做好铺垫。

(二)"效果如何"研究

国际传播是个对话交流的过程,中国有关"人类命运共同体"话语表达的效果需要根据国外媒体对"人类命运共同体"话题的应和情况来判断。本部分从国内外媒体有关"人类命运共同体"报道的文本规模、文本话语结构、文本话语建构三个方面,比较分析中国"人类命运共同体"话语表达的效果。

(三)"提升策略"研究

从效果研究可以看出,在国际传播中,中国所主张的"人类命运共同体"话语仍未引起国际社会的普遍关注与积极响应。因此,改善中国有关"人类命运共同体"的话语表达成为亟须解决的一个问题。本部分认为,要解决此问题,就需要在国际传播中着力打造"人类命运共同体"理念的独异性特质,使其成为既能吸引人注意,又能焕发迷人光彩的"独异品"。而要打造"人类命运共同体"理论的独异性特质,则可以通过在"与谁对话""对话方式""对话内容"三个方面提升"人类命运共同体"的叙事—阐述质量来实现。

三、中国信源文本话语包分析

话语分析可以从话语结构(如某一核心标签的描述、例证、论述过程)和话语建构(如隐喻、案例、形象)两方面展开。话语结构指信息编码过程中的静态结构,话语建构是媒介影响受众认知世界的动态结构。前者注重语言层面的语篇生成、传播和接受,后者则侧重于意识形态层面的符号化表达,二者互为补充,构成了特定社会语境下的话语包。通过话语结构和话语建构分析,能够确定议题的性质,并逻辑性地推导出话语表达的核心观念,深究话语包背后的文化内涵以及不同话语包之间的差异。

(一)中国信源的话语结构分析

甘姆森在研究话语时常使用框架与原因两部分表示话语包,以此呈现文本的话语结构。在国际传播中,中国有关“人类命运共同体”话语表达的结构如表1所示。

表1　中国有关“人类命运共同体”的话语结构

核心标签	描述	例证	论述过程	关键词	根源
1.提及	中国领导人、官员及学者在各类场合提及“人类命运共同体”,并未显示出明确态度和话语框架	习近平、王毅等领导人在会见外宾或演说时强调、指出、倡议	中国致力于打造“人类命运共同体”、构建网络、气候等命运共同体	人类命运共同体;共同利益;打造;构建;呼吁;网络空间命运共同体	该理念在多个外交场合出现,媒体多以外交措辞的形式进行表达
2.赞赏	构建“人类命运共同体”,可以促进各个国家共同繁荣,打造和平安全的新世界	联合国秘书长、拉美地区领导人和“一带一路”合作国家表示支持赞扬	古特雷斯将中国视为“多边主义”的强大支柱,呼吁建立命运共同体	合作共赢;全球治理;携手共建;共同繁荣;超越争端	“人类命运共同体”符合国际社会的根本利益和战略需求
3.澄清	针对国际社会对于“人类命运共同体”理念存在的疑虑和误解,中方在会议和发言中进行澄清和解释	新华社认为批评者夸大了一些国家引起的恐惧,并选择强调一些项目所遇到的困难	中国的“一带一路”不是一个宣扬新霸权的场合,而是一个结束旧霸权的机会	夸大;反对者;毫无根据;不是;不会;想象的;平等对待;共享利益	强调“人类命运共同体”理念不是隐蔽的新殖民主义,中国无意控制或威胁任何其他国家
4.例证	对“人类命运共同体”的内涵、核心、目标进行阐述,并例证中国在这一理念下对国际社会所做的贡献和努力	王毅指出中国在气候变化、反恐、扶贫、抗疫等方面承担了更多的国际责任	根据需要和有关国家的意愿,我们正在努力建设一些必要的基础设施	基础设施;广泛协商;铁路;公路;港口;项目;抗击疫情;消除贫困;援助	希望通过“人类命运共同体”理念推动全球治理,展示多边主义的力量,共建美丽新世界

续表

核心标签	描述	例证	论述过程	关键词	根源
5.对比	与美国的“马歇尔计划”“霸权主义”等国际政治行动和理念进行对比,强调中国的行动是光明正大,旨在为人类建立一个命运共同体	对“人类命运共同体”的理念进行分析,参照美国的“欧洲复兴计划”和“颜色革命”战略	明显不同于美国的战略复兴计划,中国构建命运共同体旨在推动世界和平稳定	截然不同;区别于;不同核心;相比于;全球霸权行径;互利共赢的国际合作	“人类命运共同体”理念区别于他者的核心在于中国社会一直以来,渴望和平、对话的新世界梦想
6.期待	借用各国学者的观点和看法,指出世界期待中国努力构建“气候”“扶贫”等领域的人类命运共同体,将发挥更突出的作用	伊斯兰堡战略研究所的学者认为中国肯定会在改造世界和塑造人类未来方面发挥实质性作用	中国愿与各国一道,捍卫和平、发展、自由等人类共同价值,共同构建人类命运共同体	坚信;责任使然;绿色低碳;新式全球化;逆势而上;团结抗疫;多边主义	“人类命运共同体”符合时代潮流的正确选择,能够为世界的发展提供有力的支持

1.“提及”

中国媒体在报道中国国家领导人、外交部门等出席的各类活动时,会引用中国领导人和官方提及的“人类命运共同体”话语。不过,这些报道并未深度剖析“人类命运共同体”理念和中国的角色,未呈现明显的话语框架,更多是作为报道中常规性的外交措辞使用。

2.“赞赏”

土库曼斯坦、柬埔寨、厄立特里亚等国家;气候变化合作组织;联合国秘书长古特雷斯等都对“人类命运共同体”表示极大赞赏,认为这一理念创造了新的发展机遇,能够凝聚国际共识,构建开放包容、清洁美丽、共同繁荣的人类社会。

3.“澄清”

中国在会议和发言中阐释“人类命运共同体”理念的内核,并澄清国际社会的部分误解,强调“人类命运共同体”理念不是隐蔽的新殖民主义,中国无意控制或威胁任何其他国家。

4.“例证”

用例子证明中国践行“人类命运共同体”理念所取得的成就,以及中国对国际社会所做的贡献和努力。以此消除国际社会的警惕心理,表示中国希望通过“人类命运共同体”理念推动全球治理，共建美丽新世界；中国是展示多边主义的积极力量。

5.“对比”

与美国的“马歇尔计划”“霸权主义”等国际政治行动和理念进行对比，强调“人类命运共同体”源自中国渴望建设和平、对话、和谐新世界的梦想，强调中国的行动光明正大，体现的是中国博大的国际视野与胸怀。

6.“期待”

借用各国学者的观点和看法，指出在“气候”“扶贫”等领域构建“人类命运共同体”的过程中，世界期待中国发挥更加突出的作用。认为中国将在国际政治中变得更加外向，将在那些超越中国国家和地区直接利益的全球性重大问题上发挥更加积极的作用。

(二)中国信源的话语建构方式分析

话语作为一种社会实践，通过选择特定的词汇—语法完成对现实世界的建构。在国际传播中，中国有关“人类命运共同体”的话语建构方式如下：

1.语言隐喻：身体、友情

隐喻可以在晦涩、抽象化的政治观念和人们已有的知识经验之间建立联系，从而帮助政治观点传播。[①] 在有关“人类命运共同体”的话语表达中，身体、友情的隐喻较为典型。

在跨文化传播的语境下，身体作为人类存在的基础和共通的物质实体，成为最易于认知世界的隐喻方式。身体隐喻可以激活受众已有的具身化经验，帮助受众理解某些抽象的特征和概念。[②] 在关于“人类命运共同体”的话语传播中，“赞赏”话语包和“期待”话语包都频繁将国家隐喻为个人，以此描述国与国之间的关系。如用携手(hand-in-hand)、齐心协力(work with a common purpose)、肩负责任(shoulder the responsibility)、同呼吸(same breath)等与身体有关的词汇投射国家之间的关系，以身体健康(the healthy)隐喻国家关系的健康。

在身体隐喻的基础之上，中国有关“人类命运共同体”的话语建构还采用友情的隐喻方式。报道以友情作为话语建构隐喻的“源域”，将国家之间的友好发展、协商共建

① LAKOFF G,JOHNSON M.Metaphors we live by[M].Chicago:University of Chicago Press,1980.

② 李雪，张鑫.“人类命运共同体”话语的隐喻架构研究[J].华北理工大学学报(社会科学版)，2021(5)：117-123.

作为“目标域”,倡导以增进人与人之间友谊的方式实现“人类命运共同体”所承诺的美好未来。例如在“提及”话语包中大量采用中非友谊(China-Africa friendship)、伙伴友谊(partnerships)、互帮互助(mutual assistance)、诚心诚意(sincerity)等话语表达。

2.事实案例:抗疫、扶贫、气候

中国在抗疫、扶贫、气候等领域倡导与践行“人类命运共同体”理念,以身作则,显示出强大的责任担当。报道常用抗疫、扶贫、气候等领域内的事实案例作为话语建构方式。此方式在“例证”话语包、“澄清”话语包和“对比”话语包中出现得尤为频繁。

以事实和真实的案例作为话语建构的内容主体,有助于提升“人类命运共同体”理念的可信度和真实性。例如在博鳌亚洲论坛 2021 年年会开幕式上,习近平总书记援引世界银行的一份报告,指出到 2030 年,“一带一路”项目可以帮助 760 万人摆脱贫困,3,200 万人摆脱中度贫困。又如,外交部部长王毅在与新加坡外长举行的联合新闻发布会上表示,中国已向其他国家提供了超过 3,200 亿个口罩、39 亿件防护服和 56 亿剂检测试剂。再如,王毅出席在外交部举办的论坛中指出,中国积极推动《巴黎协定》的通过,提出了二氧化碳排放达标和碳中和目标,体现出中国的使命感和责任感。

3.评价性形象构建:始终、历来、积极

在中国有关“人类命运共同体”的话语表达中,出现大量表达某种价值取向的评价性形容词,这些形容词可以展示中国负责任大国的形象,增进国际社会对“人类命运共同体”的体悟。如在“例证”话语包中,使用“始终”(always)、坚定(firmly)、积极(positive)、历来(traditionally)等词汇,塑造出一贯奉行和平外交政策、坚定踏实、言行一致的中国国家形象。再如,使用“绝不”(如“中国绝不会屈服于任何外来压力”)“任何”(如“中国发展不对任何国家构成威胁”)等词汇显示中国的果断与决心;使用“合作共赢”“携手共建”“坚决维护”“始终奉行”等语义叠加词彰显较强的话语功效。

四、国外信源文本的话语表达分析

为评估中国在国际传播中“人类命运共同体”话语表达的效果,本研究分析了 35 篇国外信源样本的话语结构和话语建构。

(一)国外信源文本的话语结构分析

国外信源中有关“人类命运共同体”话语表达的结构如表 2 所示。

1.“忧虑”

印度、日本等国家担忧“人类命运共同体”理念是具有中国特色的老式西式霸权。怀疑这一理念包含有某种中国战略，对此表示警惕和谨慎，认为中国目前还无法承担起相应的国际责任。

2.“观望”

德国等欧洲国家观望、比较中国在不同时期的外交政策，认为“人类命运共同体”理念的提出意味着中国已从“韬光养晦”时期走向“奋发有为”阶段。在“奋发有为”阶段，中国已抛弃弱小、贫穷、落后的自我表述，转而采用更自信、外向、积极的话语表达方式。

3.“贬斥”

美国等国家认为中国倡导“人类命运共同体”的目的在于获得对资源的控制权和地区安全话语权，意在减少或遏制美国的影响。甚至有报道将新冠疫情视作中国推动“命运共同体”理念的机会，以此来解释中国对外部世界的帮助。

表2　国外信源有关“人类命运共同体”的话语

1.忧虑	提出“人类命运共同体”是为了改变以美国主导的世界格局与美国的国际战略抗衡，是一种政治修辞	印度代表认为“共同体”的措辞没有得到普遍接受，不应出现在国际决议中	世界应意识到习主席提出的“人类命运共同体”看似是崇高的修辞，实质上是一种“威胁”	挑战；容忍；中国抱负；承担责任；引起担忧；表示忧虑；想象的	将中国的崛起视作对西方世界的“威胁和挑战”，对中国的和平崛起表示担忧和疑虑
2.观望	比较其他外交政策，“人类命运共同体”理念是中国对自身及外部世界认知的调整	学者认为中国已经从低调时期走向“奋发有为”阶段，正在扩大它的国际影响力	习主席在大部分讲话中提到的人类共同的未来，反映了中国的全球视野	韬光养晦；低调；大国形象；世界舞台；承担责任；自信宏伟	国际社会对中国的全球化战略保持警惕心理，对中国的国际印象逐渐转变
3.贬斥	中国尝试通过“人类命运共同体”拉拢拉美国家并试图争夺国际领导权，危害美国和世界的利益	米尔斯海默认为，这是大国政治的悲剧。中国很快就会挑战美国的主导地位	中国的利益是想成为世界的中心，获得所有重要的地缘政治区域	渲染；吹捧；扩张主义；神话；宣传；威胁；人权；政治影响力	视中国为战略竞争对手，担心中国崛起会与美国抢占资源、资本和市场

(二)国外信源文本的话语建构分析

国外信源有关“人类命运共同体”的话语建构方式如下：

1.语言隐喻：崇高的修辞

在国外信源的报道中，从语言隐喻的角度将“人类命运共同体”看作一种崇高的修辞(lofty rhetoric)，认为其实际上是一种“威胁”(really a threat)。有报道呼吁其他国家警惕(wary of)“人类命运共同体”，认为中国目前还无法承担起相应的国际责任，强化了“中国威胁论”。

2.事实案例：抗疫、经济发展

国外信源为显示“忧虑并贬斥”话语包框架的正确性，将中国帮助世界各国抗击疫情的动机解读为宣扬“人类命运共同体”理念。如用“offering an opportunity”等表述形容中国传播“人类命运共同体”理念的行为；以“莫须有”的罪名指责中国有“成为世界中心”“获得所有重要的地缘政治区域”的动机等。国外报道将“人类命运共同体”视为中国经济发展逐渐强大的产品，将中国的经济崛起视作全球秩序的重大政治和战略挑战。

3.评价性形象构建：争夺、扩张

国外信源报道采取带有某种价值取向的评价性词汇建构出负面的中国形象。如在“忧虑”和“贬斥”话语包中，使用“争夺”(scramble)、“扩张”(expand)等词建构出中国试图借助“人类命运共同体”与美国争夺国际领导权和资源控制权，展示自身影响力的形象。

总体上来看，国外信源报道使用的评价性词汇存在对“人类命运共同体”的怀疑。譬如使用“国际舞台的主角”等表达，强调中国对外政策只是为了实现自身崛起的利益诉求，指责中国不遵守国际秩序、发展方向不明、干涉他国政府等。

五、中国在国际传播中人类命运共同体话语表达效果分析

为研究在国际传播中中国有关“人类命运共同体”话语的表达效果，本研究从文本规模、话语结构、话语建构三方面比较中国信源文本和国外信源文本的话语表达。

(一)文本规模比较

中国信源为主，国外信源较弱，中国有关“人类命运共同体”的话语较少引起国际

社会的关注。在909篇以“人类命运共同体”为关键词的文本中,55.01%的文本源自中国,包括MFA China(中国外交部)的186条(占总体的20%)、Xinhua(新华社)的115条(占总体的13%)、Modern Diplomacy(现代外交)的87条(占总体的9%)、CGTN、*Global Times*(《环球时报》)的111条(占总体的12%)等。44.99%的文本源自国外,包括来自美国的46%、来自日本的17%、来自英国的13%、来自印度的6%和来自“其他”的18%。比较来看,在有关“人类命运共同体”的国际传播中,来自中国官方的声音占据强势地位,国外信源的存在感较弱。受到国际舆论场中“过滤气泡”①、“圈层化”②传播的影响,“人类命运共同体”话语难以从中国话语扩展为国际话语,导致中国有关“人类命运共同体”的话语表达对许多国外媒体来讲,处于“不可见”状态。

(二)话语结构比较

中国信源积极肯定,国外信源消极否定,并未形成情感上的同频共振。从文本的话语结构看,中国信源文本多采用褒奖、肯定、积极的话语。中国信源的6种话语包中,有4种持褒扬的态度。而国外信源话语包则以“忧虑”“观望”“贬斥”为主。对比可见,中国信源多以积极肯定的话语结构进行报道,国外信源多以消极否定的话语结构进行报道。总的看来,国外媒体常用暗含带有情感倾向的新闻事实组合与议程设置,在潜移默化中强化意识形态上的冲突。

(三)话语建构比较

国外信源用二元对立的建构方式消解、对抗中国话语,缺少同声相应的认同。从隐喻上看,中国信源报道以身体、友情的隐喻建构起“人类命运共同体”内各国之间积极向上的互动关系,而国外信源报道则使用崇高修辞的隐喻映射出西方国家的意识形态偏见。从事实例证上看,中国报道以抗疫、扶贫、气候等案例展示中国负责任大国的形象,而国外信源则以同样的案例佐证“中国威胁论”。从评价性形象建构上看,中国报道用“始终”“历来”等词汇建构起爱好和平、友好崛起的中国形象;而国外报道则用“争夺”“扩张”等词汇构建起较为负面的中国形象,显示出在“人类命运共同体”对话中,缺少同声相应。

综上所述,在当前的国际传播中,中国有关“人类命运共同体”的话语表达所引起

① 董方旭,康许培,赵乐群.算法推荐机制下“过滤气泡”的形成、影响与规避[J].新闻爱好者,2020(11):44-49.

② 汤景泰,陈秋怡,高敬文.传播网络与跨圈层传播:中国主场外交的国际传播效果研究[J].新闻大学,2020,(8):56-70,128.

的关注度和接受度仍较低,话语结构并未引发共鸣,话语建构也多以二元对立的形式展开。目前中国有关人类命运共同体的话语表达仍处于"不可见""少共情""缺认同"的状态。

仅从中国方面来看,造成上述情况的原因在于:尽管中国在国际传播中尝试了多种话语模式,但是,第一,抽象化的阐述和仪式性的活动发言仍然占据主导位置,话语实践的主题较为单一。第二,话语内容多停留在政策、理念、案例、倡议中,伦理质量有待提升。第三,未能充分考虑跨文化传播的叙事语境,在叙事中多采用宏大叙事,缺乏细微视角,忽略用视觉修辞、共情传播等方式展示对国际受众的人文关怀,导致"人类命运共同体"在传播内容和传播形式上都缺乏足够的吸引力。

六、提升中国"人类命运共同体"话语表达效果的策略

安德雷亚斯·莱克维茨认为,与遵循理性主义普适化逻辑的现代社会不同,晚现代社会奉行的是独异性逻辑。独异性就是在社会文化中被制造出来的"与众不同"。莱克维茨认为,在晚现代社会,社会上的任何机构与个人追求的都不再是普通、常规,而是独异于人。工业时代规范化、程序化、通用化、类型化、理性化的物品不再具有吸引力,真正能引人注意、使人着迷的是那些能给人带来价值感和情感触动的"独异品"。独异品所具有的自复杂性和内在厚度是其吸引力的来源。这种自复杂性和内在厚度可以经由赋予物品审美、叙事—阐释、伦理、设计和乐趣等质量造就。①

安德雷亚斯·莱克维茨上述观点为突破国际传播中"人类命运共同体"所面临的"不可见""少共情""缺认同"状态提供了理论视角。本研究认为,要提升国外媒体/世界民众对"人类命运共同体"的关注、共情与认同,需要将"人类命运共同体"这一社会想象打造成既吸引人注意,又焕发迷人色彩的"独异品"。具体做法是赋予"人类命运共同体"以叙事—阐释质量。

在本研究中,叙事—阐释质量是指围绕"人类命运共同体",讲述历史、未来、人和物,在对话中促进人们对世界、地方和主体相互关系的理解,以求交流各方对"人类命运共同体"赋以"意义"价值。本研究拟从"与谁对话""怎样对话""对话内容"三方面赋予"人类命运共同体"以叙事—阐述质量。上述三个方面的逻辑关系是,受众是"对话"的基础("与谁对话");在"目标受众"的基础上,注重采用合适的对话方式("怎样对话"),传达"人类命运共同体"的伦理质量("对话内容"),最终实现对话各方的"可见—

① 莱克维茨.独异性社会:现代的结构转型[M].巩婕,译.北京:社会科学文献出版社,2019:60.

共情—认同”。(见图 2)

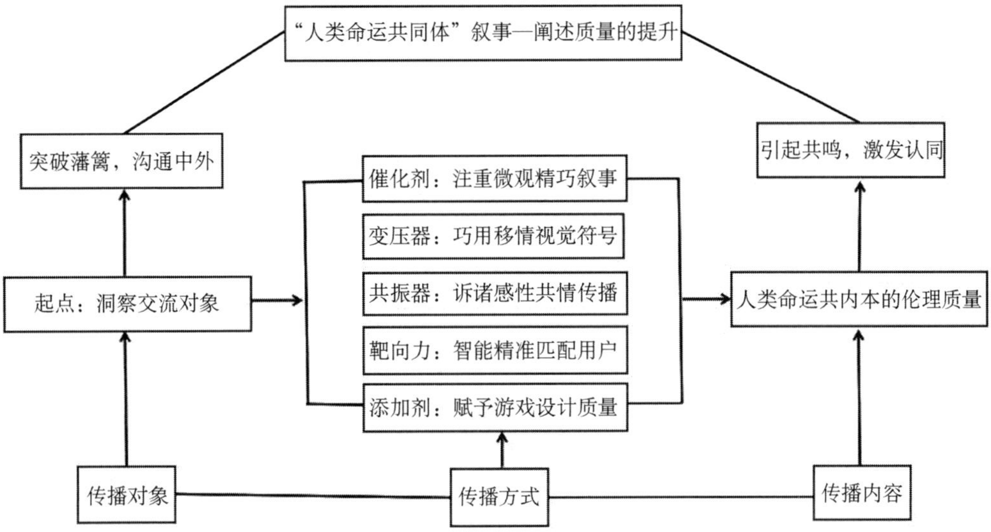

图 2　赋予“人类命运共同体”以叙事—阐述质量

(一)与谁对话:洞察交流对象

国际传播的实质是跨文化对话。“对话”的要义在于,与个人或机构、普通人或意见领袖等对象在沟通交流中相互倾听、彼此理解,增进互信,扩大共识。在对话中,交流对象不是交流的终点,而是起点,因此,“与谁对话”的首要任务是洞察交流对象。具体做法如下:

1.运用大数据,精准识别交流对象

挖掘社交媒体、电商平台等集聚的大数据,识别用户的兴趣爱好、观念和行为特征、社交网络图谱、消费习惯和购买能力等信息,绘制完成交流对象的基本画像。

2.运用传统调研形式,深入洞察交流对象

政府机构和非政府组织可与国际社会中的学术人士、政治团体、宗族团体、游说机构等主流社会保持良好关系。[①] 采用问卷调整、座谈会、研讨会、交流会等形式,不仅刻画国际交流对象的认知、情感与行为特征,而且结合历史文化、地缘政治、国际关系等深度剖析特征形成的原因,为制定更具针对性的传播策略提供依据。

① 费爱华.“人类命运共同体”理念跨文化传播的策略与路径[J].南京社会科学,2020(12):149-157,164.

3.区分意见领袖的“对中”态度，建立国际传播“舆情地图”

系统分析国际重要新闻媒体、智库与其他意见领袖的政治站位，根据其对中国的认同程度，建立中国国际传播“舆情地图”。进而依据此“舆情地图”，巩固与“友好型”交流对象的联系，争取“观望型”交流对象的支持，化解“敌对型”交流对象的对抗，分而治之，提升中国“人类命运共同体”话语表达的传播效果。

(二)怎样对话：发挥“催化剂”“变压器”“共振器”“靶向力”“添加剂”的作用

“怎样对话”关注的是通过何种方式进行传播以达到最佳效果。传播者可以将微观精巧叙事看作“催化剂”，将视觉符号表达看作“变压器”，将共情传播看作“共振器”，将精准匹配用户看作“靶向力”，将游戏等海外传播形式看作“添加剂”。在国际传播中，发挥“催化剂”“变压器”“共振器”“靶向力”“添加剂”的共同作用。

1.“催化剂”：用微观精巧叙事，增强话语的感染力

中国有关“人类命运共同体”的话语表达多以宏大叙事展开，倾向于以目标、承诺、呼吁等方式展望“人类命运共同体”所承诺的美好未来。这种国家视角的表达方式较难引起崇尚个人价值的西方受众的共鸣。中国需要在国际传播中注重内容的微观精巧叙事，以细微视角切入受众生活，讲述平凡故事，突出即时感受的触动，有效增强话语的感染力，从而起到“催化剂”的作用。具体做法如下：

(1)传播反映人性的小故事。“人类命运共同体”自身是一个较为宏大的主题，涉及恢宏的民族视野和精神文明。媒体在对外讲述中国践行“人类命运共同体”理念的抗疫故事时，可以多讲一些反映普遍人性的故事，例如质朴的中国农民开着农用三轮车送菜；小餐馆的老板贴钱营业给医护人员送餐；环卫工人、快递小哥、普通的老人等平凡人默默付出等。

(2)关注底层百姓生活的变化。宏观叙事很难将故事讲得透彻、讲得动情、讲得动人。[①] 政府和媒体对外传播时可以将视角更多转向普通人，例如讲述扶贫故事时可以记录儿童脱贫后的喜悦，老人脱贫后的欣慰，多关注老人、儿童等弱势群体的反应和变化，以此增强话语的感染力。

(3)具象化论述措施与成效。宏大叙事的严肃性、统一性容易遭到戏谑、拆分和误解。政府部门和对外媒体阐述中国在环境保护、全球扶贫等领域的行动时，可适当放

① 赵永华，孟林山.叙事范式理论视域下讲好中国故事的路径分析[J].对外传播，2018，(8)：43-45.

弃宏大叙事和政府长期承诺，转而叙述中国目前已采取的具体措施、已取得的实际效果，以行动和当下的事实展开论证。

2.“变压器”：用视觉符号表达，增进意义共通空间

目前中国“人类命运共同体”的话语表达多采用文字符号，容易造成对话障碍。例如，“互利共赢”“携手齐心”等抽象的政治呼吁容易让西方受众觉得乏味、枯燥；“人类命运共同体”在国际传播中也缺乏共通的意义空间等。与文字符号相比，更加直观、生动、鲜活的视觉符号可以用强烈的形象和饱满的情感[①]，使受众产生“眼见为实”“一图胜千言”的体验。因此，中国在传播“人类命运共同体”理念时，可以借助视觉化的符号表达，展示不同文化、不同地区、不同国家、不同身份的人对美好生活的共同向往。通过这样的修辞方式将“人类命运共同体”所提倡的、抽象的“开放合作，和谐包容，互利共赢”理念嵌入可知可感的个人感性体验中，避免交流对象因历史背景不同而导致的语言误读风险。

(1)以纪录片反映普通人奋斗的幸福。媒体可借助纪录片，记录践行“人类命运共同体”理念给世界各国人民生活带来的积极影响；以镜头记录相关普通人奋斗的历程，展示普通人向往美好生活的情感和奋斗拼搏的幸福感。

(2)发起短视频拍摄大赛。政府和媒体以及非政府组织可以大量使用短视频的形式，在世界范围内举办短视频拍摄大赛、短视频有奖征集等活动，以“笑容”“满足”“欢快”“幸福”等主题的视觉符号传达出“人类命运共同体”所关联的个人梦想、幸福生活。

(3)借助短视频推动话题讨论。媒体可以利用短视频平台，发布“我理解的人类命运共同体”“我眼中的人类命运共同体”“人类命运共同体在行动”等主题创意活动，组织网络红人发挥自身影响力积极参与话题讨论。

3.“共振器”：运用共情传播，体现人文主义关怀

共情(empathy)传播强调将心比心，理解并分享他人的情感状态。[②] 共情传播是在现实准确的客观认知当中寻求共情的表现方式。在西方思维中，政治化的理念不具备情感和温度，更多是冷漠的利益关系。中国在传播“人类命运共同体”理念时可以淡化其“政治”属性，突出其包含的温度和情感关怀。“人类命运共同体”所坚持的是与“他者”共在并努力发展共通的关爱情感，所以在传播中也需要从人心出发、从人性出发，观照人性当中的“爱”，以人文主义的关怀使受众的情绪得到感染，发挥“共振器”的

① 刘晶.政治视觉修辞的概念维度与阐释框架[J].浙江学刊，2021(1)：44-54，2.

② 吴飞.共情传播的理论基础与实践路径探索[J].新闻与传播研究，2019(5)：59-76，127.

作用。

(1)帮扶弱者展现悲悯共情。在全球疫情仍然肆虐的情况下,中国政府、媒体、非政府组织更需要有效的情感沟通。在对外传播中关注对灾难的悲悯、对弱者的救援、对逝者的追思,以共情的方式传播"人类命运共同体"的真实内涵。

(2)诉诸情感展示人文关怀。在针对自然灾害、扶贫援助、疾病救治等议题的报道中,政府和媒体都需要在平时表达和实际行动中流露出与受众相似或契合的情感氛围,抚慰痛苦,引导迷茫,点亮希望,以人文主义的温暖加强命运共同体的凝聚力。

(3)依靠海外企业展开实际行动。可以借助中国的海外企业积极进行人类命运共同体的传播活动,鼓励企业在海外开展当地教育、文化创意活动、贫困帮扶等具有内涵与实际意义的活动。

4."靶向力":用数据智能匹配,实现精准传播

精准传播追求的是跨文化语境下传播内容与用户场景的精准匹配。① 在关注"受众主导""微观叙事""视觉符号""共情传播"的基础上,有关"人类命运共同体"的传播需要关注叙事语境,借助人工智能技术精准匹配国际用户。

(1)建立智能化内容生产算法系统

新华社、《人民日报》等可以使用人工智能内容"生产—分发"算法系统,实现"一个国家一套算法一种模式",用贴合不同语言和文化背景用户偏好和习惯的个性化内容产品,精准匹配国际用户的需求。

(2)以国际用户对中国的兴趣为"触点",引流关注

大量国际用户也许对"人类命运共同体"兴趣不大,但对中国的美食、风光、熊猫、功夫、文化等有着浓厚兴趣。这些个人兴趣便是国际传播中非常有价值的"触点"。中国官方媒体、机构和有影响的自媒体可以中国美食、风光、熊猫、功夫、文化为载体,以"润物细无声"的方式,潜移默化地传播"人类命运共同体"理念。

5."添加剂":用游戏等新传播形式,赋予设计质量

设计质量是指文化产品承载某种风格,例如酷、时尚、经典等。在国际传播中,可以用能够创造积极和谐审美体验和强烈沉浸感的游戏等文化产品,打破文化壁垒与时空局限,赋予"人类命运共同体"游戏设计质量,有效提升人类命运共同体的传播效果。

---

① 胡正荣.国际传播的三个关键:全媒体·一国一策·精准化[J].对外传播,2017(8):10-11.

(1)设计相关游戏沉浸体验

游戏作为一种消遣与娱乐,在国际传播中的文化折扣较低,因此不同国家、民族、地区对游戏的接受度较高。[①] 相关政府部门及媒体可以联合互联网公司,在游戏中植入"人类命运共同体"的理念,通过角色扮演来满足受众的成就感和心理体验。借助娱乐的方式,以第一视角兼具视觉、听觉的感官叙述,为国际受众提供沉浸式体验。

(2)借助流行外壳制造话题

游戏的趣味性和交互性可以成为国际话语传播的新表达。政府部门及媒体也可以联合互联网公司,巧借"流行的外壳",用全球流行的表情、音乐、符号、舞蹈等制造与"人类命运共同体"相关的话题模因,带来更好的国际传播效果。

(3)打造文创产品借船出海

政府部门及媒体也可以联合互联网公司,创作电影、漫画、小说、吉祥物等文化产品。以柔性传播策略,温和友善、潜移默化地传播"人类命运共同体"理念,提升命运共同体的传播软实力。

(三)对话内容:以伦理质量为底色

伦理质量是指物品承载的真善美价值,符合向善的理念。"人类命运共同体"作为担负和促进人类和平发展责任的中国方案,成为善的承载者,其伦理质量应渗透于对话内容之中,成为对话内容的底色。

1.继承中国传统智慧

在五千多年的悠久历史中,中国积累起宝贵的人类智慧成果。这些智慧成果既是中国的,更是世界的。"人类命运共同体"理念蕴含着传统中国文化中儒、道、释积极寻求天人合一的宇宙观、《礼记·礼运》中天下大同的道德观、《尚书·虞书·尧典》中协和万邦的世界观,以期实现"各美其美,美人之美,美美与共"的愿景。

2.呼应天下大同和兼爱非攻的思想

"人类命运共同体"理念包含了"和平""和谐""和善""求同存异"等多重哲学含义,并以战国墨翟《墨子·兼爱》中"强不执弱,富不侮贫"的思想作为处理国家与国家之间关系的最高理想标准,与天下大同和兼爱非攻的思想不谋而合。

---

① 沈峥嵘,王瑜婷.新闻游戏,沉浸式交互中构建国际传播新路径[J].传媒观察,2020(11):81-87.

结 语

“人类命运共同体”理念超越了现代性塑造的国家民族争霸观和社会达尔文主义竞争的残酷性,其伦理价值在“地球村”时代更为凸显。在“地球村”中,不管是防治疫情、气候变化、海洋污染、恐怖主义、经济危机、核扩散,还是维护世界和地区稳定、打击跨国犯罪,“独善其身”几无可能,“反累其身”倒很常见。人类需要以更博大的胸怀,超越国家、民族等社会共同体的局限性,以“人类命运共同体”为理念,以全球福祉为根本归宿,共谋更加美好的人类未来。

〔丁汉青,北京师范大学新闻传播学院教授,博士生导师;揭其涛,北京工商大学传媒与设计学院新闻与传播专业2020级硕士生〕

〔责任编辑:王婧雯〕

全媒体时代国际新闻传播人才培养的路径探索*

——基于中国传媒大学的教育实践

Three Solutions to the Cultivation of International Journalism and Communication Talents in the Age of Convergent Media

—Based on the Cultivation Practice of International Communication Talents in Communication University of China

◎ 曾祥敏　汤　璇

Zeng Xiangmin　Tang Xuan

摘要：全媒体技术的发展与我国国际传播的战略需求对国际新闻传播人才培养提出了全新要求。本文基于对实践的考察，认为中国传媒大学国际传播人才培养形成了以马克思主义新闻观为魂、以海外实践及高水平教育资源开拓国际视野、以融媒体创新实践适应媒体深度融合发展需要的路径与规律。本文认为，全媒体时代的国际新闻传播人才培养应当与国家战略同向同行，与社会发展同频共振，将学科建设与党和国家的工作重点相结合，把人才培养与时代的发展相结合，把教育教学与国际需求相结合，才能构建出适应时代发展和中国国情的国际新闻传播人才培养模式。

关键词：国际新闻传播；全媒体；人才培养

Abstract: The development of convergent media and the strategic needs of China's international communication have put forward new requirements for the cultivation of international journalism and communication talents. Based on the investigation of the cultivation practice of international communication talents in Communication University of China, this paper concludes possible solutions and regular patterns as follows—cultivating international journalism and communication talents with Marxist journalism as the core courses, integrating overseas practice and high-level educational resources to broaden international

* 本文系 2021 年北京高等教育本科教学改革创新项目"四新"建设重点项目"新时代中国特色国际新闻与传播教学改革创新"（项目编号：202110033001）的阶段性成果。

horizons, and introducing innovative practice to deeply adapt to the development of media convergence. This paper holds that the cultivating of international journalism and communication talents in the age of convergent media should go hand in hand with the national strategy, resonate with the social development, which means to combine the discipline construction with the work priorities of the Party and the state, to integrate the cultivating of talents with the development of the times, and to associate education and teaching with needs of international circumstance. Only in this way can we construct a cultivating method of international journalism and communication talents adapted to the development of the times and China's national conditions.

Keywords: international journalism and communication, convergent media, cultivation of talents

当前全球信息技术创新进入新一轮加速期，媒体行业迎来了颠覆式的发展。互联网及人工智能技术将人类社会推向了一个高度互渗，同时又是分化的、局域性的、线上线下全方位互动的全新媒体环境。① 随着世界交往的不断加深，国际社会对中国的关注前所未有，但是中国在世界上的形象在很大程度上仍是“他塑”而非“自塑”，在国际传播中存在着信息流动的“逆差”、中国真实形象和西方主观印象的“反差”、软实力和硬实力的“落差”等问题。② 为此，习近平总书记在2021年5月31日中共中央政治局第三十次集体学习时提出，“下大气力加强国际传播能力建设”，强调要加强高校学科建设和后备人才培养，提升国际传播理论研究水平，对国际新闻传播的人才培养提出了全新要求。这些要求与高校的人才培养密切相关，在未来的国际新闻传播人才培养中，应当更加贴切国家和社会发展需求，与国家社会同频共振，不断探究具有中国特色的人才培养路径，构建出适应时代发展和中国国情的国际新闻传播人才培养模式。

目前，中国传媒大学已经建立起了相对立体、完整的国际新闻传播人才培养体系：2009年，中宣部、教育部开始在中国传媒大学、中国人民大学、清华大学部署实施了国际新闻传播硕士培养工程，自此创设了“国际新闻传播硕士班”；2012年开始，中国传媒大学电视学院开设国际新闻与传播硕士班（Master's Degree for International

① 东方绪.传媒教育发展要兼具科学精神和实践创新能力：访香港浸会大学传理学院院长黄煜教授[J]，今传媒，2016(12)：1-3.

② 习近平.习近平关于社会主义文化建设论述摘编[M].北京：中央文献出版社，2017：212.

Journalism and Communication，简称 IJC)，面向世界各国招生，旨在培养具有全球视野、战略思维的新闻传播学国际人才；2014 年，电视学院设立广播电视学(国际新闻传播方向)本科专业，开始着力探索新时期我国国际新闻传播人才的培养模式；2019 年，经教育部批准，国际新闻与传播正式成为新的本科专业；2021 年，电视学院正式招收国际新闻学博士学位。

经过多年的发展探索，中国传媒大学已经基本形成了培养“具有战略思维的实践型人才与理论型人才”的国际新闻传播人才培养特色体系。一方面强化本科及硕士层次的实践育人体系，培养能够“讲好中国故事”的能工巧匠；另一方面增设国际新闻学博士学位授予点，加强高层次理论人才的培养和国际传播理论建设，“提升国际传播理论研究水平”。当前，中国正处在“两个一百年”的历史交汇点，中国的国际新闻传播人才培养不仅仅是语言的问题，也不仅仅是专业的问题，更要上升到战略思维培养的高度，尤其面临着新冠肺炎疫情之后复杂的国际舆论环境，更需要具有战略思维的国际新闻传播人才。

全媒体时代的国际新闻传播人才培养应当与国家战略同向同行，与社会发展同频共振，将学科建设与党和国家的工作重点相结合，把人才培养与时代发展相结合，把教育教学与国际需求相结合，要达到这三个需求，才能满足党中央对国际新闻传播人才培养提出的要求。这也是新时代，高校人才培养创新的路径所需。

在此背景下，基于中国传媒大学国际新闻传播人才培养的实践考察，本文对全媒体时代国际新闻传播人才培养路径探究提出几点思考。

一、厚植家国情怀，培育马克思主义新闻观

作为中国观点的传播者、中国立场的阐释者以及中国形象的塑造者，国际新闻传播人才担负着向国际社会报道中国、站在中国立场报道世界大事的重要职责。[①] 国际新闻传播人才培养不仅需要适应国际化趋势和信息化环境，更需要培养学生内化于心、外化于行的爱国主义精神，培养具有家国情怀的卓越新闻传播人才。

(一)服务国家重大需求，“四个一百”思政成果融入育人环节

2021 年 7 月是庆祝中国共产党百年华诞的重大时刻。讲好中国故事，传播红色文化，是服务国家重大需求、加快建设数字中国的重要部署，也是高校学生了解党情、

① 高晓虹，赵希婧.新时期新闻传播教育的理念与方法创新[J].新闻与写作，2016(1)：25-27.

国情、社情、民情的重要契机。中国传媒大学在实践教学过程中设计并发起了“四个一百”庆祝建党百年系列融媒体宣发活动,由100个“红色云展厅”、100集“百年先锋”、100集“我的入党故事”、100集“红色文物青年说”组成,将党史文献和红色文化资源进行创造性转化和创新性发展,用融媒体的方式呈现革命展馆、党史故事、入党事迹、红色文物及其背后所承载的爱国主义精神,在实践中培养学生的爱国情怀,以融媒体呈现丰富建党百年主题宣传的吸引力、传播力和影响力。

“七一”期间,与学习强国学习平台合作的《习近平总书记走过的革命纪念地》系列播放量破千万,为思政教育提供了重要的线上资源。通过服务国家重大战略需求培育学生的家国情怀,将马克思主义新闻观贯穿教育教学的全过程,是培养具有高度战略思维的国际新闻传播人才的重要实践。

(二)围绕立德树人根本任务,打造新时代复合型人才

全媒体时代的国际传播需要的是复合型、创新型、应用型人才。从政治素养上来说,人才培养需要熟悉国情、了解民意,具备高度的国家意识、强烈的社会责任感和严格的新闻职业道德;从专业素养上看,建构关于中国内政外交的知识框架,树立去伪存真的意识,具备伸张正义的品质、塑造驾驭信息的能力尤为重要。因此围绕立德树人根本任务,强调学生“一专多能”发展,培养能够辐射多领域的国际新闻传播人才是全媒体时代的迫切需求。

此外,在培养过程中,以国情讲座等为代表的国情类课程以及“好记者讲好故事”等为代表的专业教育主题活动,加强了学生的家国观和职业观,引导学生在政治素养和专业素养的双重提升下,坚定中国立场、厚植爱国情怀,自觉、自愿传播中国发展的时代强音,从而培养政治素质过硬、思想品德优秀、专业素质突出、理论基础扎实的复合型国际新闻传播人才。

(三)践行“知行合一”,开创国情教育实践与无障碍信息传播

如何扎根中国,把论文写在祖国大地上,让学生在干中学,潜移默化提升思想政治觉悟,提升服务国家、服务社会的胸怀与格局,这需要我们找准切入点,努力创新教育模式和手段。为此,电视学院把国情教育实践作为国际新闻传播专业学生的必修课,坚持12年开展国情教育实践,组织学生前往贵州遵义、福建宁德、湖南株洲,浙江嘉兴等革命老区和脱贫攻坚典型地区进行社会调研和创作实践,深入了解中国国情,践行马克思主义新闻观。

如何建立实践与国情教育的长效机制，把实践教育创新做深做实，电视学院集合师生团队，进一步开创并探索“光明影院”无障碍信息传播项目，努力引导学生“进基层、懂国情、长本领”。无障碍信息传播是国家进步与社会文明的重要标志。为满足我国1,700多万视障人士的精神文化需求，中国传媒大学师生团队自2017年起首创“光明影院”公益项目，为视障群体构筑“文化盲道”，鼓励学生以做促学、以知促用。在深入盲人学校、贫困地区的放映和调研实践中，学生对中国的国情社情有了更深的了解，将思想政治教育、公益情怀教育、文化传播教育真正融为了一体，并在社会服务的过程中强化了学生的使命担当，为其更好地适应媒体融合发展的新时代，为培养国际新闻传播人才打牢了思想基础。

二、拓展海外实践及高水平教育资源，开拓国际视野

做好国际新闻传播，需要学生在跨文化的语言和实践环境中去沟通、交流、体会、总结，因此，建立国际新闻实践、实习的长效机制，让学生胸怀大局，着眼世界，拓宽视野就显得尤为重要。

(一)拓展海外教学实践基地，培养融通中外的国际新闻传播人才

在全媒体信息传播时代，中国传媒大学的国际新闻传播人才培养注重引导学生对国际传播格局、样态和方式的认识，通过形式丰富的海外教学实践，引导学生既能深刻理解和把握中国的国情与传统，也能够清晰地了解世界的前沿动态与趋向，对于提升国际新闻传播人才培养的国际化水平意义重大。

电视学院在欧美地区积极建设国际新闻海外教学实践基地，每年暑期遴选优秀国际新闻传播学子赴法国、比利时、意大利等国进行海外实践，让学生亲临国际新闻传播一线，参访我国驻外使馆、媒体及文化传播机构，与相关机构负责人对话交流、在国外高等教育机构学习国际新闻报道相关知识、进行以“红色之旅”为主题的学习活动，了解国外传媒生态，并紧紧围绕当前时事热点和国家发展需要安排学习特别项目。目前，该项目已经专访了20多位我国驻外使领馆参赞、驻外记者或机构负责人，制作了十余部专题片和短视频，并举办了两场国际新闻海外实践成果专题汇报会、两次专题摄影展，印制了4本专刊。通过思政教育和海外实践，深切体会在跨文化语境和当前的国际环境中进行对外传播的必要性与迫切性，增强国际新闻传播后备人才“坚守国家立场，发出中国声音”的责任感与使命感，成为具备家国情怀和国际视野的专门

人才。

(二)引入国际优质教育资源,服务人才培养的国际化需求

媒体的发展加速了全球化的进程,也影响着国际舆论走向和国际政治关系。信息的传播打破了时空的限制,使得全球范围内不同民族和地区的交流与融合呈现前所未有之势;同时,信息技术的客观差距也进一步加剧了地区发展的不平衡,不同国家、不同民族、不同文化之间的交流意愿也愈发强烈,适应现代传播技术的国际化人才需求日益增长。国外优质教育资源对培养具有国际化视野及学科前沿水平的国际新闻传播人才培养至关重要。

为此,学院积极利用各种校内外的项目和资金支持,为国际新闻传播的人才培养引进了更多的国外优质教育资源。2015 年起,学院发起了《跨越巴别塔:海外大师名家短期驻校计划》,为中国传媒大学国际新闻传播人才培养引入国外优质教育资源。该项目邀请了 50 多位国际一流高校的教授、学科带头人或传媒实践领域有突出成就的资深编辑记者开设 2—3 周全英文专业课程,为学生提供语言、国际关系、传媒前沿、特色实践等内容的全方位集中培训,打造具有全球视野,通晓国际传播规律,适应我国对外宣传及国际传播与报道等多方面需要的高层次复合型人才。

(三)探索中国本土经验全球化,培养新闻传播学国际人才

当下中国的国际传播不仅要“讲好中国故事”,同时也要向世界表达中国立场、中国观点,从向世界讲述中国,进而向世界讲述世界,由此才能更好地融入全球叙事和话语格局之中。在欧美、亚太等地区的发达国家和新兴的发展中国家,国际教育已超越了教育本身,成为开展多边外交、扩大文化影响、提高经济竞争力、促进国际劳动力市场就业、保障国家安全乃至维系“世界领导地位”的重要国家战略。媒介化社会的日新月异使得新闻传播成为当下发展变化最快的学科之一,因此,自进入社会转型期以来,随着对外交流的扩大和国力的日益强盛,培养国外留学生学习国际传播业务开始被作为一项国家援外项目实施,实现中国从生源输出大国向留学目的大国转变。《国家中长期教育改革和发展规划纲要(2010—2020)》对此做出了政策规划,要求“扩大政府间学历学位互认。支持中外大学间的教师互派、学生互换、学分互认和学位互授联授。加强与国外高水平大学合作,建立教科研合作平台,联合推进高水平基础研究和高技术研究”。培养优秀的新闻传播学国际人才,吸引高质量的国际留学生深入中国,了解中国,传播中国,也将有利于我国向其他国家表达立场、传播中华文化,提升国家形象。

2012年，中国传媒大学新闻传播学部正式开设国际新闻与传播硕士研究生班(IJC项目)，成为在中国高校当中最早搭建起全英文授课硕士课程体系的学院之一。在课程设计上，它将新闻采编播等业务课程与跨文化传播、中国国情、中华文化等课程相结合，使得学生在全新的国际政治经济文化与传媒技术背景下，在深入了解中华文化的背景下，掌握从事国际新闻传播事业的能力。已招收的学生来自澳大利亚、挪威、巴基斯坦、哥斯达黎加、刚果、加纳、美国、立陶宛、英国、塞拉利昂、蒙古、泰国、佛得角、喀麦隆、厄立特里亚、坦桑尼亚、柬埔寨、波兰、厄瓜多尔、印度尼西亚等30多个国家，有跨文化、多语种、跨学科专业背景的特点。在此背景下，项目采用了“去中心化”的国际新闻传播教学路径，在教学案例的选择上，有意识地避免过多地从欧美等发达国家的视角出发，而将目光更均匀地投向不同世界、不同地域国家的新闻传播实践，也积极地调动了学生们从跨文化的视角审视彼此和自身国家媒体国际新闻传播实践的历史和现状。

近年来，中国的传媒产业及传媒技术迅猛发展，对于发展中国家的新闻传播行业具有较强的现实借鉴意义。因此引入对中国本土实践的经验和研究，能让国际留学生对中国现阶段传媒业的发展有更深入的了解，同时也能加深他们对中国社会总体发展的阶段性成就与经验案例的理解。该项目的设立与发展契合全球化大背景下对于中国新闻传播国际教育的要求，同时也在本土化尝试中培养了具有全球视野、战略思维的新闻传播学国际人才。

三、创新融媒体实践，塑造全媒体人才

全媒体时代对国际新闻传播能力提出了更高的要求，但与此同时，新媒体平台也为国际传播带来了前所未有的机遇。如何通过我国主流媒体的海外平台实现对外传播，借力海外社交平台实现借船出海？如何适应新媒体的用户需求，创新传播语态、形态？如何打破以海外平台为主导的算法垄断，实现海外社交平台中“出圈”“破壁”？这一连串媒体融合变革的时代之问，也必然要求我们把国际新闻传播后备人才的培养纳入全媒体思维之中，需要未来的国际新闻传播人才掌握全媒体传播技巧，不断创新融媒体实践。

(一)搭建专业教学实践平台，打造全能型国际新闻传播人才

国际新闻传播专业教育离不开外语教学和专业教育，电视学院在英语能力课程的

基础上,推出国家级双语示范课和教育部英文品牌课等特色课程,同时开设融合新闻理论、媒体融合实践等专业金课,让学生深刻理解媒介融合的发展趋势,既掌握采写摄录编的业务链条,又具备融合编创、交互设计、新媒体开发等全媒体技能。

从 2014 年开始,借助英语新闻节目制作训练,电视学院打通了国际新闻传播专业本科生、研究生、国际留学生的专业实践环节,形成了集采写摄录播为一体的多层次、全英文专业实践模式;同时,立足融合传播平台,利用新媒体技术进行现场报道,实现了新闻实践中的多点互动,使学生得以利用融合技术平台,不仅掌握采集和制作传统新闻的技巧,还具备熟练使用各类新媒体开展报道的能力,能够同时处理不同形态、不同语汇的新闻报道。在日常教学中,基于媒介转型现状,贴合媒体发展规律,电视学院建设宽口径、厚基础的课程体系和多功能、强资源的教学平台,打造适应跨界传播的全能型国际新闻传播人才。

(二)助力中华文化海外传播,创新国际传播融媒实践

新闻传播是应用性很强的学科,国际新闻传播也不例外。但长期以来,由于理论研究与实践发展相比存在一定滞后性,甚至存在脱节的现象,国际新闻传播后备人才的培养只能跟随业界的动态和变化进行较为被动的调整,在技术发展日新月异的当下,已经难以适应业界发展的需求。如何借助技术赋能打破这一劣势是高校新闻传播教育面对的当务之急,确保高校的人才培养也能够适应业界变革,甚至某种程度上引领发展方向,真正成为智库型的知识生产和人才培养的高地,让后备人才能够迅速适应行业需求和变革,进入主阵地,更能成为主力军。

为了更好地突出国际新闻传播专业特色、提高学生国际传播的实践能力,电视学院对国际新闻传播专业视听专业实践进行了大胆的改革与创新。从 2021 年立春之日开始,国际新闻传播师生团队开始在《光明日报》推出融视频中英文系列产品“二十四节气中的中华文化”。该系列产品的文图素材来源于历年《光明日报》刊发的抒写中国农历二十四节气的美文佳篇,由团队教师带领学生对文章进行翻译和配音,不仅在实操过程中进行了专业的翻译教学,还推动了中国优秀传统文化的海外传播。“以文传声、以文化人”,通过图文并茂的融媒体短视频,向国际受众推介具有中国特色的传统节日,传达了节日背后蕴藏的中华民族勤勉友爱、孝亲敬长以及与自然和谐相处的精神内涵,以人类共通的情感向世界阐述中华文化。目前,系列的中英文产品布局矩阵传播,已经发布的媒体平台包括光明日报 APP、光明日报公众号、阅读公社公众号、孔子学院公众号、语言中心微信公众号和 Twitter 平台等。

与此同时，师生团队对中国当代的优秀影视剧进行英文配音译制，在消除影片语言障碍的基础上，通过这种方式展现当代中国的真实状态与社会面貌，帮助国外观众对作品进行欣赏与理解，真正助力中国文化走出去。2020 年 11 月初，经国家广播电视总局推荐，电视学院师生团队得到了抗疫题材时代报告剧《在一起》的片方授权，对其中《武汉人》上、下两集进行英文版的配音译制。通过译制该片，师生团队向国际观众展现了武汉普通社区工作者为抗击新冠肺炎疫情所作出的努力和奉献，为国际社会了解中国抗击疫情的举措提供了生动鲜活的案例。2021 年，电视学院进行配音译制并协助推广的《在一起》入选国家广播电视总局“2020 年度优秀海外传播作品”，位列第一。通过此次尝试，学生的外语语言表达能力、跨文化传播能力、视听创作水平以及在国际传播实践中应当具备的思政素养都得到了极大提升，为在校学生如何讲好中国故事提供了新的思路。《在一起》配音译制及海外推广的成功尝试，收获了国家荣誉与业界口碑，不仅为国际新闻传播专业的教学开启了新思路，积累了宝贵的学术研究素材，更是高校教学与科研真正助力我国国家形象传播与中国优秀文化走出去的一次有益探索。

这些紧密对接行业和社会需求的探索证明，国际新闻传播人才的培养也能在实战中做到教、学、用的一体发展。实践出真知，在实践创新中进一步总结经验、梳理规律，形成理念，并进而创新理论，再进而从实践中来，到实践中去，如此形成一个教学和实践、理论和实践、人才培养和国家需求的良性循环，从而促进人才培养全面提质增效。

结　语

当前，我国正处于百年未有之大变局，后疫情时代纷繁复杂的国际舆论为我国的国际传播提出了新的挑战和新的使命，我国国际传播的战略需求，要求国际传播人才在数量和质量上都要有大发展。

经过多年努力，中国传媒大学的国际新闻传播人才培养已经覆盖了本科、硕士、国际留学生硕士以及博士各层次，形成了“具有战略思维的实践型人才与理论型人才”的国际新闻传播人才培养特色体系，构建了有特色的思想政治教育模式，在教育教学、人才培养等方面积累了宝贵的实践经验，并在此基础上总结出了以马克思主义新闻观为魂、以海外实践及高水平教育资源开拓国际视野、以融媒体创新实践适应媒体深度融合发展的国际新闻与传播人才培养的路径与规律，为输出适应时代发展和中国国情的高素质全媒化复合型国际新闻传播后辈人才奠定了基础。

从我国国际传播人才培养的整体情况而言,目前后备人才还远不能满足新时代我国国际传播战略的迫切需求。这需要我们紧密对接国家战略需求,借助国家和社会的力量,从战略高度统筹各方优质资源,借助技术赋能,积极发挥高校作为人才培养基地的主体作用,在实践中调整和优化国际新闻传播人才的培养方案,不断开发新机制、新思路、新方法,探索国际新闻传播人才培养的多元路径,构建出适应时代发展和中国国情的国际新闻传播人才培养模式。

〔曾祥敏,中国传媒大学电视学院教授、博士生导师;汤璇,中国传媒大学电视学院副教授,硕士生导师〕

〔责任编辑:赵希婧〕

国际新闻与传播专业课程思政路径探析*

——基于“国际新闻理论与实务”的教学实践

Analysis on the Value Education in the Courses on International Journalism and Communication

—Study on the Teaching of the Course “Theories and Practice of International Journalism”

◎张 龙 曹晔阳

Zhang Long Cao Yeyang

摘要：在我国加强国际传播能力建设的总要求下，国际新闻与传播专业课的课程思政应当以树立良好的国家形象为导向，以培养融媒体国际报道能力为方法，将构建中国特色国际新闻传播教学体系置于核心地位。宏观思路方面，可以围绕理论线、实务线和思政线建立三维坐标系，在习近平新时代中国特色社会主义思想的指导下，充分发掘线上和线下教学空间的潜能，带领学生进行讲好中国故事的业务创作实践；具体做法方面，可以将思政内容融入系统化的知识点序列，将思政议题转化为课程作业和课堂讨论，以多学科思维深化学生的思政认知，从内容到形式推动思政方法创新，并将课程思政与国际传播实践相结合，以此提升课程思政的“高阶性”“创新性”“挑战度”。

关键词：课程思政；国际新闻与传播；媒体融合；新闻教育；讲好中国故事

Abstract: To effectively strengthen China's international communication capability, the value content design of international journalism education should aim to build a good national image and to improve students' professional ability of international reporting on convergent media. In the field of journalism education, educators can blend the teaching of value content with the teaching of practical aspects of professional knowledge by focusing on current issues of keen public interest through seminars, course assignments and discussions.

---

* 本文系中国传媒大学本科教育教学改革项目“‘国际新闻理论与实务’课程思政建设”成果。

Such an approach of teaching will enable students to better conduct international communication and convincingly present China's image through international reporting.

Keywords: value education in courses, international journalism and communication, media convergence, journalism education, telling the Chinese stories

2016 年,习近平总书记在全国高校思想政治工作会议上指出:"高校思想政治工作关系高校培养什么样的人、如何培养人以及为谁培养人这个根本问题。要坚持把立德树人作为中心环节,把思想政治工作贯穿教育教学全过程,实现全程育人、全方位育人,努力开创我国高等教育事业发展新局面。"新文科建设背景下,如何以专业知识为基础,把思想政治教育融入课程教学之中,培养新时代的复合型人才,已经成为当下高校教育工作的重点。

国际新闻与传播专业教育同课程思政有着密切的内在联系。教育部和中宣部 2018 年发布的《关于提高高校新闻传播人才培养能力 实施卓越新闻传播人才教育 培养计划 2.0 的意见》指出,新闻传播教育应"培养造就一大批具有家国情怀、国际视野的高素质全媒化复合型专家型新闻传播后备人才"。这与"立德树人""全程育人、全方位育人"等课程思政的要求是对应的。因此,国际新闻与传播专业课程须承担起思政任务,审时度势、鼎力革新。

笔者从 2019 年上半年起,为国际新闻与传播专业本科生讲授"国际新闻理论与实务"专业课,截至 2021 年年末已完成四轮讲授,从传统的线下授课逐步改革成为线上线下混合式授课。该课程从理论和实务两方面讲解国际新闻生产与传播,旨在帮助学生掌握中国语境下国际新闻报道知识,强化学生的业务能力,坚定国家立场。本文试从"国际新闻理论与实务"的教学改革实践出发,对国际新闻与传播专业课的课程思政路径进行探讨。

一、国际新闻与传播专业课的课程思政内涵

课程思政在宏观和微观层面有着不同的内涵。从宏观课程体系的角度,课程思政是指将显性课程和隐性课程相结合,对学生予以全方位、全过程思想政治教育的活动

与过程。[①] 换言之，它并不是针对某个特定课程的具体要求，而是一种贯通性的总体育人思路。从微观课程教学的角度，课程思政是指有意识、有计划、有目的地设计教学环节，以间接、内隐的方式将施教主体所认可、倡导的道德规范、思想认识和政治观念有机融入教学过程，使学生成为符合国家发展要求的人才。[②] 微观内涵更强调课程思政的融合性，勾画了课程目标与国家需要之间的直接联系。但无论是宏观还是微观，两种内涵都提及了思政的内隐属性，即并非在课程中机械地引入思政模块，而是将其融于课程的内在逻辑当中，使其成为教学目标、教学思路、教学方法和教学结果的重要组成部分。这就要求我们对特定课程的特征做出详细解析。

南京大学丁柏铨认为，新闻学科课程思政的特殊性在于，它与政治、舆论和意识形态的关系都特别密切。[③] 实际上，国际新闻学更是如此。国际新闻学研究的是跨越国境的信息流动，无论是媒体、文本、平台还是受众，都须置于新闻传播学、政治学和跨文化研究组成的理论架构中进行考察。国际新闻既牵涉国家利益、反映国家意志，又代表着国家在世界范围内的国际话语权。因此，我们须从国际新闻与传播专业本身的目标与定位出发，探讨国际新闻与传播专业课的课程思政内涵，并以此为指导探索国际新闻与传播专业课的课程思政路径。

笔者认为，国际新闻与传播专业课的课程思政内涵主要包括以下三个方面。

（一）以树立良好的国家形象为导向

2018 年 8 月，习近平总书记在全国宣传思想工作会议上提出“举旗帜、聚民心、育新人、兴文化、展形象”的十五字使命任务。其中，“展形象”阐明了新时代以来我国国际传播工作的重心，即“推进国际传播能力建设，讲好中国故事、传播好中国声音，向世界展现真实、立体、全面的中国，提高国家文化软实力和中华文化影响力”。从国家与媒体的角度而言，国家形象存在于国际传播中，社会公众对国家的认识和把握，是公众作为主体感受国家客体而形成的复合体，也即国家行为表现、性状特征、精神面貌等在公众心目中的抽象反映和公众对国家的总体评价和解读。[④] 换言之，国家形象在某种程度上是可以塑造的，[⑤]是国家客观现实经过文化价值观、国家利益观、大众媒介三重

① 何玉海. 关于“课程思政”的本质内涵与实现路径的探索[J]. 思想理论教育导刊，2019(10)：130-134.

② 田鸿芬，付洪. 课程思政：高校专业课教学融入思想政治教育的实践路径[J]. 未来与发展，2018，42(4)：99-103.

③ 丁柏铨.新闻学科课程思政：特殊性、有效性及实施路径[J].当代传播，2020(6)：9-13，30.

④ 刘小燕.关于传媒塑造国家形象的思考[J].国际新闻界，2002(2)：61-66.

⑤ 孙有中.国家形象的内涵及其功能[J].国际论坛，2002(3)：14-21.

偏曲后投射在国内和国际公众意识中的主观映像。[①] 中国国家形象长期受困于西方媒体的话语体系,被以各种形式扭曲和“妖魔化”,这与中国媒体早期在国际舆论场中的话语引导力不足无不有关。

国际新闻与传播专业课是为国家培养国际传播人才,提升国际传播能力的重要教育资源,在课程思政中必须以树立良好的国家形象为导向。每当有重大国际新闻事件发生,媒体是否“在场”以及媒体所表达的态度和立场,都彰显了一个国家在国际舆论场中的话语地位。习近平总书记在中共中央政治局第三十次集体学习时强调,“要形成同我国综合国力和国际地位相匹配的国际话语权,为我国改革发展稳定营造有利外部舆论环境”。事实上,国际新闻的确会影响他国政府和民众观念,借用李普曼对于拟态环境(pseudo environment)的阐述,它能够成为刻画我们头脑中世界形象的拼图。国际新闻形成的国际话语权越强,其从舆论维度建设国家形象[②]的能力也就越强。由此可见,借助思政教育培养具有政治意识和家国情怀的国际新闻传播人才,使其能够助力国家在世界上树立良好形象,是国际新闻与传播专业课在课程思政中须秉持的导向。

(二)以培养融媒体国际报道能力为抓手

高校新闻传播类专业为国家主流媒体培养和输送高层次专业人才,因此高校国际新闻与传播专业课的课程思政在当前应将培养学生的融媒体国际报道能力作为主要抓手。一方面,媒体融合是国家和社会双重驱动下的媒体行动,[③]有着明确的政治要求。早在2014年,中央推出《关于推动传统媒体和新兴媒体融合发展的指导意见》,明确指出“要遵循新闻传播规律和新兴媒体发展规律,强化互联网思维,坚持传统媒体和新兴媒体优势互补、一体发展”。2020年,中共中央办公厅、国务院办公厅印发《关于加快推进媒体深度融合发展的意见》,标志着我国已经完成媒体融合的初步建设,正向更具先进性、整体性和纵深性的媒体融合格局进发;文件对于“大力培养全媒体人才”的强调,也凸显了人才在媒体融合进程中的关键地位。为积极响应国家的政治号召,媒体融合应成为新闻传播类课程思政教育的重要内容。

另一方面,融媒体叙事也必须成为国际新闻人才所具备的思维和能力。从目前的

---

① 匡文波,任天浩.国家形象分析的理论模型研究:基于文化、利益、媒体三重透镜偏曲下的影像投射[J].国际新闻界,2013,35(2):92-101.

② 范红,胡钰.论国家形象建设的概念、要素与维度[J].人民论坛·学术前沿,2016(4):55-60.

③ 龙小农,陈林茜.媒体融合的本质与驱动范式的选择[J].现代出版,2021(4):39-47.

国际形势看，我国媒体要想提升国际话语权，先要增强讲故事的能力。只有将中国故事通过融媒体平台讲好、讲生动，才能有效提升国际传播效果。同时，从学生自身发展的角度，融媒体叙事也应成为新闻传播人才的基本素养。2020 年，中国传媒大学校长廖祥忠教授指出，目前新闻传媒类院校的新闻传播人才培养"模式基于传统媒体，没有向智能融媒体转变，导致传媒人才供给与传媒业态发展需求脱节"①。由此可见，在媒体融合发展和新文科建设的双重推动下，国际新闻与传播专业课的课程思政应注重训练学生的融媒体思维，以培养学生的融媒体国际报道能力为抓手，向主流媒体输送有能力讲好中国故事的国际新闻传播人才。

(三)以构建中国特色的国际新闻传播教学体系为核心

构建中国特色的国际新闻传播教学体系，既是国际新闻传播学科发展的趋势和要求，也应成为国际新闻与传播专业课程思政的核心工作。笔者认为，判断一门学科是否具有生命力，一方面在于其理论体系能否解决现实问题，能否实现在地化的理论观照；另一方面，也在于其教学体系能否推动学科知识的修正和再创造。2016 年，习近平总书记在哲学社会科学工作座谈会上指出，构建中国特色哲学社会科学，一是要体现继承性、民族性，二是要体现原创性、时代性，三是要体现系统性、专业性。为响应这一要求，国际新闻与传播专业应着力构建具有中国特色的教学体系，重视发掘具有中国特色的国际新闻传播理论，从而引导学生从中国媒体的国际新闻传播实践中发掘问题、总结经验和提炼观点，形成更多具有本土解释力和生命力的国际新闻理论。

就国际新闻与传播专业课的内容本身而言，阐明何为中国特色是其核心的思政任务。习近平总书记在中共中央政治局第三十次集体学习时强调，要加快构建中国话语和中国叙事体系，用中国理论阐释中国实践，用中国实践升华中国理论，打造融通中外的新概念、新范畴、新表述，更加充分、更加鲜明地展现中国故事及其背后的思想力量和精神力量。近年来，我国在中国特色社会主义建设方面提出了诸多理念，并取得了举世瞩目的成就，其中包括"精准扶贫""生态文明""一带一路""人类命运共同体"等新型发展理念。这些中国特色发展理念须通过主流媒体的国际新闻报道以及准确、生动的阐释，才能扩大影响力，为世界民众了解和接受。由此可见，高校在国际新闻与传播专业的课程思政中须增加对中国特色的关注，以构建中国特色的国际新闻传播教学体系为核心，引导学生思考我们的国际新闻传播应该做什么、怎么做，从而更好地向世

① 廖祥忠.新传专业设置不在多少，关键看是否符合社会需求[EB/OL].(2020-07-11)[2021-11-21].http://www.cuc.edu.cn/2020/0711/c1383a171785/page.htm.

界展现一个真实、立体、全面的中国。

二、"国际新闻理论与实务"专业课的课程思政实践探析

笔者的教学团队近年来在"国际新闻理论与实务"专业课的多轮教学中，对课程思政进行了实践探索，具体思路和做法如下。

（一）课程思政的思路

针对国际新闻与传播专业课程思政的三方面内涵，教学团队将"国际新闻理论与实务"课程的架构提炼成为三条主线——理论线、实务线和思政线，旨在为学生打造贯通、立体的国际新闻知识体系。通过将三条主线与指导理念、教学内容、教学形式相结合，教学团队制定了如下的课程思政思路（图 1）。

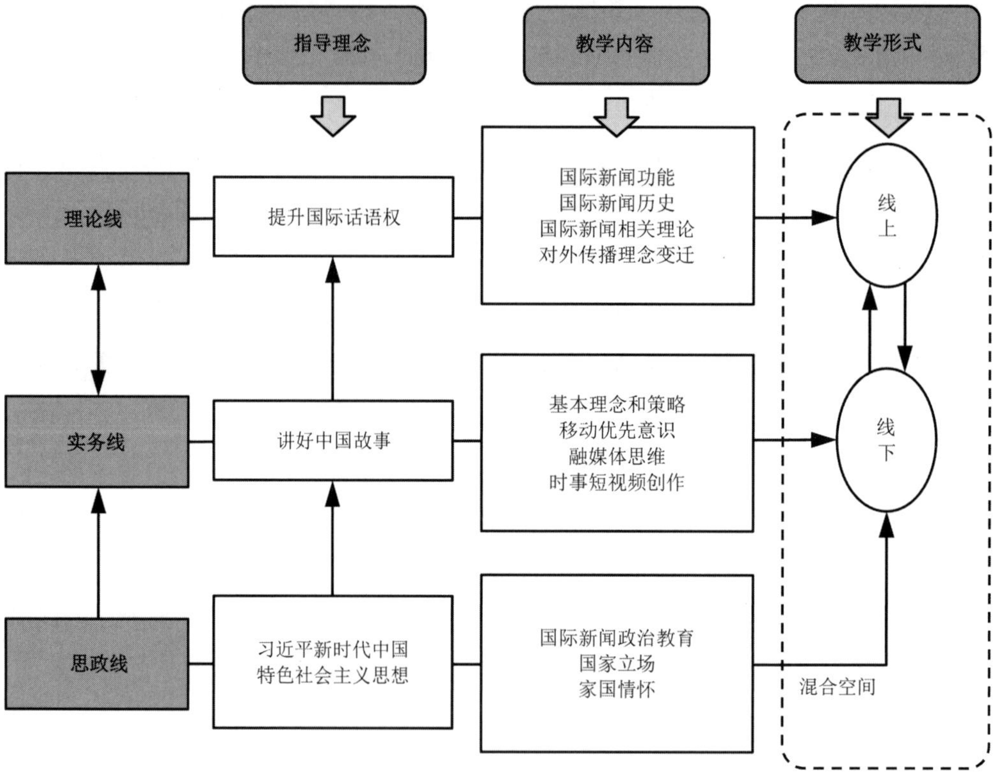

图 1 "国际新闻理论与实务"课程思政思路

理论线以提升国际话语权为指导理念。首先，围绕国际新闻的发展历程，带领学生厘清国际新闻的起源、现状与未来发展趋势，明晰国际新闻的功能；其次，梳理国际

新闻研究的相关理论，理解国家立场和文化差异对于国际新闻报道的影响；最后，将目光聚焦于中国，梳理中华人民共和国成立70余年来对外传播理念的变迁。理论线的内容由浅入深、层层递进，同时引导学生积极关注中国本土的国际新闻传播实践，有助于学生从理论高度理解国际话语权的重要性，以及提升国际话语权的方式。

实务线以“讲好中国故事”为指导理念。这一主线围绕大量鲜活的国际新闻案例，一方面通过实务知识点的讲解，使学生掌握国际新闻报道的基本理念和策略；另一方面以当下最流行的移动短视频为着力点，通过讲解国际时事短视频的创作策略，以及给学生布置国际时事短视频作业，培养学生的“移动优先”意识和融媒体思维，提升其融媒体国际报道能力。实务线有助于学生理解“什么是中国故事”和“怎样讲好中国故事”，它与理论线联系紧密，互为补充。

思政线以习近平新时代中国特色社会主义思想为指导，贯穿教学的全流程。从思路图中可以看出，思政线对理论线和实务线起到了串联和统领作用，在国际新闻理论与实务教学全流程中要巩固和加强思政教育，使学生在学习国际新闻传播专业知识的过程中，坚定国家立场，培养家国情怀。正如习近平总书记2020年在陕西考察时强调的，要自觉讲政治，对“国之大者”一定要心中有数，要时刻关注党中央在关心什么、强调什么，深刻领会什么是党和国家最重要的利益、什么是最需要坚定维护的立场。国际新闻与传播专业课也应在课程思政中与时俱进，将教学内容与“国之大者”紧密联系在一起，实现专业教育与思政教育的结合。

总体而言，三条主线组成的国际新闻课程思政思路有以下特征：其一，理念上逻辑贯通，即以习近平新时代中国特色社会主义思想为指导，带领学生进行讲好中国故事的业务创作实践，从而助力国家提升国际话语权、树立良好形象；其二，教学内容上相互补充，以内隐的课程思政形式，将思政线融汇在理论线和实务线当中；其三，教学形式上推陈出新，确保线上与线下教学空间形成紧密的联系和互动。总体上，教学团队将这三条主线视为一个相互交叉的三维坐标系，旨在打破新闻教育固有的“理论—实务”二元模式，为学生搭建立体的国际新闻知识框架，培养坚守国家立场、具有家国情怀、理论和实务融会贯通的国际新闻传播人才。

（二）课程思政的做法

1.将思政内容融入系统化的知识点序列

搭建系统化的知识点序列，是确保线上线下混合式教学思路一致、逻辑通顺的必需环节，也是通过课程思政构建中国特色国际新闻教学体系的必要步骤。“国际新闻理论与实务”开课之初，教学团队精选了三本和国际新闻密切相关的教材作为课程大纲的设计依据，以精准性、系统性为根本原则，对知识点进行了拆分组合，形成国际新闻的内涵与功能、国际新闻的发展变迁、影响国际新闻传播的因素、国际新闻研究基础、世界格局下的中国对外传播、国际新闻采访报道、国际新闻编辑制作等主要知识模块；然后立足中国特色社会主义实践，按照模块的内、外在逻辑，在各个模块下搭建知识点，从而整体上形成一条系统化的国际新闻知识点序列。在每一轮授课中，教学团队都会依据具体形势灵活调整知识点序列的排布方式，以学生最易接受的形式传授国际新闻传播专业知识。

具体而言，在2020年春季学期，由于突发新冠疫情，所有教学临时改为线上进行，主讲教师无法前往演播室录制授课视频，因而临时决定以异步SPOC的形式开展教学：一方面引用中国大学慕课平台已有的相关课程视频素材，另一方面，主讲教师以录屏“说课”的方式授课，保持每周产出足够的原创“说课”视频，并与前者组合，形成“联动式”的跨校教学课堂。这种“联动式”的教学并非简单叠加，亦非将引用与自制的视频随意组合，而是遵循国际新闻学各个板块的内、外在逻辑，以内容上的互为补充、相得益彰为原则，搭建有机的知识点序列来促成联动。教学团队尝试对知识点进行了相似性组合（如将“国际时事短视频策划”和“跨国影像流动实践”组合在一起）和互补性组合（如将“国际新闻编译理念”和“全球传播文本翻译策略”组合在一起），同时确保每周的介绍核心知识点的视频均为自制、均体现思政内容，从而将授课的主动权牢牢掌握在主讲教师手里，不至于过于依赖所引用的课程内容。

该轮授课在疫情限制下取得了一定成效，但也发现了一些潜在问题。于是，到了2021年春季学期，教学团队修订了原有的知识点排布方式，根据最新的知识点序列录制了一系列平均时长为8—12分钟的原创融媒体授课视频，在其中引入了更多的中国特色案例和时政议题，并邀请中央广播电视总台前驻美记者谢晨光、中央广播电视总台国际新闻资深编辑杨琨结合自身丰富的工作经验，向学生讲述中国特色国际新闻传播实践。2021年春、秋学期的两轮授课都采取了线上线下混合式教学形式，线上讲授历史、理论等基础性内容，线下讲授实务要领和前沿问题，并组织学生互动研讨。相比之下，这两轮教学的知识点序列更为清晰，各板块之间、线上和线下之间的逻辑关联也更为紧密，以点带面，提升了课程思政的内隐性和贯通性，并为学生搭建起了系统化的国际新闻知识体系。

2.将思政议题转化为课程作业和课堂讨论

课程思政绝非单向的思想政治灌输，而是“教”与“学”的双向互动。就国际新闻与传播专业课而言，它的思政主要体现在课程作业和课堂讨论两个方面。

课程作业是课堂教学的延展，更是培养学生融媒体国际报道能力、发挥其主观能动性的载体。国际新闻与传播专业课的课程思政应以此为着力点，积极将思政议题转化为课程作业。“国际新闻理论与实务”课程通常会为学生设立一项创作型的课程作业，即要求学生以小组为单位，围绕当年最热点的思政议题，创作一条适用于国际传播的英文短视频作品。这种课程思政形式的最大优势，就在于它能够不断保持时新性，与“国之大者”时刻保持密切联系，维持自身的生命力。而在国家大力推动“移动优先”战略的背景下，时事短视频创作也能够引导学生用自己最熟悉的文本形式，尝试用英文向世界报道我国当前的发展理念和发展态势。例如，2019 年春季学期，主讲教师安排学生以“精准扶贫”为主题创作短视频报道，在举国上下为实现全面脱贫而奋斗之时，引领学生关注这一重大举措。2020 年春季学期，团队将创作主题设定为“中国迎战新冠疫情”，引领学生关注眼前最具时效性、最有新闻感、最能反映国家治理水平的中国抗疫。而到了 2021 年春季学期，团队又将主题更新为“建党百年红色故事”，引导学生用自己的视角来关注和报道党的发展历史，传承红色基因，赓续红色血脉。正如国际新闻本身有着日新月异的特性，国际新闻与传播专业课的课程思政也应时刻保持“新鲜”，让学生感受到时代脉搏的跃动。

课堂讨论作为“翻转课堂”的一种表现形式，是国际新闻与传播专业课程思政中的另一个重要着力点，而在线教学平台也赋予了课程思政更加丰富的形式。譬如，在 2020 年至 2021 年的线上线下混合式教学中，教学团队每周都会围绕当周的授课内容，在中国大学慕课平台的“讨论区”设立话题，为学生设立一个开放的讨论空间。话题主要包括两类。其一，中国特色的国际新闻学热点。近年来，“加强国际传播能力建设”“构建中国话语和中国叙事体系”“讲好中国故事”“精准传播”“区域化表达”等主题已经成为国际传播研究的政策热词。教学团队在设置讨论话题时，不仅在内容上体现这些政策热词，在提问方式上也注重引导学生辩证思考，譬如“我国为什么要在当下加强国际传播建设”，以及“我国主流媒体未来在提升对外传播能力方面有哪些可行的策略”等，既“追热点”也“思热点”。其二，国家最新政策及发展理念。2020 年，在第五个全民国家安全教育日当周，教学团队安排学生观看了由教育部录制的《2020 年全民国家安全教育日高校公开课》，并组织讨论“国家生物安全风险防控与治理”的学习心得，以此贯彻习近平总书记关于国家总体安全观的指示精神。学生从历史、个人、社会、国家、全球的层面归纳了生物安全治理的路径，逻辑严密，其观点具有一定的思想深度。这实际上也佐证了课堂讨论对于课程思政的价值。

三、国际新闻与传播专业课程思政的成效及强化路径

2018年，习近平总书记在北京大学师生座谈会上指出："学到的东西，不能停留在书本上，不能只装在脑袋里，而应该落实到行动上，做到知行合一、以知促行、以行求知。"最后十二个字，对于教师的课程思政同样适用——只有用课程思政经验不断引领课程思政创新，如此循环往复、螺旋上升，才能稳步提升教学质量，培养出符合时代需求的国际新闻人才。笔者所在的教学团队在近年间的教学实践中不断总结反思，在课程思政方面初步取得了以下成效，提炼出三点强化路径。

（一）课程思政成效

1.搭建中国特色的课程大纲

教学团队在近年来的"国际新闻理论与实务"教学中，以理论线、实务线、思政线三线为轴梳理知识点序列，形成了以中国特色国际传播实践为中心的课程大纲——大纲中，诸如理论线对国际新闻功能、历史、理论和对外传播理念变迁的梳理，以及实务线对移动优先意识、融媒体思维的培养，都是为了帮助学生更好地理解中国特色国际传播实践，推动思政教育进一步发展。课程大纲是教学的指导，不断打磨课程大纲，将新的思政经验和教育理念融入教学实践，有助于逐步构建具有中国特色的国际新闻与传播专业课及教学体系。

2.设计对外传播的创作实践

作为一门应用型学科，国际新闻与传播专业的实务教学是非常重要的组成部分。团队将思政议题融入"国际新闻理论与实务"的教学方案，选取了兼具时新性与典型性的报道案例，通过细致入微的讲解，培养了学生基本的国际新闻策划和采写能力；同时，指导学生围绕思政议题，创作了一系列国际新闻短视频。据学生反馈，短视频作业既提升了他们整合资料、策划报道的能力，也让他们开始深入思考，如何采用更为生动的视听表达方式向外国人阐释中国特色发展理念，这既是学生思政教育的一个环节，也是学生亲身体验的国际传播探索。

3.产生广泛多维的社会影响

国际新闻与传播专业课程思政除了要在课堂上向学生传授专业知识、深化思政教育，还应充分调用现实资源，让思政教育的成果“走出校门”，在课外打造出广泛多维的社会影响。具体而言，这种影响力主要来自两个方面。首先，是课堂本身的影响力。2020年春季学期，笔者邀请中外业界专家通过直播连线的方式走进课堂，点评学生的短视频作品，这一活动在课后收到了良好反馈。中国传媒大学官方微信公众号对这堂课进行了专题报道，而师生及业界专家对该报道的转发分享，促使课程思政教育跨越了有限的课堂边界，内容被社会公众接收到，并产生了一定的社会影响。

另一方面，是教学成果的影响力。2021年春季学期，教学团队带领学生前往中国日报社新媒体中心调研，双方达成了诸多合作意向。例如，“国际新闻理论与实务”课程的学生结课作品《党史上的红色文物》用创意动画的形式，讲述了红军长征中的故事；而该英文短视频经过多轮修改，最后在《中国日报》的 Facebook 及 Twitter 官方账号发布(如图2)。这是一次源自课堂、向世界讲述中国红色文物故事的生动实践。将课程思政教学成果推至主流媒体平台播发，带领学生亲身践行国际传播并直观看见国际传播的影响力，是国际新闻与传播专业课独具意义的课程思政社会成效。也只有让课堂成果“出新”“出圈”，国际新闻与传播专业课的课程思政才能永葆活力。

图2　学生作品在《中国日报》海外官方账号发布

(二)国际新闻与传播专业课的课程思政强化路径

2018年，教育部高等教育司司长吴岩在第十一届“中国大学教学论坛”上作了题为《建设中国金课》的报告，提出了“金课”建设的“两性一度”标准，即高阶性、创新性和挑战度。其中“高阶性”是指知识能力素质的有机融合，旨在培养学生解决复杂问题的综合能力和高级思维。“创新性”是指课程内容反映前沿性和时代性，教学形式呈现先进性和互动性，学习结果具有探究性和个性化；“挑战度”是指课程的完成有一定难度，对老师备课和学生课下复习有较高要求。① 笔者认为，专业教学和思政教育是课程思政的一体两面，因此，吴岩司长提出的“两性一度”，也可以从三个层面提升国际新闻与传播专业课的课程思政。

1.高阶性：以多学科思维深化思政认知

教育部、财政部、国家发改委三部委联合印发的《关于高等学校加快“双一流”建设的指导意见》明确指出，要构建协调可持续发展的学科体系，以优势特色学科为主体，以相关学科为支撑，促进基础学科、应用学科交叉融合，在前沿和交叉学科领域培植新的学科生长点。② 以新闻传播学为例，国内外重点高校也早已将多学科融合理念融入课程教学，例如清华大学新闻与传播学院的“顶点课程”，就以引导学生的全媒体实践为中心，旨在实现学科的融合、媒介的融合、技术的融合；③以南加州大学安能伯格传播与新闻学院、密苏里大学新闻学院为代表的世界知名新闻传播学院校，目前也在教育实践中呈现出了明显的多学科融合趋势。

从课程思政的角度看，以学科交叉融合的教学方式培养学生的多学科思维，拓展其知识维度，提升其思辨能力，有助于实现课程思政的“高阶性”。笔者所在的教学团队以新闻传播学为学科立足点，不仅要求学生运用新闻传播学知识解析国际新闻传播现象，而且积极引导他们从政治经济学、公共外交学、国际关系学等不同学科视角分析当前的国际局势，强化他们对“讲好中国故事”和“坚守国家立场”的理论理解，以此深化思政教育。此外，教学团队培养学生的融媒体国际报道能力，也是从多学科思维出发，提升学生“讲好中国故事”“树立良好的国家形象”的实务能力，加深他们对于思政

---

① 新华网.教育部高教司司长吴岩：中国“金课”要具备高阶性、创新性与挑战度[EB/OL].(2018-11-24)[2021-11-21].http://education.news.cn/2018-11/24/c_1210001181.htm.

② 中华人民共和国教育部.教育部、财政部、国家发展改革委印发《关于高等学校加快“双一流”建设的指导意见》的通知[EB/OL].(2018-08-20)[2021-11-21].http://www.moe.gov.cn/srcsite/A22/moe_843/201808/t20180823_345987.html.

③ 陈昌凤，张小琴.融合时代的新闻传播教育[J].中国高等教育，2014(Z2)：23-25.

议题的认知。

笔者在教学实践中发现，学生普遍存在新闻传播学基础较好、其他学科知识面窄，对国际问题的浅层认知偏多、深层思辨缺乏等问题。对此，国际新闻与传播专业课须通过多学科知识点讲解，进一步增加学生文献阅读的广度，引导学生从“纵”与“深”两方面提升对国际传播现象的解读能力；同时，积极设置议题、鼓励学生发言、促进课堂交流，丰富学生对思政议题的认知维度，提升其思想深度，从而培养学生更高阶的思维能力，确保国际新闻与传播专业课程思政的“高阶性”。

2.创新性：从内容到形式推动思政革新

国际新闻与传播专业课课程思政的“创新性”，要求打破传统思政教育中存在的僵化模式，建立思想政治教育与专业课程之间的“生成性”关系。① 具体可以落实在课程内容和教学形式两个方面。

其一，课程内容体现时代前沿。针对国际新闻教学，就是要保证课程内容有时效，案例够典型，尤其应当探索时效性案例在线下授课中的价值。这不仅能够保证学生对课堂的“新鲜感”，也能引导学生准确把握国际新闻传播的最新样态，紧跟时代关切。线下授课本就有即时性的优势，可以把当天发生的新闻迅速作为案例插入课堂内容中，通过高度的时效性来营造新闻报道的吸引力，以此激发学生思考和讨论的热情，强化课堂的沉浸式体验，使思政教育自然而然地生成于专业内容的教学当中。

其二，教学形式呈现先进性和互动性。笔者所在的团队在国际新闻教学中结合慕课短视频、视频直播连线等新媒体形式来授课，同时也借助线上讨论区和课程微信群与学生互动，试图让课程的形式富于变化，让思政的方法趋向多元。然而在一定程度上，线上教学容易面临单调乏味、学生注意力不集中的问题，容易使思政教育变成单向的灌输，教师也难以像线下教学那样，在面对面的互动中将知识点讲透彻。因此，国际新闻与传播专业教学须进一步厘清线上空间和线下空间的关系，有机引入“翻转课堂”，增强学生在关注和解读思政议题方面的自主性，促使学生在线上和线下空间保持连续的协作配合，从而形成更具个性的思政教学成果。

在信息化教育的要求下，国际新闻与传播专业课的课程思政还应积极开发智能教学的潜能。教育部在 2018 年印发的《教育信息化 2.0 行动计划》中提出，“教育信息化 2.0 行动计划是顺应智能环境下教育发展的必然选择……智能环境不仅改变了教与

① 陆道坤.课程思政推行中若干核心问题及解决思路：基于专业课程思政的探讨[J].思想理论教育，2018(3)：64-69.

学的方式，而且已经开始深入影响到教育的理念、文化和生态”①。教学本身也是传播的一种形式和场景，与技术赋能紧密相关。近年来与教育相关的人工智能技术，譬如机器学习、智能代理、情感计算、教育机器人等不断发展，为教学及课程思政的智能化发展提供了更多可能性。譬如，教师可以利用人工智能算法分析每个学生的学习数据，以了解学生的知识点吸收情况和对思政内容的喜好状况，实时跟踪和测评学生的反馈，并形成学习者的数字画像，从而为学生提供个性化的自适应学习服务。同时，教师还可以引入立体化综合教学场、智能教育助理等人工智能产品，②根据具体的思政议题设计有特点的教学活动和教学场景，为学生打造智能化的学习环境。秉持这种思路，国际新闻与传播专业课的课程思政能够实现从内容到形式的全方位革新，确保“创新性”。

3.挑战度：将课程思政与国际传播实践相结合

课程思政最大的挑战，是让思政贯通教学全过程并最终产出可视的成果。正如学者高晓虹、赵希婧指出的，新闻传播教育须将思政教育贯穿于专业实践的各个环节，使专业教育与服务党和国家发展大局、满足全社会精神文化需求紧密联系，如此才能切中课程思政的题中之义。③ 国际新闻与传播专业课程思政必须追求“挑战度”，将思政与国际传播实践相结合，从而推动学生之“所学”转化为国际传播之“所产”，确保学有所获、学有所用。

当然，这种挑战也对教师和学生提出了更高要求。对学生而言，理解思政内容、将思政内容转化为创作成果、使创作成果达到主流媒体的发布标准，是三个直接的学习挑战；而对于教师而言，设计思政内容、为学生搭建国际传播实践平台、指导学生的国际传播实践，则是三个不小的教学挑战。唯有推动“教”和“学”双方相互理解、相互配合，共同克服挑战，才能激发出国际新闻与传播专业课程思政的“创新性”，确保“高阶性”，从而取得理想的教育成效。

结　语

课程思政是以专业知识为核心的思政教育，而国际新闻牵涉国家利益，反映国

① 中华人民共和国教育部. 教育部关于印发《教育信息化 2.0 行动计划》的通知[EB/OL].(2018-04-13)[2021-11-21].http://www.moe.gov.cn/srcsite/A16/s3342/201804/t20180425_334188.html.

② 吴永和，刘博文，马晓玲.构筑“人工智能＋教育”的生态系统[J].远程教育杂志，2017 (5)：27-39.

③ 高晓虹，赵希婧. 守正创新：我国新闻传播教育理念探索与实践转型[J]. 中国出版，2020(14)：3-9.

家意志，有着深刻的政治和意识形态属性，其专业课必须与课程思政之间形成互动和共生关系。国际新闻与传播专业课程思政应当以树立良好的国家形象为导向，以培养融媒体国际报道能力为方法，将构建中国特色国际新闻传播教学体系置于核心地位。

国际新闻与传播专业课在未来要以多学科思维深化思政认知，确保课程思政的“高阶性”；要从内容到形式全面推动思政方式的革新，增强课程思政的“创新性”；与此同时，将课程思政与国际传播实践相结合，提升课程思政的“挑战度”。在我国大力加强国际传播能力建设的新形势下，积极优化国际新闻与传播专业课的课程思政路径，培养符合国家需要的国际新闻传播人才，是教育工作者应始终践行的使命。

〔张龙，中国传媒大学电视学院国际新闻与传播系主任、教授、博士生导师；曹晔阳，中国传媒大学电视学院博士研究生〕

〔责任编辑：赵希婧〕

媒体融合

共振、交融、认同*

——基于建党百年主题融媒体报道的经验描述与案例爬梳

Resonation, Convergence, Recoginiton

—The Practical Description and Case Studies Regarding to the Convergence Journalist Reports about the Party's Centenary

◎ 吴炜华　李超鹏

Wu Weihua　Li Chaopeng

摘要：本文基于媒体融合的传播视域，通过对2021年中国各主流媒体围绕建党主题所编创的融媒体报道及视听新媒体作品的观察与爬梳，并进行若干个案的描绘性解读，从而展开对其叙事语态、媒介技术与传播形态的记录与勾勒，以完成一次实务维度的经验探究与考察。

关键词：建党百年；融媒体报道

Abstract: This paper takes the convergence journalism reports as the case studies addressing on the Party's Centenary conducted by China's mainstream media in 2021. Through the descriptive interpretation of cases, it humbly records and outlines the changes of narrative, technology, and forms to carry out the empirical re-understanding of the practical significance.

Keywords: convergence journalist report, mainstream media, one hundred years after the founding of the Party

2021年，是中国共产党成立100周年，是"两个一百年"奋斗目标历史交汇的关键节点，也是媒体融合作为我国国家战略推进的第八个年头。习近平总书记指出，党的历史是最生动、最有说服力的教科书。重视学习党史，注重从党的历史中汲取智慧和力量，一直是我们党的政治优势与光荣传统。全媒体时代下，舆论生态、媒体格局、传

* 本文系国家社科基金重大项目"建立健全我国网络综合治理体系研究"（项目编号：20ZDA061）的阶段性成果。

播方式发生了深刻变化,如何立足技术前沿,通过主题鲜明、内容丰富、形式多样的融媒体新闻报道及视听新媒体作品,坚守意识形态阵地,占领舆论制高点,讲好建党百年故事,做好建党百年宣传,让人们理解为什么历史和人民选择了中国共产党,为什么坚持走中国特色社会主义道路,实现中华民族伟大复兴,已然成为检验主流媒体融合发展成效的一场大考。

一、革命文化的红色叙事之重构

融媒体,已然成为书写中国新时代新闻话语变迁、技术革新、观念迭代和传播策略演进之传播史的关键词;一方面,它印刻着党和国家最高领导人对身处时代之大变局中的新闻媒体人的方向性指引,另一方面,它标识着独特的中国新闻实践观、技术观和传播观是融入时代的重要时刻,并见证着全媒体时代主流媒体人的使命担当。

当前,媒体融合步入"深水区",融媒体作品选题与技术应用日益成熟,作品数量持续增长,产生了良好的社会反响。但"重技术,轻内容""重技术,轻情感"现象也偶有存在。"共情"原是人际互动过程中的一种心理现象,即与他人情绪情感共享,而后产生的一种伴有相应行为的情感反应,该词应用于融媒体报道作品中,即指受众对于作品中所呈现人物或故事的理解与认同。对于建党百年融媒体报道而言,选择恰当的题材内容与表达语态,强化受众对作品人物与故事的理解度与认同度,使其产生情感共振,可以实现作品"破圈"传播。

(一)重构革命文化的视听微叙事语态

对革命文化的视听微叙事重构,体现了宏大叙事功能框架中的叙事策略演进,是激发新传播环境中的受众情感共鸣的关键。建党百年主题宣传报道,政治性强、理论性高、题材重大,更需要谨慎、科学、创新地进行全新的叙事语态与叙事策略建设,才能够拉近传受距离,占领宣传高地。相较于"宏大叙事",革命文化的视听微叙事能够使受众在故事中产生自我观照,能够提升受众代入感与认同感,使其产生共情效应,实现情感共振。同时,先烈事迹原型故事凝聚着集体记忆,沉淀着集体情感,以此作为切口进行叙事能够引起受众阅读兴趣,激发受众的爱国情感与共鸣,产生强烈的"破圈"传播效果。

各级主流媒体深入学习中国共产党百年党史,选择先烈事迹、文物故事、党史历程等选题进行创作,打造出一批"小切口、大情怀"的精品力作,使党史真正活起来,让信念真正燃起来。人民日报社、光明日报社、天津津云新媒体集团以革命先烈、党员模范、战斗英雄故事为题材,创作出系列短视频《百年先锋》《建党百年英雄谱》,微电影《在场》,H5《绝密任务:登船》《深圳红·第一个党支部的诞生》等。新华社、央视网着眼于党史文物,深度挖掘文物背后的感人故事,激发观众情感共鸣,推出《100件党史文物背后的故事》《红色文物青年说》《百年百物见精神》等融媒体作品。与此同时,央视网、新华社以党史地标、党史历程为主题,创作出了《全景打卡红色地标》《2021,送你一张船票》《复兴大道100号》等作品。

中央广播电视总台融媒体节目《追寻——红色家书背后的故事》以"红色家书"作为切入点,讲述家书背后的英雄故事,展现了共产党员的坚定信念与革命豪情,作品相关话题阅读量近7亿,总播放量超1亿,获得各方关注与好评。"家书"作为家人之间信息交流的简单工具,记录着家庭往事,蕴含着家人的真情实感,是一种感染力极强的鲜活文本。《追寻——红色家书背后的故事》系列作品深度挖掘家书背后的动人故事,受众在家书故事中产生自我观照,构建起情感联结,大大提升了传播成效。央视网节目《人民记忆:百年百城》则聚焦"城市"选题,选取全国100个城市拍摄100秒短视频,利用特写、延时摄影等镜头语言集中展示各地在脱贫攻坚、经济发展、社会民生、生态文明等领域的火热实践和显著成就,节目以小见大的叙事风格,赢得了良好传播效果。如《阿拉尔奔小康》中,作品以阿拉尔特色农产品"皮棉"为切口,利用经典标语、数字等讲述"皮棉"生产的经济带动作用,使观众在小事物中看到了阿拉尔地区城市、经济、生态旅游的蓬勃发展面貌。

(二)面向Z世代族群之新闻语态创新

重构面向Z世代族群之新闻语态成为媒体人的共识。如何突破固有的宏大叙事语态,使媒体人既用高屋建瓴的讲述方式彰显报道之重,又精心钩织面向Z世代族群之"亲民"与"贴近"语态,打破"我说理你受教"的说教痕迹,避免让观众特别是年轻受众产生抵触心理,全面提升融媒体报道与视听新媒体作品传播效果的到达率与接受率,这已然成为主流媒体人在建党百年报道中的新问题。主流媒体由此出发,积极转换话语形态,根据年轻用户针对性设计报道内容与语态表达,使传播内容与目标用户在价值和情感上形成共鸣,增强用户情感黏性,提升重大主题创作的吸引力与感染力,实现宣传报道"飞入寻常百姓家"。

人民日报社发布建党百年主题MV《少年》,贯彻落实习总书记抓好青少年党史学习教育的重要指示要求,精准把握年轻受众接受心理与习惯,获得广大网民特别是年轻网民的一致好评。“一段4分钟的视频，展示了百年大党矢志践行初心使命、筚路蓝缕奠基创业、创造辉煌开辟未来的气吞山河壮丽史诗，从革命斗争的艰苦卓绝，到建设时期的豪迈激昂，再到改革发展的日新月异，让亿万群众感受到百年大党的恢宏气势、感受到自强不息的奋进动力、感受到气贯如虹的历史进程，无形之中给予人无穷无尽的昂扬斗志和澎湃激情。”[①]作品以网络热门歌曲为基础，运用网络流行剪辑风格，实现内容、形式“年轻化”表达。作品紧扣“少年”“初心”等词汇，通过“我还是从年那个少年”“百年只不过是考验”等歌词，突出百年来为中国崛起而不懈奋斗的青年，实现了时代奋斗主题在个人励志方面的投射，从而达到了与年轻人在情感上的高度契合与共鸣，极大地提升了作品的情感饱和度，增强了作品的情感黏性。

央视网《红色文物青年说》是以“红色文物，青春讲述”为主题的系列融视频作品，央视网组织全国百所高校大学生共同讲述105个代表性红色文物的故事，通过融媒体折页、二维码海报、掌上数字书架以及央视网平台等向全国高校推广。作品通过青年人的视角、年轻化的语态进行故事化讲述，呈现文物及其背后所承载的革命精神，实现红色文化的创新性表达与创造性发展，激发年轻受众阅读兴趣，提升红色文化青年接受度，使红色精神深入人心。同时，央视频、新华社、《解放日报》等主流媒体推出说唱歌曲MV《燎原》《红船精神串联世间美好》《少年》《妈妈教我一支歌》等，融入快闪、说唱等流行元素，符合当下年轻受众审美喜好，引发了群体效应，促进了年轻网民对于党史历程、党政精神的理解。

二、多维融合与技术重构

技术的革新驱动着传媒演进，“真正的传播革命所要求的，不只是信息传播方式的改变，或者是受众注意力在不同媒介之间时间分布上的变迁，其最直接的驱动力一如既往，是技术”[②]。技术赋能下，重大主题新闻报道的产品形态、用户体验、传播效率发生了颠覆性变革。各级主流媒体以技术为突破口，融合直播、MV、H5、微电影等形式，打造沉浸式场景，提升互动式体验，提升作品创造性、灵活性与互动性，实现现实与历史、技术与艺术、产品与用户的深度交融，提升报道宣传效果。

(一)技术驱动，营造沉浸式体验

传播学范畴内，场景是媒介叙事的一种重要手段，是由媒介创造出来的信息环境。

① 段官敬.建党百年主题MV《少年》引收视狂潮，成顶级流量[N].科技生活快报，2021-03-10.

② 麦奎尔.受众分析[M].北京：中国人民大学出版社，2006：156.

场景化叙事，就是利用场景塑造进行媒介叙事的方式。智能技术发展背景下，场景化叙事实现了媒体与受众之间的良性互动，成为构建受众对媒体产品的认同、凝聚集体化共识的新路径。建党百年融媒体报道，主流媒体以技术为驱动，打造沉浸式场景，使受众通过融媒体作品与历史场景深度交融，增强代入感与沉浸感，提升受众体验度，大大提高了作品的传播成效。

H5 技术融合，实现声画沉浸式场景塑造。人民日报社 H5 作品《复兴大道 100 号》以超长画卷与“一镜到底”的形式，融合文字、动画、声音、AI 交互等多项技术，为受众打造出了沉浸式场景，记录了时代的沧桑巨变，描绘出了建党百年的伟大征程。作品利用动画设计实现了历史场景搭建，如开国大典时群众的欢呼敲鼓、土地改革中拖拉机的行进、东方红卫星成功发射、北京奥运会的气球飞舞等，为受众打造出立体、丰富的场景画面，创造出良好的视觉体验。在此基础上，作品利用声效增强场景沉浸度。作品大量使用历史事件同期声、新闻报道、不同年代标志性声效以及生活场景中的真实声音，如五四运动中“打倒帝国主义”的群众呼号、东方红发射后传回地球的《东方红》歌声、路边叫卖声、不同年代特色音乐等，使受众产生强烈的年代认同感，与作品产生情感共鸣。作品使受众沉浸在丰富的动画与声效中，近距离重温不同年代的记忆，了解建党历程的同时，提高了体验度。

智能技术应用，实现空间性叙事场景塑造。央视频《星星之火百年流光》大型联动式新媒体直播节目依托智能技术，以空间为基础进行叙事，打造沉浸式场景。直播外景采用无人机编队飞行，依托无人机、传感器、GPS 定位等智能技术，运用图像、文字等多元模态呈现和多样化的组合方式，通过队形排列、颜色组合、光影变换实现 3D 立体的场景效果，实现场景化叙事，提升受众现实沉浸感。上海现场中，东方明珠建筑灯光群、无人机排列的文字“中国(上海)”和巨大的拱形背景图案在黄浦江水幕上形成倒影，又逐渐演变为“创新发展看浦东”的字样，加上节奏振奋、激动人心的音乐，共同展现了一幅开放包容、兼收并蓄的城市文化图景，讲述着上海的现代化发展故事。

(二)交互设计，建立融合联结

新媒体环境下，受众参与文本生产的权利大大提升，受众个体也成为信息传播的主体，能动性、创造性得到进一步提升。交互式叙事指的是运用交互技术手段进行的叙事行为，其强调用户主动参与的非线性叙事，鼓励受众主动参与叙事，拉进与受众的距离，增强受众积极正向的参与式与沉浸式体验，从而提升传播效果。因此，提高融媒体产品的交互性，需要从产品创意、内容产生、产品分发等环节建立起用户思维，通过可视化、交互性技术实现用户参与内容生产、内容表达,进而提升用户体验。如人民日报社的《打卡留念! 这里存着100年的记忆》《抉择》,新华社的《2021,送你一张船票》,中国日报社的《红色旋律激荡 百年薪火相传》,北京广播电视台的《百年寻梦,2021请回答!》等,此类作品搭载交互技术,实现用户参与内容,创造出"有我"的参与感,增强了用户黏性,促使用户积极评论、转发、宣传作品。

问答互动设计,提升用户作品联结度。新华社融媒体产品《2021,送你一张船祟》一经发布,引爆全网。作品以嘉兴南湖红船为线索,以交互设计为特点,长卷式呈现建党百年来的关键节点和重要瞬间。报道为提升用户参与度与体验感,设计了一系列交互体验环节。例如,在作品开篇,用户需在船票上填写出生年份,填写完后,作品下方时间轴会实时显示该用户与历史事件间的关联,"1921年,中国共产党诞生。此时距你出生还有75年""1949年10月,中华人民共和国成立。47年后你将出生""1997年,中国对香港恢复行使主权。这特别的一年,你1岁了"等,历史事件与个人生命紧密联系不仅让用户充满参与感与仪式感,也加深了个人生活与国家命运紧紧联系的心理体验,使各年龄层用户在作品中产生认同感。同时,作品设计了答题互动环节,设计了有关建党年份、党的十八大召开时间、中华人民共和国成立时间等问题,答题互动能够使观众在作品中回顾昔日奋斗历程,体会今日来之不易的主题思想,也能帮助用户温故知新,有所收获。本作品在参与性、知识性的基础上,通过交互设计,还增添了诸多趣味性。在作品中,用户点击屏幕能够发射我国第一颗原子弹,见证蘑菇云腾起那震惊世界的一刻;可以"发射"神舟一号,将中国航天员送入太空……此类趣味性互动设计,使观众在融媒体作品中感觉到了"好玩",也拉近了用户和制作者之间的距离,使回望百年、不忘初心的思想主旨突出而不突兀。

受众权利增加,提升交互操作快感。人民日报社搭载交互技术,打造互动微电影《抉择》,用户在电影中选择情节走向,感受建党、建国、科研以及祖国建设的艰苦卓绝与胜利的喜悦。在互动微电影播放过程中,用户摆脱往日被动观剧的"围观者"身份,转变为能够决定剧中人物命运和整体剧情走向的编剧,强烈的自主掌控感促使受众进一步深入剧情,体验不同抉择下的剧情发展,与剧情产生深度联结与交融。《红色起点》中,"与老师探讨救国之路""走人少的小路""立即销毁信件""追上老师,和老师一起提前准备"等关键情节的选择设计,为观众营造出选择的紧张感。微电影《抉择》交互式设计唤醒了用户的主体意识,破坏了凝视性观看所带来的身份认同,摧毁了被动的沉浸式观影体验,强化了观看的趣味性与游戏感。

三、传播矩阵之建设

建党百年融媒体报道是促进全党全社会政治认同、身份认同、民族认同、国际认同的重要方式之一，各级主流媒体采用多样化传播方式，通过平台联动、内外齐发的传播策略，凝聚社会共识，激活受众集体记忆，强化民族认同。

(一)矩阵传播，构建集体记忆

移动互联为媒体发展创造机遇的同时，也促进了媒体格局、舆论生态、传播方式的深刻转变，主流媒体在传播话语权、舆论引导力上面临更大挑战。移动互联格局下，主流媒体纷纷搭建传播矩阵，建立立体化、全面化传播机制，提升新闻舆论传播力、引导力、影响力与公信力。对革命文化之集体记忆的建构是中国特色社会主义建设之精神财产的重要组成部分，更是提升民族认同与融合的内在力量。唤醒与构建革命文化的集体记忆，对于提升受众的身份认同、民族认同与文化认同有着重要作用。各级主流媒体通过多平台联动式传播，激发受众个体记忆，进而唤醒、强化受众集体记忆，受众在融入集体记忆之媒介重构场景的同时，对党建有了更深刻认识。

多渠道传播，强化议程设置。新华社融媒体作品《2021，送你一张船票》以公众号为主阵地，同时针对微博、客户端、学习强国等不同平台特点发布不同形式融媒体报道产品，实现多平台内容补充配合，多渠道、高频次触发受众个体记忆，深化集体记忆。中央广播电视总台文艺之声融媒体节目《追寻　　红色家书背后的故事》搭载央视新闻客户端、央视频客户端、央视网、央广网、《人民日报》、学习强国、光明网、腾讯、凤凰网等 27 家媒体平台，打造融媒体产品集群，重塑集体记忆。《光明日报》在报纸呈现《红色文物背后的故事》《红色家风永不褪色》等融媒体栏目的同时，围绕红色文物，革命先烈家书、遗物等红色故事，邀请相关讲述人制作系列音频、短视频。比如，《一本影响中国命运的小册子》，介绍中共一大会址纪念馆馆藏《共产党宣言》首个中文全译本，在学习强国号及《光明日报》客户端同步发送，视频、图片在腾讯视频、企鹅号等平台同步推广，引发网友关注。2021 年清明节期间，光明日报社与中国传媒大学联合推出“鲜花献英烈”移动交互小程序。小程序分为三个操作环节，长按海报扫码或点击链接进入小程序，屏幕下方会滚动出现人民英雄纪念碑背面的碑文，并配有音乐语音朗读，以视听融合方式打造沉浸式的体验；点击画面提示可以进入新时代界面，用户可以点击屏幕为英烈献上不同的鲜花，同时出现习近平总书记关于崇尚英雄、缅怀先烈的金句;最后用户可以保存并分享献花海报,记录献花瞬间并以此方式吸引更多人从中学习领悟革命英烈的精神,追寻初心力量,继续笃定前行。"鲜花献英烈"交互小程序发扬红色传统,通过献花的形式"云"上祭奠革命先烈,传承红色基因,产生广泛影响。截至清明小长假最后一天,献花总量已超过136万次。

"线上+线下"构建虚实记忆场。人民日报社《复兴大道100号》则通过采用"线上+线下"模式,构建虚实记忆场,多维度连接用户,让作品传播效果最大化。线上方面,《复兴大道100号》以长图为载体,通过微信SVG互动、H5等多种形式,使用户穿越百年时光,沉浸在丰富的动画和声效里,近距离重温不同时代的记忆。同时,作品精准把握"过去"与"现在"的情感连接点,向观众展现往日图景,这种展现是立足于今天回顾和审视昨天的视角,集反思与感动于一体,从而能够达到肯定"现在"的效果,能够促进情感凝聚,进而形成集体记忆。线下方面,《复兴大道100号》打造互动式体验馆,观众进入后,穿过由长图搭建的时光长廊,开启百年穿越旅程。十大生活展区以生活化视角、场景化展陈,还原不同时代的历史画面与生活场景,使观众在场景中重温百年党史征程,强化集体记忆。《复兴大道100号》通过"线上+线下"双重呈现、相互连接,使线下实体成为线上欣赏的景观,构建起了虚实的记忆场,实现了个体情感与记忆在不同空间的再现、联合与重塑。中宣部《党建》杂志推出《百年先锋》以及《信仰·我的入党故事》移动听音频作品,前者选取了《百年先锋》栏目中报道过的100个先进集体和英雄模范的事迹,进行声音、视频、文字的多渠道传播与多样态传播。后者则是对面向全国征集的100篇入党故事进行音频转化,以第一人称的叙述方式讲述党员入党过程中的真实感人故事。同时杂志社开展线上线下融合出版,将纸质出版物、故事卡、二维码、移动音频等多种媒介元素有机融合,创造全新的党建宣传模式。《百年先锋》的融媒体产品已通过教育部基础教育司、高等教育司发文形式,进入了全国高校和中小学课堂,上线"学习强国"平台、教育部国家中小学网络云平台和党建网,打造出网络传播与教育传播的融汇场景。

(二)对外传播,增强国际认同

建党百年融媒体报道中各级主流媒体依托现代视听技术与社交平台,充分抓住国际社会高度关注建党百年契机,利用外宣渠道,通过他者视角,抓准海外关切,广泛开展有针对性的国际传播,讲好中国故事,向世界展示出可信、可爱、可敬的中国共产党形象,增进了国际社会对"中国共产党为什么能""马克思主义为什么行""中国特色社会主义为什么好"的理解和认同。《人民日报》英文客户端系列微纪录片《我是共产党员》，借鉴海外纪录片拍摄风格，选取直升机飞行员、水族馆饲养员、少数民族教师等三位基层共产党员作为拍摄对象，以平视视角跟踪拍摄，在层层铺垫中向全球真实客观地展现普通党员的优秀品质和信仰力。光明日报社充分运用《红色地名的故事》《课本里的中国》《歌声里的中国》等特色栏目，动员各方面力量，整合各类资源，讲好中国故事。

他者视角解读，拉进传受距离。中国日报社在网站、客户端、海内外社交媒体账号全矩阵推出的中英文双语视频《求索：美国共产党员的中国行》，受到海内外人士关注，全球传播总量超过 4,300 万。系列视频由网站美籍记者伊谷然出镜，观众跟随他的脚步一同走进中共一大会址、嘉兴南湖等红色圣地，深度对话学者专家、国际友人、基层党员等各界人士，探寻中国共产党百年辉煌的成功"密码"。系列作品以"他者视角"解读中国百年党史，形成"借嘴说话""借船出海"之势，拉进传受距离的同时，有助于改变西方既有的僵化理论思维，为在世界上形成客观公正的对新时代中国特色社会主义的认识，推动人类命运共同体理念的传播做出贡献。同时，伊谷然作为一名美国共产党人，区别于一般的外籍人士，其独特经历与信仰背景，增强了系列作品的现实价值与理论深度。

抓准海外关切，增强国际认同。建党百年报道中，"中国共产党为什么能""马克思主义为什么行"备受国际社会关注。《求索：美国共产党员的中国行》积极回应国际关切，以"中国共产党为什么能"为核心，用"人民至上""实事求是""治国理政""自我革命""组织优势"五个关键词串联，设置"初心使命""工作方法""鲜明品格""组织架构""执政能力"议题，完整阐述中国共产党作为一个执政党能够延续百年，依然充满活力的运作机制。同时，系列作品邀请中共中央党校教授、国际友人、基层普通党员作为对话对象，将一般老百姓平实的话语和专家学者总结性话语相结合，多元主体表达让视频叙事层次更丰富，增强了作品的可信度与说服力。

结　语

建党百年融媒体报道是主流媒体在媒体融合转型深化之路上的一次重要的成果检验，更是其内容生产、新闻语态、视听叙事形态、传播模式在重大主题报道的实践场域中的一次创新性重塑；2021 年，我们得以亲见新闻短视频、多屏互动、直播连线、慢直播、新闻快闪、动漫融合和跨屏叙事等具有开拓性的叙事语态与报道形式在建党百年的融媒体报道与视听新媒体作品中不断涌现。"移动优先""视听新媒体""算法推荐”“内容为王”的观念深入人心,成为业界共识;早期的“搬运挪移”“硬核相加”跃升向“新闻融合”与“文化相融”,一个新型的媒体矩阵正在形成,新闻宣传力、舆论引导力、文化传播力和国际影响力正在不断提升。本文仅以勾勒性的文字浅显地梳理了主流媒体在建党百年主题报道中的融媒体编创的实践经验,匆匆写就,缺漏甚多,而此文中所涉及之融合新闻与融媒体作品所延展的情感共振、交互体验、集体记忆再生产之理论维度的探究,则需要未来更为深刻之研究来填补。

〔吴炜华,中国传媒大学电视学院教授、博士生导师;李超鹏,中国传媒大学媒体融合与发展国家重点实验室博士研究生〕

〔责任编辑:王婧雯〕

网络春晚的伴随文本叙事策略研究

——基于央视10年网络春晚的分析

Research on the Narrative Strategy of the Co-text of Spring Festival Web Gala

—Based on CCTV 10 years Spring Festival Web Gala

◎ 赵淑萍　吴　昊　王悦儒

Zhao Shuping　Wu Hao　Wang Yueru

摘要：央视网络春晚因其传统电视综艺的节目属性，在叙事策略上呈现显著的主流价值指向与涵化效果。从其型文本来看，央视网络春晚的叙事主题具有显著的家国情怀并齐特征；受先文本的影响，央视网络春晚对草根话语进行选择性吸收并呈现出独特的草根形象；由副文本转向主体文本，舞美设计直接参与到主体文本风格呈现之中；通过从副文本到链文本的转化，央视网络春晚的现场观众、主持人以及网民共同形成虚拟互动场域，持续产生情感能量与联结。展望未来，央视网络春晚的叙事策略优化应坚持自身特色，以固定节目形式形成连续性型文本，通过适当吸收提升其伴随文本的灵活性。

关键词：央视网络春晚；叙事；技术；伴随文本

Abstract: Due to the program attributes of traditional TV variety shows, the narrative strategy of the CCTV Spring Festival Web Gala presents a significant mainstream value orientation and acculturation effect. From its architext, the narrative theme of the CCTV Spring Festival Web Gala embodies remarkable patriotism. Influenced by the pre-text, the CCTV Spring Festival Web Gala selectively absorbed grass-roots discourse and presented a unique grass-roots image. Turning to the main text, the stage design directly participates in the presentation of the main text style. Through the transformation from para-text to link-text, the live audience, hosts and netizens of the CCTV Spring Festival Web Gala jointly form a virtual interactive field, which continuously generates emotional energy and connection. Looking forward to the future, the optimization of the narrative strategy of the CCTV Spring Festival Web Gala should adhere to its own characteristics, form continuous architext in fixed programs, and improve the flexibility of co-text through appropriate absorption.

Keywords:CCTV Spring Festival Web Gala,narrative,technology,co-text

从2011年开播以来,央视网络春晚走过了第一个十年。作为电视文艺节目属性的央视网络春晚,通过电子技术手段,对各种文艺节目进行再创作,给观众提供综合审美享受的电视节目形态。此外,为了贴合互联网传播环境,央视网络春晚不断提升“网感”,与其他类型的电视文艺节目类型相比,为网民营造出了更热烈的现场氛围与互动效果。

伴随文本理论由赵毅衡教授在《符号学原理与推演》一书中提出,指的是被文本携带着的,隐藏于文本之后、文本之外或文本边缘,积极参与文本意义构成,影响意义解释的因素。① 赵毅衡教授较为系统和具体地将伴随文本分为六大类:前文本,即文本生成之前对其产生影响的其他文本的总称;副文本,即完全显露于文本表层的伴随因素;型文本,即文本所从属的集群;元文本,即“关于文本的文本”;链文本,即文本的“链接因素”,接收者解释某文本时主动或被动地与某些文件链接起来一同接收的其他文本;先/后文本,即两个文本之间所存在的特殊关系。本文依据赵毅衡教授的伴随文本分类,将十年央视网络春晚进行伴随文本细分并聚焦其叙事策略,以期对其进行更具规范性与严谨性的界定与分析。

表1 央视网络春晚的伴随文本

生成性伴随文本	前文本	央视春晚所奠定的仪式观;传统文化与网络文化、草根文化等形成的多元文化语境。
显性伴随文本	副文本	节目的播出时间、空间场景设计;宣传短视频;主持人、嘉宾;制作单位、舞美设计团队等。
	型文本	电视综艺晚会是一种传统的电视节目体裁;网络晚会作为一种相对电视来说较为新兴的体裁,在节目类别、语言类型、主题设置、叙事模式、环节设置方面都具备一定的网络特性。
解释性伴随文本	先文本	对电视综艺晚会常规模式与央视春晚叙事策略的沿用和创新;对央视春晚媒介仪式的继承;对视频网站跨年晚会的复制;对网络文化、草根文化、亚文化的引用、拼贴等。
	元文本	媒体的报道;网友讨论。
	链文本	微博热搜关键词;回家驿站和各种采访、快闪活动等;其他领域的讨论。
	后文本	各省级电视台举办的春晚;网络平台创办的跨年晚会。

① 赵毅衡.符号学原理与推演[M].南京:南京大学出版社,2016.

从伴随文本理论视角来看，央视网络春晚的体裁归属是型文本的一种表现，也是最明显的、最大规模的型文本范畴，它作为一种指示符号，在引起读者某种注意的同时，指示着接收者应该如何解读眼前的符号文本。聚焦央视网络春晚的叙事策略，本文推演出央视网络春晚伴随文本与主体文本之间以及伴随文本内部的互文关系图。

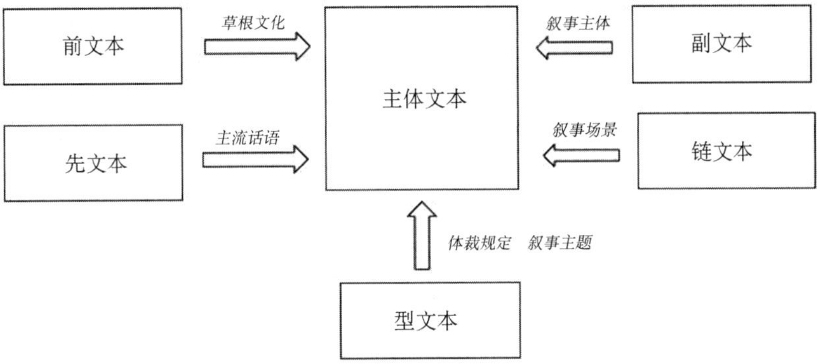

图 1　互文关系图

通过分析央视网络春晚的型文本与副文本特征，以及其他文本与这两类文本之间的互文性关系，本文认为：在主流话语体系中，央视网络春晚的叙事策略仍然处于传统电视综艺节目框架之中，呈现出明显的主流价值指向与涵化效果。在互文性方面，央视网络春晚的型文本与副文本也同时受到前文本与先文本的影响。

一、型文本与叙事主题中的家国情怀

叙事主题影响着观众对文本的整体判断，也在一定程度上规定了受众期待的边界。叙事主题有狭义和广义之分，广义上电视作品的叙事主题指的是对某个人或某类人与事物的再现，狭义上指的是中心思想或主旨内容。主题作为一种型文本，参与到主体符号系统的生成之中，影响着符号意义的解读。同理，央视网络春晚的叙事主题也在一定程度上影响着其对晚会主旨的把握。

(一)叙事主题：网络春晚中的“中国梦”

央视网络春晚的叙事主题呈现出“网感”与家国情怀并齐的特征。从互文性角度来看，央视网络春晚作为一种电视综艺晚会，必然受到体裁制约。以央视春晚为例，歌舞类、语言类与戏曲类是其晚会节目的主要类型。由于春晚所处的时间点对晚会氛围的要求——除夕夜需要营造出举国欢庆、温馨和睦的节日氛围——所以在这三类主要节目类型中,最能烘托这种氛围的歌舞类节目便成为占比最高的节目类型。

表 2 历年央视春晚主题概括

年代	央视春晚主题
1983—1992	团结、奋进、欢乐、爱国、统一
1993—2002	团聚、奋斗、新世纪
2003—2012	和谐、欢乐、美好生活、团圆
2013—2020	中国梦、建小康、新时代、欢乐、美好生活

表 3 2011 年至 2021 年央视网络春晚主题概括

年份	央视网络春晚主题
2011	亿万网民大联欢,全球华人大拜年;点击幸福;下载快乐;上传创意;共享奋斗;众星狂欢(联欢、奋斗、快乐、创意)
2012	团圆 Online;Hold 住幸福;梦想 Upload(团圆、幸福、梦想)
2013	我爱中国的 N 个理由
2014	网聚正能量,传递“中国梦”
2015	万福送万家,共享中国年
2016	中国人的互联网生活
2017	中国幸福正直播
2018	网筑强国梦,智汇新时代
2019	把爱带回家
2020	新年新愿,我的青春嘉年华
2021	我的青春嘉年华

央视网络春晚正是在这样的型文本即电视综艺晚会的体裁规定中,形成了类似央视春晚的节目类别构成。2011 年央视网络春晚的第一场晚会,以“亿万网民大联欢”为主题,将全球网民纳入晚会的受众范围,呼应了央视网络春晚的“网络”。可见,与央视春晚不同的是,央视网络春晚的艺术创作自由度相对较高。其在“梦想”与“国家”关键词以外,还有一定数量的流行歌曲和网络红人原创歌曲。

在晚会主题方面,作为官方话语的代表,央视春晚承载着重要的国家仪式意义。如表 1 所示,央视春晚的晚会主题基本围绕主旋律展开,以满足观众对节日气氛的期待,对圆满、团结、欢乐、吉祥、希望的祈祷。而同样处于官方话语体系里的央视网络春晚,也需要内蕴崇高的时代精神与开阔的文化格局,在主流话语导向中灵活运用网络热词,凸显网络春晚的“网感”与青春。

2013 年,“中国梦”成为举国上下的年度热词,央视网络春晚也将其运用到晚会主题词中。“网感”的定义也从单纯的“网民参与”转变为“中国梦”“中国力量”“中国美丽”等社会主义核心价值观在网络空间的传播。2015 年至 2018 年,虽然央视网络春晚主题词中的“共享”“互联网生活”“直播”,体现出一定的“网感”,但“国”字的保留仍然决定了央视网络春晚的“家国一体化”叙事策略。2020 年与 2021 年,央视网络春晚的主题都是“我的青春嘉年华”,将“网络”置换为“青春”,央视网络春晚的定位也逐渐确定,即更加青春的、网络认可度更高的,以年轻人为核心受众的一台电视综艺晚会。

(二)主流价值导向的“网感”表达

从 2011 年首届央视网络春晚以来,央视网络春晚以“亿万网民大联欢”为主题,将全球网民纳入晚会的受众范围,呼应了央视网络春晚的“网络”二字。第二场,“点击幸福、下载快乐、上传创意、共享奋斗”的晚会主题,用排比的方式,串联起“幸福、快乐、创意、奋斗”的晚会主旨。而“点击、下载、上传、共享”这一组动词,在增加网感的同时,更是强调了观众主体性,体现央视网络春晚对观众参与的重视。2012 年,年度热词“Hold 住”在主题词中的运用表现出传统媒体对网络世界的洞察能力。总的来说,2011 年、2012 年,央视网络春晚对“网感”的定义是,网民依靠网络也能远程参与晚会,共享网络生活。

从 2013 年开始,央视网络春晚中歌曲节目的比重逐年增长。歌曲节目的主题则在一定程度上反映了央视网络春晚的叙事主题。从图 2 可以看出,歌舞类节目在央视网络春晚中占据了半壁江山。与央视春晚不同的是,央视网络春晚中的歌曲节目以独唱或小规模合唱为主,大型歌舞秀较少。在歌曲类型方面,以网络歌曲与流行歌曲为主,尤其在首届央视网络春晚中,以《老鼠爱大米》《老男孩》《自由飞翔》为代表的网络热歌均扎堆出现。

2021 年央视网络春晚的 19 个节目中有 16 个歌曲节目。可见,歌曲节目在央视网络春晚中扮演着越来越重要的角色。歌曲主题方面,“家国”与“梦想”是两大关键词。《常回家看看》(2016 年)等唱出了无数游子的心声,表达了全国上下在春节期间“回家团圆”的渴望;《红旗飘飘》(2013 年)等则更加直接地抒发了爱国情怀。《追梦赤子心》(2020 年)等激励着青年群众坚持梦想。此外,央视网络春晚的舞台上还有一类歌曲,描述了当代年轻人所面临的真实境遇,倾诉生活不易,例如《这个年纪》(2020

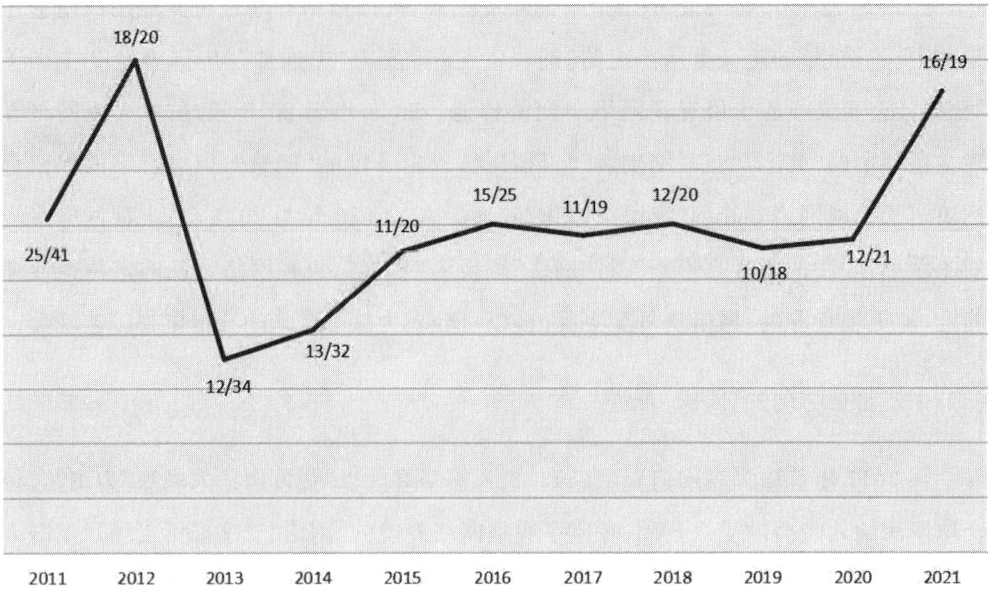

图 2　历年央视网络春晚歌曲节目占比①

年)、《不服》(2021 年)、《像我这样的人》(2021 年)等引发当代年轻人的共鸣,“内卷”社会中,正如歌词里唱到的,不论生活多么辛苦,都要“拥抱自己,向阳而生”。

二、先文本与叙事主体中的草根话语

叙事主体,即故事的讲述者,也是意义的直接表达方。在央视网络春晚的舞台上,有这样一类草根群体,他们大多出身平凡,甚至来自社会边缘,但凭借着一门绝技或是主流价值感染力进入主流话语体系,以“直言”的话语表达方式,参与到央视网络春晚符号意义的表达之中。

“草根”一词直译自英语单词“grassroots”,该词最初诞生于 19 世纪的美国。在我国,“草根”最早属于港台用语,平民阶层被称为“草根阶层”;改革开放至 2000 年,“草根”主要指“普通的、平民的、群众的、民间的”;2000 年以后,“草根”词义中又增加了“出身卑微的、社会地位低的、个性另类的、区别于官方话语的”含义。② “草根阶层”则是指在政治经济上较为弱势的,话语权有限的,具有鲜明地域特色的阶层,其人员构成较为复杂,农民与市民阶层都有可能被划入其中。随着这一阶层对日常生活的不断提

① 2011 年与 2012 年均选取的是第一场晚会作为研究对象。

② 苑秀杰.凝视“焦点”中的“草根”:探寻“草根”的词源、词义[J].美与时代,2007(4):29-30.

炼,“草根文化”的特质也逐渐清晰。

(一)叙事主体:草根话语的选择性吸收

草根群体原本并不属于主流话语体系,他们位于社会边缘且不受重视,得益于网络媒介的飞速发展,“草根们”找到了“生根发芽”的话语沃土。从互文性角度来看,央视网络春晚中所呈现的叙事主体与叙事主题,与其先文本即央视春晚对草根话语的选择性吸收策略有着直接关系。这一策略主要涵盖两层意涵:对部分草根原意的保留和对草根文化的意义延伸。

草根文化进入主流话语后,虽然一些个性的、反叛的、对抗的元素也被剔除了,但仍不乏能够体现“草根”原意的节目,即善于用娱乐化解严肃的、拥有独立创新意识的节目。草根作为央视网络春晚中的叙事主体,可以分为三类:能给观众带来欢乐的网络红人或民间达人、值得被歌颂的平民英雄和需要被关注的底层劳动人民。而这三类人,恰好能够传达央视春晚或者央视网络春晚所希望传递的核心价值观:欢乐、幸福;奉献、爱国;吃苦、奋斗。

这类节目主要有两种表现形式,一是民间技艺,比如山东人宋晓东带来的民间杂耍《花式神面》(2013 年)、“中国摇滚鼻祖”华阴老腔传承人演绎的二次元燃向金曲《九九八十一》(2021 年)等都将民间杂耍与传统文化以一种新奇有趣的方式演绎出来。二是才艺表演,央视网络春晚将传统歌舞表演的固定模式打破,才艺类型包括拥有独立创新意识的作品、颇具“山寨气质”的模仿秀、一些普通人不具备的特殊技能等。此外,央视并未将视线局限于社会底层,只要是群众的、平民的,能够倾诉发泄、表达群体情绪与愿景的,都可以算作草根节目。

在央视春晚中,草根最开始并非直接参与叙事,而是以一种“代言”的方式实现话语主体的在场。比如语言类节目中,以赵本山、黄宏为代表的草根笑星在春晚中崛起。后来,一些走红网络的草根获得了独立登台的机会,打破了专业演员演绎草根生活的局限。2002 年依靠《东北人都是活雷锋》走红的网络歌手雪村,带着音乐评书《出门在外》登上春晚舞台,标志着以网民为代表的草根话语主体也能以“直言”的方式发出“草根声音”。2006 年以后,草根们更是在央视春晚的舞台上闯出了一片天地:2008 年,一批基层建筑农民工跟随王宝强的步伐登上春晚,合唱了一首《农民工之歌》,给人留下深刻印象;2009 年,农民歌手马光福等人与专业歌手同台飙歌《超越梦想》,获得广泛好评;2011 年的旭日阳刚组合、西单女孩任月丽,2012 年的“大衣哥”朱之文更是成为一代人的春晚记忆。

无论是“他人演绎”,还是草根独立登台“自说自话”,都是央视春晚重视民间话语的表征。在话语内容方面,即便来自民间,央视春晚的“草根精神”仍旧体现为对国民朴素品质的赞颂,对奋斗、梦想的强调,对弱势群体的关注,而那些反叛的、另类的元素也在被主流话语吸收的过程中悄然消失。由此,央视春晚逐渐形成了一道主流话语与草根话语同台呈现、相互交合的媒介景观,也为央视网络春晚中草根的叙事主体话语方式提供了参考。

(二)家国情怀叙事中的“草根英雄”

“家国”二字,承载了人类所共有的情感寄托,某种程度上也属于一种“想象的共同体”。央视网络春晚作为一种媒介仪式,无法彻底摆脱其前文本——央视春晚这个国家仪式所奠定的叙事框架。从“平民英雄”与“草根”的概念互换中,我们能明显看到央视网络春晚对主流话语的迎合。虽然后现代主义和大众话语系统具有消解权力话语的性质,但它们并不消解社会公认的价值观念和道德标准。换言之,草根话语即便遭受主流话语的“收编”,也依然具备反映草根平凡情感、创造集体记忆认同感的能力,从而引发观众对国家形象的确认、对社会成就的肯定、对大政方针的认同以及对身为中国人的自豪。

央视网络春晚中有这样一类人,他们大多来自社会底层,文化水平不高,却拥有着英雄的光环。在采访环节,长城环卫工常石头与主持人有过这样一段对话:

“工作这么辛苦,为什么不考虑换一份工作?”

“我们用自己的辛苦,守卫着长城的美丽。长城是中国的骄傲,长城是我们的家,所以不换工作。”

从中我们能看到,“家”与“国”的概念在无形中发生了置换,“爱家”就等于“爱国”,意识形态也就由此渗透进草根节目当中。学者吴妍认为,草根作为一个群体的思想意识,其包含的社会意识形态意义正在逐渐削弱。但在央视网络春晚的主流话语体系与家国化叙事框架中,草根依然承担着表达社会使命感、传递社会理想价值的重任,即便这应该属于精英文化的范畴。

在央视网络春晚的舞台上,草根节目中不仅有欢乐的才艺表演、风靡网络的年度红人与可歌可泣的草根英雄,也聚焦着真实的草根生活状态。在2012年,音乐人敏群为打工者们创作了音乐故事《北京兄弟》,并邀请61位外来务工人员,以合唱的方式讲述为生活奔波,为儿女、家庭操劳的千千万万的小人物的故事:

“有活就干,没活就找。

"我看他总有使不完的劲，汗水常常湿透他的衣襟。

"充满力量为儿女、家庭打拼。"

质朴的歌词表现出中国底层劳动人民自古以来就具备的优良品格。此外，央视网络春晚还将视线放到了某些具有特殊标签的草根家庭，比如 2017 年央视网络春晚舞台上的陕北文明家庭，内蒙古四代艺术之家与航天之家，是优秀草根家庭的典范。

总体而言，在央视网络春晚舞台上，作为叙事主体之一的草根群体承担了传播核心价值观的重任。"草根"含义被主流话语吸收之后具备了一定的意义延伸。草根作为央视网络春晚的叙事主体之一所呈现的风格特征是多种文本共同作用的结果，包括以草根文化为代表的前文本与央视春晚吸收草根话语的实践经验等。

三、副文本与叙事场景的效果呈现及情感链接

学者王长才认为，副文本在一定条件下也有可能转换为主体文本。[①]叙事场景中的舞台空间设计，一方面作为副文本伴随着主体文本进入观众视线，起到渲染节目氛围的作用，但当节目叙事需要或是舞台调度需要时，舞美设计则是直接参与到主体文本风格呈现之中，由副文本转向主体文本。

(一)叙事场景：技术赋能丰富感官体验

电视综艺晚会的叙事场景是指借助网络技术的发展、人工智能技术的迭代所呈现出来的舞台空间与特殊的符号标志。央视网络春晚区别于央视春晚固定的"茶座式"空间设计，充分利用网络元素与科技成果打造出青春活泼的、科技感十足的叙事场景。在央视网络春晚中，舞台空间作为节目副文本中的一种符号显现在观众面前，直接影响着观众对于节目文本的接收。通过技术赋能，央视网络春晚的舞台空间设计不断更新迭代，经历了如下三个阶段。

第一阶段，利用灯光以及实体舞台布景营造节目效果。例如首届央视网络春晚在水立方录制，演播室占地面积非常大，绚丽的灯光使人们感觉如同置身于一场"大制作"的演唱会现场。舞台背后放置着一块 LED 大屏幕，但作用较为单调，仅作为舞台背景与视频连线工具存在。

第二阶段，伴随网络文化与媒介融合的发展，增添了更加丰富多彩的网络元素。例如 2012 年的央视网络春晚舞台顶部直观地挂着代表网络的"@"LED 灯；2013 年利

① 王长才.泛文本、显文本："伴随文本"的两种理解[J].中国语言文学研究，2018(2)：9-16.

用环形大屏营造出“华人＋友人＋私人”的聚会氛围；2014 年，撤销仿造央视春晚设计的“茶座式”[①]观众席，更轻松自由的、观众可以随意站立的、能够随着节目一同欢唱舞蹈的观众区域取而代之。另外，在空间调度方面，2014 年的央视网络春晚设置了主舞台与左右两个侧舞台，并在舞台装饰上加入集装箱、涂鸦墙等元素，迎合广大年轻网民的喜好。

第三阶段，即借助投影技术、虚拟植入技术、全息技术、虚拟现实技术等增强表演的真实感和沉浸感。例如 2019 年实现裸眼 3D 技术的央视网络春晚舞台首秀故宫国画《十二美人图》，2020 年以全息投影方式出现在舞台上的机器人“央视小央”以及 2021 年受到网友广泛好评的“真人＋CG”破次元共舞给观众带来强烈的视觉冲击。而在 2021 年央视网络春晚舞台上，舞美设计与灯光设计是两大亮点。灯光设计配合舞美结构与屏幕素材实现了 19 个节目的独特视觉效果。舞美设计者以“魔方”的概念进行大胆创作，确定关键词为网络、科技、现代、魔幻与简约。魔方外部为一个巨大的圆环，利用数控装备进行多角度倾角的变换，与魔方形成视觉差，从而带来多样的视觉体验。舞台两侧为两块巨大的碎屏矩阵，地面则是高清玻璃屏，它们营造出一个“三维”的整体空间，并配合具体的节目呈现丰富的创意。

(二)互联网云技术应用拓展互动空间

学者李玮曾对“伴随文本”理论进行修正，认为几乎所有的伴随文本，都可以转化为链文本的形式参与到文本的接收、理解和阐释过程中，即副文本的链文本化。[②]舞台空间中原本属于副文本的 LED 大屏幕，在互联网云技术的加持下，实现了与全球华人的实时互动。屏幕另一头连接的百姓家庭或是交通枢纽则以链文本的形式影响着舞台空间从副文本转换为链文本，现场观众、主持人与各网络终端的观众共同构成虚拟场域，持续产生情感能量与情感联结。

借助互联网技术与网民视频连线，实时互动或是更加欢乐的实时欢唱活动，是央视网络春晚继“网事”系列的又一标志性节目。2011 年首届央视网络春晚在歌曲《老男孩》结束后，发起视频连线，两名年轻的网友与筷子兄弟讨论起“父爱”这一沉重却又温暖的亲情议题；2016 年的央视网络春晚舞台上，凤凰传奇、张信哲与来自陕北、黑龙

---

① 来源于中国传统文化，即一种戏剧传统：在演播大厅里，现场观众以圆桌为单位环坐，面朝舞台，圆桌上通常摆放装饰鲜花、茶水以及瓜子、花生等各种零食。观众可以一边交流，一边看节目。从 1983 年创办至今，央视春晚一直保持着“茶座”形式。

② 李玮，蒋晓丽．试对“伴随文本”理论进行修正与扩展：与赵毅衡教授商榷[J]．甘肃社会科学，2012(4)：251-255.

江、山东、江苏等地的普通家庭欢唱了《最炫民族风》与《爱就一个字》，主持人、歌手与各终端用户在央视网络春晚构建的“虚拟”场域中，不断积累着有关“春节团圆”的情感能量，渲染了全国上下欢庆春节、回家团圆的幸福氛围。

如果说以上形式的实时欢唱活动是属于平民百姓的春节狂欢，那么从2017年开始的、更具国家意义的视频连线，则是将家国情怀融为了一体，实现更深层次的文化认同和意识形态统一。比如2017年连线的国家超级计算机无锡中心、天宫二号实验室成员、蛟龙团队成员、天眼团队、“悟空号”团队、C919科研团队，展现出我国强劲的科技水平；2018年连线的驻利比亚维和警察防暴队、2019年连线的从亚丁湾索马里海域返航的中国海军第三十批护航队，则是通过演唱《歌唱祖国》《我和我的祖国》等歌曲体现出为祖国奉献青春的价值观。

四、央视网络春晚叙事策略的优化

央视网络春晚作为一种区别于传统电视文本的新体裁，在节目内容、环节设置等方面都有特殊体现。伴随着传统电视节目改革的浪潮，央视网络春晚早年间形成的固定节目与环节乃至主持人串场的形式都被一一取消，符号整体性受到一定破坏，也引发本文关于央视网络春晚未来叙事策略提升的思考，在强调创新、融合的传统主流媒体改革中，如何形成节目品牌？如何在小年夜扎堆出现的各路春晚中保持核心优势？

（一）晚会形态稳定与型文本的连续性

型文本作为一种“框架因素”对文本起着规约的同时也作为指示符号指示文本接受者应该如何解读眼前的符号文本。在央视十年网络春晚发展历程中，“网事”系列与“热榜”系列成功奠定了“官方的、庆典的、网络的、青年亚文化的”风格。随着时代的发展，这些早年间的“新”节目逐渐被更新的内容所替代，内容整体性受到影响。创新固然重要，但央视网络春晚作为一档官方话语主导的、反映网络生活现实的节日庆典活动，如何形成并巩固媒介仪式仍然是其“必修课”。

2014年至2018年，西游乐队的“网事”系列活跃在央视网络春晚的舞台上，以拼贴社会事实、网络热事、网络段子的互文性创作手法形成了央视网络春晚早期的青年亚文化风格，成为标志性节目。以节目《网事2013》为例，该节目一方面以俏皮的网络用语引发网民的身份认同与群体共鸣，另一方面通过对有关社会实事、国家大事的盘点，将更高层次的国家归属感与认同感成功嵌入。

"热榜"系列也曾是央视网络春晚的标志性环节。"我爱中国的 N 个理由""中国网络热度榜""中国青年年度流行画像"等榜单,以媒介庆典的形态诠释了官方话语所主导的核心价值观。以 2013 年央视网络春晚为例,"我爱中国的 N 个理由"网络评选活动最终评选出"热度最高"的三条理由,令人信服的同时也彰显了严肃、权威的国家形象。

表 4　2013 年"我爱中国的 N 个理由"评选活动颁奖词

我爱中国的理由	颁奖词
中国美丽	中国味道很美,但更美的是制造味道的劳动者;中国艺术很美,但更美的是造就艺术的慧心;中国山水很美,但更美的是护卫山水的忠诚。千万种美共同成就着深远,且无可比拟的中国美丽。
中国力量	不是所有力量都是天钧之力,在我们中国有的力量表现为美,像涓涓细流,有的力量,表现为爱,润物无声;有的力量表现为坚韧、奉献,平凡且伟大。这些美与爱,善念与行动,造就朴素但掷地有声的中国力量。
中国梦想	世界上有三种梦想,一种是个人梦想,或大或小,让我们的人生丰富多彩;一种是集体梦想,它像一面旗帜,让我们共同向前;一种是集体梦想和个人梦想的集合,就像帆和船一样,互为动力。在中国,三种梦想都可以实现,我爱中国。

比起日常生活中未能明说的意义,仪式则是一种集体性和公开性的"陈说"。①以"网事"系列、"热榜"系列为代表的固定节目以内容连续性的方式,与时间连续性、人物连续性共同构成了央视网络春晚符号的整体性,继而形成了一种媒介仪式观。但从 2021 年央视网络春晚的实践情况来看,"去中心化"的晚会编排方式强调节目的观赏性,弱化了仪式观层面的民众参与性与符号整体性。对此,本文认为即便是"大刀阔斧"的传统媒体转型,也需要坚守一些"不变"。央视网络春晚只有被塑造成一种更加鲜明的仪式符号标志,才有可能持续发挥节目品牌效应,起到引领社会价值的作用。

(二)晚会手法创新与伴随文本的灵活性

央视网络春晚的伴随文本影响着文本符号意义的生成与接收者的解读,但如果过分强调伴随文本的作用,将陷入一种对伴随文本的"执着"。例如,在 2021 年央视网络春晚的舞台上,我们看到诸多的"B 站"元素,例如来自 B 站综艺节目《说唱新世代》的

① 彭兆荣. 人类学仪式的理论与实践[M]. 北京:民族出版社,2007.

热门选手懒惰、B站UP主党妹、虚拟游戏角色“公孙离”，以及具备“B站宅舞”[1]特点的《彩虹节拍》等，在吸引众多年轻观众的同时，也引发了网友“差点以为自己在看B站春晚”等吐槽。

诚然，年轻的、亚文化气质浓厚的参演嘉宾与节目形态作为央视网络春晚的副文本，能快速、精准地唤起群体身份认同。但央视网络春晚作为一台官方话语主导的晚会，仍需区别于仅具备单纯娱乐功能的B站跨年晚会。学者赵毅衡在《符号学原理与推演》一书中提到“弱符号”概念，认为如果意义完全或大多依靠语境才能明白，那么该符号就属于“弱符号”。对于央视网络春晚而言，如果其副文本、型文本均生成于诸如B站跨年晚会等为代表的后文本的影响，那么久而久之，伴随文本将有可能喧宾夺主，而央视网络春晚也将陷入“弱符号”的被动之中。

总体而言，央视网络春晚作为一种电视综艺晚会类型，延续了该体裁规范，在主流话语体系中运用家国化叙事策略，突出其引领社会价值的重要作用。在叙事策略上，央视网络春晚对草根文化的选择性吸收成为其十年来的主要叙事特征并逐渐形成区别于央视春晚的叙事风格。此外，对国家科技突破的呼应以及舞台呈现技术的应用助力央视网络春晚成为一道特殊的媒介景观。面向未来，央视网络春晚应继续拥抱技术，探索新形式，融合网络文化与传统文化，才能打破不同圈层文化之间的壁垒，内蕴崇高的时代精神，实现鲜活的现实观照。

〔赵淑萍，中国传媒大学电视学院教授；吴昊，中国传媒大学电视学院博士研究生；王悦儒，中国传媒大学电视学院硕士研究生〕

〔责任编辑：赵希婧〕

① 宅舞是一项源于日本NicoNico动画的试跳区（踊ってみた），与ACGN文化有关的舞蹈活动。ACGN为英文Animation（动画）、Comic（漫画）、Game（游戏）、Novel（小说）的合并缩写，是从ACG扩展而来的新词汇，主要流行于华语文化圈。（来自百度百科）

迈向纵深:媒体融合的评价指标构建与成效考察

Towards Further Convergence: The Construction and Application of Media Convergence Index

◎张 悦 沈 熠

Zhang Yue Shen Yi

摘要:2014 年以来,在中央的引领和推进之下,媒体融合的实践探索、理论构建和管理创新同步进行,不断取得令人瞩目的成绩。为有效评估媒体融合建设的成效,本文从理论构建、建设目标和实践探索三个维度出发,建构了一套包含两级指标的“媒体融合建设成效指标体系”,并对标指标体系考察了来自全国各地各级共 65 家媒体的融合建设成效。现有的媒体融合建设在内容建设、技术应用、经营业务和体制机制四大方面发展极不均衡,其中技术应用和经营业务明显落后。本文提出,推进融合迈向纵深首先要突破技术生态建设的最大短板,再系统性解决四大支撑发展的不均衡。该媒体融合建设成效指标体系可在深入推进融合阶段成为媒体融合建设方向和成效考察的科学依据。

关键词:媒体融合;建设成效;主流媒体;媒体融合建设成效指标体系

Abstract: Since 2014, under the guidance and promotion of the central government, the practical exploration, theoretical construction and management innovation of media convergence have been carried out simultaneously, and remarkable achievements have been made. In order to effectively evaluate the effectiveness of media convergence construction, starting from the three dimensions of theoretical construction, construction objectives and practical exploration, this paper constructs a set of "Media Convergence Index" with two-level indicators, and then encodes and analyzes 65 self-reported reports of media presidents and editors in chief published on the official website of China Journalists Association. By evaluating the convergence practice of 65 media, it could be found that the construction progress in the four aspects of content construction, technology application, business operation and system mechanism present severely unbalance, in which the technology application and business operation are obviously left behind. This research promotes that a prevailing construction of technological media eco-system as well as a balanced effort for the four aspects. The Index could also be used as a scientific reference of evaluation in the future media convergence practice.

Keywords: media convergence, convergence achievements, mainstream media, index system of media convergence construction

媒体融合(media convergence)是信息时代背景下催生的媒介发展理念,是一种传统媒体在互联网基础上的有机整合,它不仅体现着信息技术(IT)的融合,还体现着信息技术与商业化经营方式的深度融合。与传统媒介不同的是,媒体融合所带来的是信息采集渠道、传播通道与读者接受方式的更加多元化,它意味着媒体人可以根据各种媒介形态的原始素材,综合整理、提炼加工,在互联网上迅捷传达,呈现事件真实,还原新闻全貌,提升新闻报道的质量和深度。2014 年媒体融合上升为国家战略,中央出台了系列文件推动主流媒体的融合转型。2020 年 9 月,中共中央办公厅、国务院办公厅印发了《关于加快推进媒体深度融合发展的意见》(以下简称《意见》),要求各地各部门结合实际认真贯彻落实媒体融合。标题中的"加快"和"深度"两词,就明显传递出媒体融合发展的重要性和紧迫感。2014 年以来,在中央的引领和推进之下,我国媒体融合的实践探索、理论构建和管理创新同步进行,在摸索尝试中不断突破并取得了令人瞩目的成绩。不过,对于学术研究而言,最为学界关注的是融合发展的现状、现实困境和路径探索。在当前全力推进融合的关键节点上,我们有必要对媒体融合建设成效进行考察分析,为下一阶段的持续推进提供理论参考。

考察媒体融合建设成效,目前有三条路径:一是来自业界媒体人的自述总结,分享关于改革措施、效果和所遇问题等实践的信息,聚焦媒体融合的具体现状及困境;①二是实地调查,针对特定的媒体和区域进行调查而发现问题,提出客观的分析和评价;②三是宏观视野的分析探讨及对策建议。③ 这些研究或纵览全局,或着眼细处,但都能

① 王晖.创新传播手段 打造舆论新平台:江西日报社以"赣鄱云"推进县级融媒体中心建设的探索与实践[J].新闻战线,2018(9):6-8.

② 国家新闻出版广电总局调研组. 逆势中唱出一台改革发展好戏[N]. 中国新闻出版报,2015-01-30(1).

③ 谢新洲.我国媒体融合的困境与出路[J].新闻与写作,2017(1):32-35.

反映出融合发展的阶段性特征及问题。

一、指标构建的理论及实践依据

鉴于目前我国加快推进媒体融合的现实要求，我们有必要全面、深刻地审视目前的建设成效。我国的媒体融合发展模式不一，不同媒体在各自的实践探索中形成了不同的融合路径，虽然无法统一融合的路径模式，但是评价媒体融合实践探索是否成功，却可以通过一套统一的标准来衡量。首先，习近平总书记讲话精神、中央关于媒体融合的一系列文件都为评价媒体融合成效指明了方向。其次，各种学术讨论也逐渐建构出融合建设的目标，为构建评价指标体系提供了参考。韦路在定义媒体融合时提出技术、经济、主体、内容、规范五个基本层面；[①]黄楚新等人在探讨实现媒体纵深发展的路径时认为，内容、管理体制、技术和人才培养机制是未来进一步纵深发展的方向；[②]在考察不同级别的媒体融合现状时，传播流程、内容生产、传播形态、用户服务、经营业务、技术、人才、体制机制都是被观照的重点。[③] 纵览相关研究，虽然具体表述略有不同，但所关注的要点却高度集中，由此考察媒体融合建设成效的指标清晰地指向以下四个方向。

内容生产是媒体日常工作最重要的部分，是传统媒体的核心价值所在，[④]也是媒体融合的核心环节，决定着媒体融合战略发展的进程。[⑤] 媒体融合的出发点是用最合适的媒介做更好的内容，媒体走向深度融合最终是要回归内容。[⑥] 因此，考量媒体融合建设成效应将内容建设置于首位。其中，传统媒体对主流价值的旗帜引领作用尤为重要。习近平总书记提出主流媒体“要旗帜鲜明坚持正确的政治方向、舆论导向、价值取向”[⑦]，并多次强调主流媒体的旗帜引领作用，对于这一重要的政治使命和社会责任，媒体在融合建设中应坚定不移地贯彻执行。内容建设的最直观体现是生产流程再造，习总书记也曾谈及要“通过理念、内容、形式、方法、手段等创新，使正面宣传质量和水平有一个明显提高”[⑧]，而流程再造则打破了传统媒体的采编机制，主流媒体要根据

---

① 韦路.媒体融合的定义、层面与研究议题[J].新闻记者，2019(3)：32-38.

② 黄楚新，邵赛男.跨越与突破：媒体融合纵深发展的路径[J].中国编辑，2021(3)：4-9.

③ 丁和根，孔令博文.地市级媒体融合发展的理论向度、现实挑战与操作策略[J].当代传播，2020(6)：25-30.

④ 喻国明，姚飞.媒体融合：媒体转型的一场革命[J].青年记者，2014(24)：26-28.

⑤ 严三九.中国传统媒体与新兴媒体内容融合发展研究[J].新闻与传播研究，2017，24(3)：101-118，128.

⑥ 曾祥敏，翁旭东.突破边界 重组要素：媒介融合进程中的内容创新[J].中国电视，2017(12)：1，75-79.

⑦ 习近平.加快推动媒体融合发展 构建全媒体传播格局[J/OL].求是，2019(6)：4-8[2022-03-24].http://www.qstheory.cn/dukan/qs/2019-03/16/c_1124241424.htm.

⑧ 习近平.加快推动媒体融合发展 构建全媒体传播格局[J/OL].求是，2019(6)：4-8[2022-03-24].http://www.qstheory.cn/dukan/qs/2019-03/16/c_1124241424.htm.

当前传播特征和机制重新优化组合资源，重塑新闻报道流程，提高内容生产力。近年来有大量“刷屏”网络的爆款作品，代表了主流媒体报道的社会影响力及美誉度；而在新闻传播专业评价领域，获得中国新闻奖代表着融媒体作品获得了最高认可。因而衡量内容建设成效，应考虑融媒体作品的社会声誉和专业认可度。

新兴技术为支撑，内容建设为根本，是媒体融合的方法路径，技术的驱动作用是推动媒体深度融合发展的内生动力、[①]核心动力和首要体现。[②] 技术的采纳和应用相对容易，而技术生态链的研发、布局则非一蹴而就之事。一些媒体在原有技术架构基础上自主设计融媒体中心功能，以确保技术系统能够契合自身改革所需；[③]更有综合实力较强的传统媒体已经意识到掌握核心技术、争夺自主权的重要性。他们自主研发相关技术平台，力争将核心技术牢牢掌握在自己手中。[④] 尤其是进入深度融合阶段，传统媒体核心技术的转型升级是必然趋势。因此考量媒体融合建设成效时，考量技术系统建设成效是不可或缺的一环。

体制机制的变革是媒体融合中的难点，尽管诸多体制机制改革的建议被频频提出，但改革推进过程中依旧困难重重。如原有事业编制形成的经营理念落后、缺乏统筹协调的体制机制，难以适应信息共享、技术融通的时代潮流。[⑤] 这些问题就需要用与时俱进的思路去解决，以机制创新为动力为融合发展提供坚实的保障基础，即《意见》中所提出的要做到“创新管理机制为保障”。[⑥] 在体制机制改革建设中，资源分配、激励措施、人才培养、地方及单位的政策引领是重要的着力点。[⑦] 鉴于媒体工作是智慧密集型产业，中央又多次强调人事管理制度改革和人才问题，强调大力培养全媒体人才，转变僵化的用人机制，使人才能够脱颖而出，因此发力人才队伍建设可视为媒体融合落到实质的突破口。

媒体融合不仅仅是内容与技术的革新，更是资本结构的重组与优化。[⑧] 在很长一

---

① 郑自立.中国媒体深度融合的动力逻辑与推进路径[J].现代传播(中国传媒大学学报)，2017，39(6)：5-9.

② 韦路.媒体融合的定义、层面与研究议题[J].新闻记者，2019(3)：32-38.

③ 谢新洲，杜燕.地市级主流媒体融合发展现状、问题与对策：基于赣州市媒体融合发展情况的实地调研[J].新闻爱好者，2019(10)：7-12.

④ 黄楚新，曹曦予.2020年报业媒体融合发展状况、问题及趋势[J].中国报业，2021(1)：22-24.

⑤ 黄楚新，邵赛男.跨越与突破：媒体融合纵深发展的路径[J].中国编辑，2021(3)：4-9.

⑥ 林如鹏，汤景泰.政治逻辑、技术逻辑与市场逻辑：论习近平的媒体融合发展思想[J].新闻与传播研究，2016，23(11)：5-15，126.

⑦ 黄楚新，彭韵佳.2017年中国媒体融合发展报告[J].现代传播(中国传媒大学学报)，2018，40(4)：9-15.

⑧ 林如鹏，汤景泰.政治逻辑、技术逻辑与市场逻辑：论习近平的媒体融合发展思想[J].新闻与传播研究，2016，23(11)：5-15，126.

段时间内，我国传统媒体的经营资本来源主要有自有资金、银行贷款、政府补助等。①当前的传播竞争主要依赖互联网平台强大的资本实力和盈利能力，面对各种社交平台和互联网应用的冲击，主流媒体遭遇发行量、收视率、广告收入的大幅度下降，媒体营收的窘境直接转化成为技术革新乏力、人才流失严重的困境，阻碍了深度融合的持续推进。媒体融合的目标从"把握好社会效益同经济效益的关系"到"增强主流媒体的市场竞争意识和能力""增强自我造血机能"，②因而经营业务也是考核建设成效的重要指标。早在 2013 年 8 月全国宣传思想工作会议上，习总书记就强调要"始终把社会效益放在首位"，将"增强自我造血机能"作为深入推进媒体融合的目标。③ 在媒体融合中淘汰落后产能，打造具备市场竞争力的媒体，才有可能创造良好的社会效益。由此，媒体经营业务融合变革的二级指标分为两类：一类是在激烈竞争中持续扩大原有业务量，另一类是根据传播生态构建新的业务领域。

综上所述，我们认为应以内容建设、技术支撑、体制机制、经营业务作为考量媒体融合建设成效的主要指标，同时四个一级指标之下设计二级指标细化标准，如图 1 所示。

中国记协的《社长总编谈媒体融合》专栏，为我们开辟了另一种了解媒体融合进展的视角。该栏目始于 2020 年 3 月，由中国记协组织全国各媒体的社长或总编悬谈近年来本单位的媒体融合改革措施及成效，并在中国记协的官方网站、微信公众号和微博同步发布。相对于既有的研究材料，该专栏的文本出自媒体最高层管理者，所谈内容的权威性毋庸置疑，且折射出媒体管理人对融合成效的认知，可以说是可靠且极具研究意义的范本。本文选取 2020 年和 2021 年两年间发表的全部 65 篇文章作为分析文本，涵盖中央（13 家）、省级（26 家）和地市级（26 家）三级媒体，覆盖了我国 20 个省级行政区域，其中，东北地区 4 家、华北地区 3 家、华东地区 17 家、华南地区 6 家、华中地区 13 家、西北地区 6 家、西南地区 3 家，从地域分布上案例具有代表性。

本研究采用 nvivo11 质性分析软件作为辅助分析工具，帮助研究者组织、整理、分析文本内容，通过编码快速筛选出研究材料中的有效信息，获取研究对象的内在逻辑关系。在确定类目之后，研究者可以通过逐句编码的方式将与子节点相关的词句（即

---

① 朱鸿军.颠覆性创新：大型传统媒体的融媒转型[J].现代传播（中国传媒大学学报），2019，41(8)：1-6.

② 新华社.中共中央办公厅 国务院办公厅印发《关于加快推进媒体深度融合发展的意见》[EB/OL].(2020-09-26)[2020-10-22].http://www.xinhuanet.com/politics/zywj/2020-09/26/c_1126542716.htm.

③ 习近平.在全国宣传思想工作会议上的讲话[EB/OL].(2013-08-20)[2020-10-22]. http://cpc.people.com.cn/n/2014/0808/c164113-25428563.html.

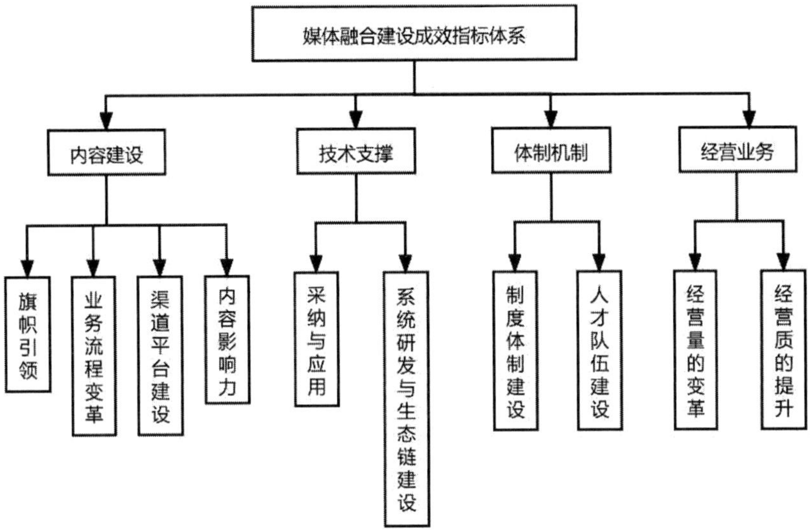

图1　媒体融合建设成效评价指标体系

涉及点)归入其中,最终形成"树节点—子节点—涉及点"三级编码的模式。需要说明的是,由于本研究关注的是各级各地媒体的融合建设成效,因此在编码时没有过多关注文本中"抽象""宏观"的论述,而重点关注推进媒体融合改革具体举措的论述。例如,"《河北日报》在巩固《燕赵论坛》《纵横谈》这两个中国新闻名专栏的同时,进一步加强评论阵地建设,在互联网平台分别开设了'青园锐见'微信公众号、《河北日报》客户端《锐评》专栏、河北新闻网《慷慨歌》网络评论专栏"①。涉及改革具体措施、具体项目的描述,符合本研究的编码条件,因此,我们将其编码至二级节点"业务流程变革"中;而概括性叙述"要在一体化运行中充分发挥各自的优势、特点、作用,根据不同的工作职责、专业分工、媒介属性,找准各自定位,发挥各自优势,在'统'中发挥'分'的特点,在'融'中彰显'特'的优势"②,不是针对措施、成果的具体叙述,因而不满足条件,不予编码。

二、媒体融合成效现状的分析

我们在对65家媒体的社长、总编的自述文本进行编码后,结果见表1。

① 桑献凯.河北日报:做好内容供给侧改革"加减法"[EB/OL].(2020-04-17)[2021-06-22].http://www.zgjx.cn/2020-04/17/c_138985752.htm.

② 何平.新华社:从"融"起来到"强"起来[EB/OL].(2020-03-31)[2021-05-21].http://www.zgjx.cn/2020-03/31/c_138935245.htm.

表 1 媒体融合建设成效各级指标完成率

一级节点	文本来源	覆盖率	二级节点	文本来源	覆盖率	涉及点(个)
内容建设	65	100%	旗帜引领	65	100%	144
			内容影响力	60	92%	195
			业务流程变革	65	100%	273
			渠道平台建设	61	94%	217
技术支撑	43	66%	采纳与应用	28	43%	54
			系统研发与生态链建设	15	23%	59
体制机制	63	97%	制度体制建设	59	91%	171
			人才队伍建设	48	74%	104
经营业务	34	52%	经营量的变革	26	40%	43
			经营质的提升	21	32%	45

注：覆盖率是指该指标占样本总数的比例，且一级节点和二级节点的覆盖率互不影响。

根据表 1，内容建设和体制机制建设基本实现了选取样本的全覆盖，这两项在各级各地媒体融合改革中成就最为显著。然而技术支撑和经营业务变革的覆盖率则明显偏低，至少有一半的样本媒体在技术支撑和经营业务建设成果方面乏善可陈，这也客观反映出目前这两项的改革成效还有待提升。

（一）内容建设成效显著，旗帜引领作用大幅提升

媒体融合不仅承担着推动传媒产业转型升级的任务，还具有巩固宣传思想阵地的社会意义与政治意义。① 在融合报道的业务变革中，围绕宣传思想工作重心，主流媒体的旗帜引领作用愈加明显，各级各地媒体结合自身特色积极主动地宣传主流思想，弘扬主旋律，传播正能量，旗帜鲜明地引领社会舆论，坚持推动媒体融合的初心与使命，主流价值、主流声音被进一步放大。在所见样本中，所有媒体都介绍了各自在重大主题宣传报道中可圈可点的案例（参考点数：144），尤其介绍了围绕 2019 年庆祝中华人民共和国成立 70 周年和 2020 年抗击新冠肺炎疫情的大量报道实践。各家媒体对重要的宣传主题巧用心思，全方位、宽视角、深层次地报道，充分发挥了主流媒体的社会影响力。在常规化的主题报道中，主流媒体更是着眼大事、把握大局，根据各自资源优势和定位，打造独具特色的宣传阵地，转型成为具有传播力和引导力的新型主流媒

① 殷琦.创新的转向：中国媒体融合演进的路径与机制[J].新闻大学，2021(1)：103-116，121.

体。具有代表性的是光明日报社推出“光明的故事”系列短视频，紧紧围绕“思想文化大报”的定位，以知识分子的视角讲述总书记对知识界亲切关怀的生动故事。

1.渠道平台建设完成度高，平台矩阵化全覆盖

这是坚持一体化发展方向、放大一体化效能、构筑现代传播体系的重要环节。① 面对移动传播体系的冲击，主流媒体的渠道平台建设牢牢坚持移动优先的策略，一方面是建设自有客户端；另一方面通过入驻抖音、快手、B站等商业平台抢占用户资源，借力第三方平台海量用户的优势，打造全媒体传播体系。文本中提及渠道平台建设的媒体数达61家（覆盖率94%），以广西日报社的“全媒航母”为代表，其通过打造“5报3刊4网站5客户端”以及各媒体品牌衍生的近百个新媒体平台，构建了“报纸＋网站＋移动客户端＋商业媒体号＋智慧云屏”的矩阵，打造了一个多维立体的传播体系。

从实际建设情况来看，报网端和第三方平台的融媒体矩阵配置已经是大多数媒体的标配，且不少媒体通过融媒体矩阵聚合了大量用户，垒聚起商业价值的变现势能。如《扬子晚报》靠着“一头牛”（“紫牛新闻”客户端）和“七只羊”（羊为“扬”的谐音，指《扬子晚报》的报纸、网站、微信账号、微博账号、抖音号加上扬眼客户端、扬子读写网等多媒体平台）的媒体矩阵，通过自有平台与第三方平台的联动与流量共享，拉动报社的整体发展。更进一步，一些地市级媒体开始重视服务性功能的建设，不仅在自有平台上增加政务、民生等在地性服务，助力基层社区管理，还利用第三方商业平台为自有平台蓄能。格外亮眼的是柳州日报社的社群圈层建设，柳州日报社打造30多个核心微信圈，网格化覆盖全市所有社区，不仅获得了来自基层的政情民意，还能让柳州日报社的新闻产品在微信群中传播，实现影响力的裂变。

2.业务流程改革重点突出，重塑内容生产模式

新的表达方式、新的渠道平台共同催生了内容生产的蝶变，只有对应内容生产的流程彻底改革，适应融合传播的优质内容才能源源不断输出。从社长、总编的自述中可以发现媒体在改革中做得最多的也是业务流程变革（参考点数：273），而经过多年的努力，如今媒体的生产流程已经完全告别了以往线性、单向的业务流程，“一次采集、多元生成、全媒传播”的生产格局正在形成。②

① 胡正荣，李荃.锐意求变以破局 因时而动方有为：2019年媒体融合年度回顾与展望[J].新闻战线，2020(3)：29-33.

② 胡正荣，李荃.媒体融合的时空升维发展：对《关于加快推进媒体融合深度发展的指导意见》的深度解读[J].新闻与写作，2021(1)：5-11.

改革的普遍做法有两种:其一是通过组建“工作室”“项目组”等专业化团队来提高内容产能,如石嘴山新闻传媒中心成立了12个各具特色的全媒体工作室赋能内容生产。其二是通过优化分发策略延长内容传播的“长尾效应”,大多数媒体以移动优先的策略,来保障新媒体环境下内容分发的时效。如哈尔滨日报集团以客户端为第一落点,其余各平台梯次分发,全品类产品集束表达的策略来放大内容产品的有效传播。柳州日报社更细致地确立了“端—微—屏—网—报”的分发顺序,将自有移动平台明确置于首位。总之,主流媒体通过重塑内容生产模式,在生产流程上做减法,在分发渠道和呈现形态上做加法,整体提升了内容生产的质量,业务流程改革取得显著成绩。

3.融合产品聚焦主题,影响力实现多维突破

经过长期的建设,主流媒体的内容生产力得到质的提升,无论是渠道平台的市场占有率,还是媒体组织的社会影响力,甚至内容成果的转化率都相较以往有了显著提升。92%的样本媒体(60家)都提到了体现作品影响力多维突破的具体例证。

一方面融媒体传播下全媒体形态与内容有机结合,很多内容产品已成为爆款,在网民中刷屏,产生了巨大社会影响力。从影响力的规模来看,中央媒体和一些省级媒体可以比较轻松地制作出千万级阅读量的爆款产品,甚至有一些现象级作品可以达到上亿浏览量。以中国新闻社为例,其疫情期间策划推出的《战“疫”VLOG》《留守武汉VLOG》等短视频专栏,两个月间播放量达到46.5亿,获点赞量3.2亿,其中《留守武汉VLOG:武汉“封城”后的市民生活》播放量超过1.5亿次,登上微博热搜榜第一名,做到了专业新闻生产与流量的有效结合。中国新闻奖等专业奖项设立“媒体融合奖”,鼓励优秀融媒体作品的产出,一些原本传播实力较弱的媒体可以实现弯道超车,快速突破。以广西日报社和华龙网为代表的媒体就通过多项获奖作品彰显了在专业领域的成就。

(二)技术应用两极分化,整体建设进展缓慢

一直以来,媒体融合技术的发展都是学界关注的重点、业界实践的难点。根据社长、总编所谈及的技术建设成效,无论是技术的开发还是应用的完成率都不尽如人意,且两极分化态势明显。仅有43家媒体谈及在融合改革推进中采取技术措施,占总样本的66%,其中即便仅是采纳与应用现成的技术,也只有28家媒体(覆盖率43%),而目前能够进行系统研发与生态链建设的媒体仅有15家(覆盖率23%)。可以说技术生态系统的建设情况与媒体对技术的重视程度不相匹配,甚至有4家媒体直言其技术

发展的困境。这些都可以解读为在轰轰烈烈的信息技术发展的大环境下，大部分媒体的技术支撑建设并没有达到理想效果。

在艰难的技术革新中，我们也看到技术生态建设已经起步，逐渐从技术底层架构开始，围绕融合建设目标将大数据、人工智能、区块链等信息技术融入传播实践，构建技术生态体系。具有强大综合实力的中央及部分省级集团能够依靠庞大的技术团队自主研发技术系统，如广东广播电视台自主研发的全媒体融合云平台，被指定为广东县级融媒体中心省级技术平台“珠江云”的唯一承建方，通过技术输出，其项目遍布全国各地。然而受媒体实力和资金投入的限制，大多数媒体难以自主搭建功能完备的融媒体技术生态，因而选择“自有团队＋外包合作”联合研发的道路，通过与专业技术平台合作，借力专业技术实现双方的互利共赢。无论何种路径，媒体都逐渐在向构想中的适应新型传播格局的“支撑内容采集、传输、制作、分发、用户服务等全流程”的大技术系统[①]靠近，综合“石榴云”“吉朵云”“新湖南云”等走在前列的技术研发成果，目前技术生态链建设的综合样板如图 2 所示。采集、传输、处理、输出为媒体业务活动都会涉及的板块，每个板块也是一个技术分系统，由多个平台集群组成，具体平台的选用媒体则根据自身定位在总体技术框架下按需嵌入。资料、数据在生态链内部循环流动，随时进入生产流程，也可随时向外输出实现价值转化。整个生态链以当前最时兴的应用技术为结构基础和呈现方式，未来也随信息技术发展不断迭代，保持创新的内生动力充沛。

(三)业务边界多元扩宽，经营开启新模式

经营业务方面的成效在样本中被提及最少，仅有 34 家媒体(覆盖率 52％)谈到经营方面的成绩。社长、总编们的日常工作与经营状况密不可分，主题策划、业务革新、招贤激励等推动融合变革的大举措莫不需要大量的可调配资源，都需要良好的经营业绩作为支撑。在现有的融合建设中，社会效益被优先考量，经营困境破局缺乏着力点，共同造成了当前经营业务方面的弱势。

经营业务第一层面的成效是媒体根据现状淘汰落后产能，夯实、扩大原有的业务领域。会展、文化活动是媒体原有的重要经营业务，这一业务也随着融合推进有了新的实现形式，如安徽新媒体集团先后承接了 60 多个党政机关和企事业单位的双微运维工作，不断强化原有的经营领域。来自湖北、广西等地的多家媒体都谈到了在“新

---

① 陆小华.媒体融合运作体系构建方法与实现路径：以新华社全球视频智媒体平台与相关运作体系为研究样本[J].现代传播(中国传媒大学学报)，2019，41(10)：1-11.

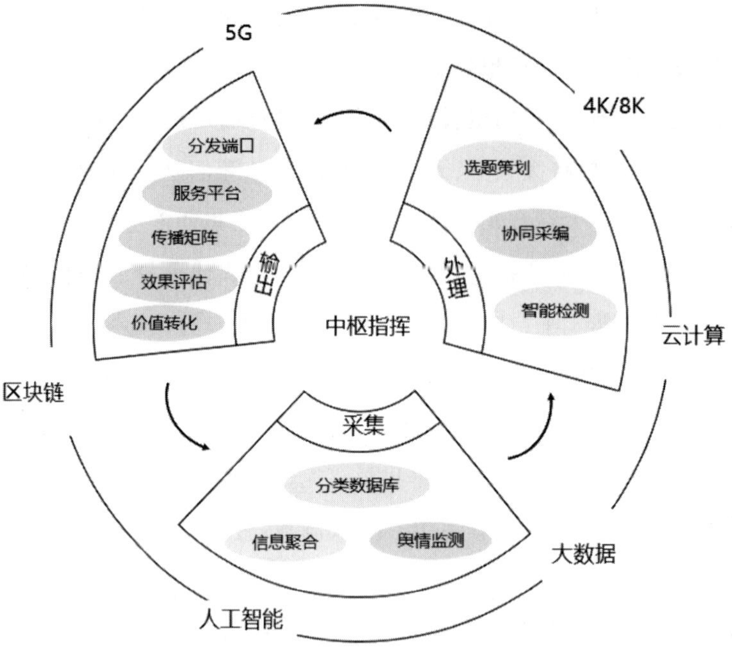

图 2　技术生态链建设综合样板

闻＋政务＋服务”领域的经营实践。主流媒体凭借独有的资源和传播优势,在为政府提高信息化水平的同时获得商业回报,说明媒体布局政务服务是一条可行之路。“直播＋电商”和 MCN 等新的商业模式开始逐渐进入媒体融合的进程之中,此类业务尝试本研究视为经营方面质的提升。样本中有 21 家媒体(覆盖率 32%)言及融合传播下新拓展的经营业务,少数媒体还进入了互联网赛道,在当前最为热门的 MCN 领域试水。样本中有六家媒体提到了涉足 MCN 的情况,分别是来自山东、黑龙江、重庆、济南和漳州的六家广播电视台。其中黑龙江广播电视台建立的全市场化运营机构龙广电 MCN 最具有代表性,总编辑特别谈到了龙广电布局的三大特色:产品思维、纵深连接和头部合作。2020 年,龙广电 MCN 红人矩阵累计开展直播 6,237 场,流水额达 1.48 亿元;黑龙江广播电视台还拿出 1,000 万元作为融媒项目孵化基金,积极探索媒体融合商业新路径。在诸多样本中,涉及或发力 MCN 领域的媒体并不多,不过可喜的是这一模式已经在实践中被大量媒体运用。[①] 虽说目前尝试的媒体都集中在广电领域,报社和县级融媒体中心鲜有尝试,但至少说明布局 MCN 是一条推动媒体融合,拓展主流媒体经营能力的破局之路。

---

① 李明德,赵琛.新媒体时代“四力”的突围与跨越:基于“十三五”时期中国新媒体发展的几个焦点[J].编辑之友,2021(1):12-20.

(四)推进体制机制优化,增强人才吸附力

体制机制变革是媒体融合乃至整个媒体改革当中最为棘手的问题,多年来讨论很多,但变革成效有限。作为媒体发展的重要支撑,没有适应时代的体制机制,媒体就不可能将生产要素聚合起来最大限度地释放生产潜能。① 推进改革必须要在体制机制上精准发力,才能命中靶心、事半功倍。

1.制定相应的规章制度靶向施策,保障业务流程再造的顺利推进

推动媒体融合纵深发展,统筹与调度的制度保障尤为重要,从目前体制机制的探索来看,这些规章制度主要涉及三个层面,一是从顶层设计出发,建立统筹指挥中心,从宏观层面上明确目标任务,在媒体内部建立推进融合的制度依据。如《湖南广播电视台建设新型主流媒体若干意见》形成了战略共识与发展规划;《科技日报社三年规划纲要(2019—2021)》从顶层设计上为本单位制定了更加详细的时间进度表。二是出台中观层面的管理和运行机制,以协调各方资源、规范管理。如《湘潭日报社全媒体指挥中心管理规定及运转流程》以及河北广播电视台建立指挥调度、资源共享、对外开放三大机制。各媒体出台的相关规定都以优化融媒体管理与运行、保障集约资源、统一调配与使用为目的。三是对具体的管理模式进行调整,多家媒体提到了调整管理结构,通过党委靠前指挥、以项目为抓手等方式,去中心化、去层级化,打造提升融合传播效率的一体化指挥、扁平化运营的模式。科技日报社把编委会管理模式从分管部门调整为分管业务工作,即班子成员不再分管具体部门,而是按不同业务流程分工,形成编委会和部门之间直接沟通、对接的管理模式,加快了信息处理的节奏。

2."内培外引"成为人才队伍建设的主要方法

随着融合改革的推进和互联网产业的竞争,媒体人才持续严重流失,从一线记者、编辑到编委、总编,新闻人出走的报道屡见不鲜;媒体行业人才配置、新闻人的业务技能更新等已不能适应媒体融合快速发展的需要,甚至还严重制约了媒体融合的进程。落实新闻报道的主体是新闻工作者,重视人才机制建设是推动深度融合的直接动力。由表1可知,人才机制建设成效达74%,说明各地媒体对于人才队伍建设的重视程度仍不足。随着业务流程的再造,人才队伍的职责和业务内容也在发生改变。研究样本所反映出的媒体同行的做法是尽量选用优秀的新锐力量进入全媒体报道队伍,同时对

① 朱鸿军,农涛.媒体融合的关键:传媒制度的现代化[J].现代传播(中国传媒大学学报),2015,37(7):6-11.

现有的采编人员进行制度化的全面培训,如华龙网所提的"全面提升员工综合素养、激发潜力",在此基础上媒体以偏向新媒体特别是移动端的薪酬机制和激励机制为杠杆,引导人才队伍的业务技能向新媒体转型。选聘上岗、按岗设薪、多劳多得、优质优酬等用人和激励方案在总结中被反复提及,许多媒体出台了相应的激励措施和奖励办法来激励人才干事、创业的积极性和主动性。如陕西日报社设立的《陕西日报新媒体考核管理办法》《陕西日报社优秀新媒体作品评选奖励办法》等考核方案;济南广播电视台设置最高奖励 50 万元的"台长嘉奖令"。总体来看,媒体在人才队伍建设环节,主要倾向于对现有人才队伍优化,除了新招各级各类毕业生外,主动从社会上引进优质人才的举措相对较少,仅有一两家单位提及面向全社会求贤,如郑州报业集团的"正观"以百万年薪招聘执行总编、执行总经理以及各岗位人才。至于用人制度中的退出机制,大多数媒体单位都没有明确说明,仅 3 家媒体提到有限的淘汰机制,这也反映了媒体用人机制存在的结构化板结根深蒂固,不易撼动。

三、媒体融合建设成效指标下的深度融合路径

在媒体融合建设成效指标的度量标尺之下,透过 65 家媒体的社长、总编视角回看融合实践,我们从一个全局视角认知到媒体融合各方面推进的态势。"四大支撑"发展的不均衡也标识了下一阶段发展的着力方向,大胆改革、探索新路已是刻不容缓。对标媒体融合建设成效指标,推进融合迈向纵深首先要突破技术生态建设的最大短板,再系统性解决四大支撑发展不均衡的问题,从而加快融合步伐,全面提升主流媒体的影响力和竞争力。

(一)突破技术生态链建设的最大短板

"系统研发与生态链建设"是推动融合的根本动力,但研究结果显示这也是现阶段媒体融合的最大短板。社长、总编的自述普遍表达出重视技术的理念,极力强调以先进技术为引擎来发展媒体融合,可见他们对技术重要性的认知是清晰的,但要将理念落实到实际工作的第一线,却又遭遇各种推诿、怠延,造成实际建设后继乏力。尤其是不同区域、层级的媒体对技术实际投入差异巨大。这一方面是由于资金的缺乏,地市县级媒体得到的拨款、融资和自身造血能力,不足以负担深度融合所需的整套技术支持;另一方面是一些媒体仍然僵守传统媒体的经营方式,在观念上重内容而轻技术,致使在体制机制上不能下决心为技术改进而投资,技术人才缺乏,由此这些媒体在技术

改进、突破创新方面乏善可陈。[①]

媒体融合本质上是以先进技术为支撑、技术创新为引领的媒体变革，对新传播技术的采纳是推动融合走向纵深的基本条件，在此基础上媒体构建技术生态系统，全方位覆盖底层架构、中台逻辑和前端应用，以完整的技术生态链推动新闻宣传工作从采集、传输、处理到输出、运营、增值的全流程重塑，并持续提供新闻生产理念、生产模式创新的动力。当前能进行技术生态构建，尤其在技术标准上拥有自主知识产权的媒体很少，深度融合的目标却要求各媒体都能在成熟的技术生态系统中高效率、多手段、全视角地进行新闻生产、媒介服务以及经营业务升级和组织内部治理。为推动这一目标的达成，应制定媒体融合行业内统一的技术生态标准，树立技术生态研发标杆等，让走在探索前沿的媒体共享有益经验，减少曲折，提高建设效率，共同推动核心技术自主创新。

（二）系统性解决四大支撑的发展不均衡

媒体融合是一项开放性、全局性、系统性、控制性的工程，就目前的建设成效来看，四大支撑的发展不均衡，制约着融合的深度推进。内容建设的成效最为明显，但这也仅是建立在传统媒体相较于新媒体内容生产优势的基础之上。内容生产是主流媒体的优势之本，各级各地媒体都会倾力精耕细作，因而能产出大量的刷屏热传的作品。同时，用户对于积极、健康、向上的优质内容的需求，促进了主流媒体在内容的选取上更加精益求精。二者的互动，可谓是互为表里，相得益彰。

在内容建设取得阶段性可喜成就之时，技术生态建设乏力、经营转型困难和体制机制结构性固化等因技术更迭、媒介发展环境变化而沉积的痼疾更是亟待解决。这些问题环环相扣，任何一个环节的落后都会成为融合深入推进的制约因素。媒体融合要想真正打好技术牌，就必须快速提升人才队伍建设，而人才队伍的“内培外引”则需以强大的自我造血能力和体制机制的活力为底气；经营业务的创新拓展又涉及思维转变和制度保障；同时体制机制改革的执行效力又制约着内容建设、技术支撑、业务经营的改革进度。目前少数媒体尝到了时兴的互联网产业经营模式的甜头，但大多数媒体的经营业务仍主要靠政务项目实现营收。大多数媒体出台了相应的文件，但改革的过程却甚为艰难，因各种利益群体阻挠，具体落实情况则难以知晓。简言之，四大支撑发展不均的问题不是某个方面的单独症结，而是横向的相互制约，影响着融合的整体推进。

---

① 郭全中.媒体融合向纵深发展的关键技术及实现[J].中国记者，2020(9)：74-76.

在消除顽疴之时既要对症下药，也要通盘考虑，协同治理，系统化解决。

结　语

知来时路方懂向何行，“媒体融合建设成效指标体系”既能显示融合推进中哪些关键节点正在被突破，哪些长久以来的症结依然难解，也能指明下一步深度融合的奋发方向。本文提出的媒体融合建设成效指标体系，可以在深入推进融合阶段成为媒体融合建设方向和建设成效的科学参考依据。

本研究的分析对象来自媒体社长、总编提交给中国记协的自述报告，是展示在全国兄弟媒体间的经验交流材料，其反映出的媒体融合建设成效实际上是高于全国平均水平的，可谓是“优等生”的成绩单。由此可见，现实中媒体融合存在的问题可能更加突出，在下一阶段的改进需求也更为紧迫。幸得媒体融合战略的推动，政策保障的正面动力和现实困境的倒逼压力，共同推进了媒体在百年未有之大变局中顺应时代、革弊鼎新。最早进行媒体融合的中央媒体已初步实现了全媒体发展的目标；省级党报集团也正在积极向全媒体转型；一些地市级媒体正在通过盘活现有资源，因地制宜地探索融合发展的路径，逐渐拉开改革的序幕。

〔张悦，四川大学新闻学院副教授，博导，主要研究方向：新媒体与社会、新闻业务变革；沈熠，四川大学新闻学院硕士研究生〕

〔责任编辑：陈欣钢〕

理论与历史

哲学、技术和功能:传播史分期的思想来源和路径选择

Philosophy, Technology, and Function: Ideological Sources and Path Choices in the Staging of Communication History

◎ 赵雪波　赵　伦

Zhao Xuebo　Zhao Lun

摘要:传播史是整体历史的一部分,传播史分期理论的理论基础和思想来源是历史分期理论和历史哲学,要想对其深刻认识,必须回到历史学和历史哲学的深处追根溯源。传播史分期理论是传播学理论的重要组成部分,尽管已经有各种传播历史阶段的分期结论,但是把传播史分期理论作为一个研究对象的研究尚不多见,为此需要全面梳理、分析中外过往的各种传播史分期结论,指出其实质和特征,以及有关的哲学思辨。在总结前人的理论基础之上,本文从"传播本体功能"角度出发,提出"记录时代""新闻时代"和"全息时代"三个时代构成的新传播史分期认识。

关键词:传播史分期;思想来源;路径选择;技术;功能

Abstract: Communication history is a part of overall history, and the theoretical basis and ideological sources of communication history staging theory are historical staging theory and philosophy of history. In order to gain a deep understanding of it, we must go back to the depths of historiography and philosophy of history to trace its roots. Although there have been various staging conclusions on the historical stages of communication, there are not many studies on the staging theory of communication history as an object of research. For this reason, it is necessary to comprehensively sort out and analyze various staging conclusions on the history of communication in China and abroad in the past, pointing out its essence and characteristics, as well as the relevant philosophical thinking. Based on the summary of previous theories, this paper proposes "the era of recording""the era of news" and "the era of holography" from the perspective of the "ontological function of communication".

Keywords: communication history staging, sources of ideas, path selection, technology, function

历史分期是认知、学习、研究历史的重要方法,是为了帮助人们更简洁地、更概括地、更有条理性地、更有规律性地认识历史。"历史分期,就是从历史过程的不同时期或阶段之间质的差别中,发现历史发展的特点,揭示历史变化的规律。"[①]历史分期本身体现了一种时代特征,是一定时期内人们对自己所处历史的一种解释和诉求。无论是整体历史,还是专业历史,都有分期的问题,也都可以分期。传播史作为一种专业史,也有自己的历史分期法。传播史分期法和整体历史分期法一样,都不是唯一的,或者说不应该是唯一的。对传播史进行分期体现了人们对传播的某种属性的重视和强调,体现了人们对传播的时代特征的认识。传统的传播史分期体现了传播的媒介属性,特别是体现了媒介的技术属性,这可以从许多学者的著作、论述中轻易地观察到。但是这里的问题是传播史分期还有没有别的进路,也就是在传播和媒介发生重大变化的新时代的今天,我们还能不能从传播的其他时代特征和属性出发去认识传播史?

本文拟从传播史分期的思想来源入手,再反思传统的传播史分期的技术旨趣,然后从功能取向和价值取向两方面寻找一种新的传播史分期法。

一、传播史分期的思想来源:历史分期的哲学旅程

历史学界普遍认为最早对历史揭示意义和规律,进而对历史分期的人是中世纪的神学家奥古斯丁。奥古斯丁把世界分成"属地之城"和"上帝之城"两部分,两个世界并行并混杂。历史经历了家庭——城镇——世界的发展过程,因为有了城镇才有了世界,历史不再是亚述、希腊、罗马、以色列的民族史,而具有了世界性。这被看作奥古斯丁的"世界历史"观和历史分期法。但实际上奥古斯丁并没有明确地提出"世界历史"的概念,他的历史是尘世的"属地之城"经过自我救赎走向"上帝之城"的过程,因此这个历史实质上是基督教的历史,而不是真正自然的世界历史。

---

① 张世飞.中共历史学分期理论研究[J].中共党史研究,2005(2):76-84.

18 世纪初，意大利人维科提出了自己的历史分期思路。他用圣经体、启示录式的箴言指明自己在历史中的重大发现，并沾沾自喜地把书名叫作《新科学》。无论是语言还是构思，这部著作都明显地暴露出奥古斯丁《上帝之城》的痕迹。维科把历史分为“神的时代”“英雄时代”和“人的时代”三个时期，断言世界上所有的民族发展史都遵循这个规律。“完全呈现在我们面前的不是罗马人以及希腊人在独特时期的独特历史，而是一种呈现出那些永久规律的思想性的历史，这些永久规律是从所有民族在他们发展中的事迹所证明出来的。”[①]历史必须经过思维过滤，并让思维认识到它是在某种规律之下展开的，否则就是“非历史”或者“编年史”(克罗齐用词)。他还预见第二个野蛮时期的历史是第一个野蛮时期的复演过程，人类政府的最后形式是君主专制，这似乎意味着历史是循环往复的。从中我们似乎看到了未来黑格尔和斯宾格勒的影子。

黑格尔在他的思辨哲学中把历史看作历史的“绝对理念”的发展过程。他正式提出了“世界历史”的概念，把世界各民族纳入这个发展过程中，让世俗的、自然的历史首次具有了世界性。他把世界历史比喻为人一生的四个时期：童年、青年、壮年和老年，相对应的是东方世界、希腊世界、罗马世界和日耳曼世界四个地理形态从不成熟到成熟的发展过程。历史最后终结于日耳曼世界。这是一种令人熟悉的思维逻辑，前有维科的“君主专制终结论”，后有福山的“资本主义终结论”，中有黑格尔的“日耳曼文明终结论”，克罗齐的名言“一切真历史都是当代史”[②]在这里有了最鲜明的例证和全新的意义，人们总是用自己的时代去总结整个历史，甚至只是用自己个人的经验去总结历史。随着这些历史学家们被历史事实所羞辱，后人对历史的研究也被连累了，大家变得亦步亦趋，人云亦云，不敢再有所作为。黑格尔们的失误给我们的启示究竟应该是停止“主观臆断”，还是要更加地小心谨慎？这取决于我们对历史的把握和我们的目的的纯粹性。

无论是维科还是黑格尔，自此之后，整个 18 世纪和 19 世纪的欧洲历史学界洋溢着理性主义的史学观，人们钟情于世界主义的历史框架。当达尔文的“生物进化论”迅速占领知识界之后，理性主义开始接受历史沿着“古代——中古——近代”的直线不断“进步”的“决定论”思想，只不过这种历史观和世界观迅速被“欧洲中心主义”抢占了先机——世界历史及其分期按照发生在欧洲或西方的事件确定坐标。惟其如此，一种与众不同的历史观就显得十分难能可贵。德国历史学家斯宾格勒和英国历史学家汤因比提出了一种新的历史分期标准，即以文明形态作为历史分期的透视对象。斯宾格勒

---

① 维科. 新科学[M].费超，译. 北京：京华出版社，2000:409.

② 克罗齐. 历史学的理论和实际[M]. 傅任敢，译.北京：商务印书馆，2017:2.

的观点最具代表性，他把历史看作文化和文明发展跃升的过程，这个过程分为“前文化阶段”“文化或高级文化阶段”“文明阶段”三个时期。他又把世界文化和文明总结为“埃及文化”“巴比伦文化”“印度文化”“中国文化”“古典文化”“阿拉伯文化”“西方文化”和“墨西哥文化”八大形态。这些文化形态各不相同，各有各的历史进程，虽相隔千年，但它们都在一种“同源”或“同时代”的“出生——成长——衰老——死亡”的节奏之下展开自己的春夏秋冬。整个世界史突破过去的直线式发展框架，开始一种循环往复的运动。为此，西方文化就不再优越于其他任何一种文化，而只是历史长河中的一种图景。“一切真正的历史著作必定都是哲学”[①]，斯宾格勒兑现承诺把历史和历史分期理论上升到了哲学的高度，成为一个里程碑式的人物。

历史哲学不应该是黑格尔的“绝对理念”那样神秘莫测的精神性产物的外化和回归，而应该是历史中关于一切活的和死的、有机的和无机的、过去的和现在的表象和本质的客观发展过程，人类思维完全可以凭借一种简明扼要的方式穿透之。历史哲学也不应该像斯宾格勒那样弯弯绕，历史的道路上并没有“此路不通”的警示。马克思的历史分期思想注定会成为历史的选择。马克思关于历史分期的思想是一个不断超越前人和自我超越的过程，是他的哲学思辨不断自我否定和自我完善的过程。青年时期马克思就开始思考历史进程问题，受黑格尔影响，他把历史阶段区分为自然作用占主导的“古代社会”和人的精神占主导的“近代社会”或“新世界”，也可以称为“不自由的时期”和“自由时期”。1843 年左右，在《黑格尔法哲学批判》和《德法年鉴》中，马克思经过集中研究后把历史分为古代社会、中世纪、现代社会、未来社会几个阶段。紧接着，《1844 年经济学哲学手稿》中“社会历史被设定为没有发生异化的人类主体生存状态，作为私有制和劳动异化存在的当代社会（资本主义），以及扬弃和消灭了劳动异化和私有制的未来社会（共产主义）。”[②]1845 年后，他关于历史分期的思考更加深入，也更加活跃。经过《德意志意识形态》《雇佣劳动与资本》《〈政治经济学批判〉序言》等不同时期的不同表述的转换，马克思形成了自己的以生产关系总和为脉络的多社会形态理论，经过恩格斯、列宁和其他后继者的补充、完善，这一“多社会形态”理论最终凝练成“五种社会形态”理论：原始社会、奴隶社会、封建社会、资本主义社会、共产主义社会。这说明一种理论的形成总是要经过无数次的锤炼、检验、否定、超越等过程，甚至需要集体的合作。

历史分期的历史昭示了若干规律性的结论。历史分期首先是人的精神性活动，是

① 斯宾格勒. 西方的没落：第一卷・形式与现实[M]. 吴琼，译.上海：三联书店，2006:41.

② 张一兵. 马克思历史辩证法的主体向度[M].3 版.武汉：武汉大学出版社，2019:223.

人对各种有机的和无机的、过去的和现在的、生成的和成长的、物质的和精神的事物的发展过程的普遍性的、整体性的、规律性的认识活动和结果，这个过程和结果彰显了主客观的二元结合，并且体现出一种高度的哲学思辨的性质。历史及其规律固然是客观存在的，但是人对历史的认识明白无误地体现了这一过程的主观性，这意味着不同的主体对同样的历史的认识是不同的，如此也就产生了历史上各种各样对历史分期的认识和结果。历史的客观性不仅仅体现在历史的自在和自为，还体现在这种客观性所包含的要素的多样性，这样一来，历史分期就体现出第二个特点，也就是第二个规律性的结论，即历史给试图认识它的人提供了不同的认识角度和判断标准，可以让不同的人从不同的角度去认识它，也可以让同一个人从不同的角度认识它，这正是马克思几种历史分期法同样成立、同样有效的原因。第三种启示是，任何总结出来的历史分期法和分期结果，必须能够反映历史的最客观、最普遍、最深刻的规律。强调这一点有助于防止有人对历史随意加以解释，更防止有人随意对历史“打扮”、歪曲。但是，历史规律不止一条，为何强调这一方面而不强调另一方面？除了对历史进行分期的人在历史世界面前的有限性——认识是有限的——之外，还因为主体的价值取向，即采取某一种历史分期法其实反映了主体的目的，这说明了历史分期的合目的性和方法论性质。最后，历史分期要有一个标准，一个能够反映客观规律的标准，一个能够保证达成目标的智慧的标准。这个标准可以是历史的性质和特征，还可以是产生全局性影响的事件，或一段有特点的时间如“中世纪”。总之，“历史分期的本质是人们为了使自己的知识得到一种更简单的、更有说服力的表述而把连续的历史内容依照从某种特定的角度选择的事实和一定的观念体系划分为段落”①。

二、传播史分期的技术路径：媒介环境学思维

传播史作为历史的一部分，特别是作为与人类相伴相随的一个领域的历史，自然也有自身的发展过程，也有标志性的事物、事件，这些特征给传播史的分期提供了直接明了的依据。

最早对传播史进行分期的是加拿大学者哈罗德·伊尼斯。伊尼斯最早的专业是经济史，但是后来他在不知不觉之间转向了传播学研究。他关于传播史的分期认识也不是出自传播学本身，而是因世界史而“无心插柳柳成荫”。1948 年，伊尼斯在一场研讨会上指出，“按传播媒介的不同将世界史分为以下几个时期：从两河流域苏美尔文明

① 赵轶峰.历史分期的概念与历史编纂学的实践[J].史学集刊，2001(4)：1-6.

开始到泥版、硬笔和楔形文字时期;从埃及的莎草纸、软笔、象形文字和僧侣阶级到希腊——罗马时期;从苇管笔和字母表到帝国在西方退却的时期;从羊皮纸和羽毛笔到10世纪或中世纪时期,在这个时期,羽毛笔和纸的使用相互交叠,随着印刷术的发明,纸的应用更为重要;印刷术发明之前中国使用纸、毛笔和欧洲使用纸、羽毛笔的时期;从手工方法使用纸和印刷术到19世纪初这个时期,也就是宗教改革到法国启蒙运动的时期;从19世纪初的机制纸和动力印刷机到19世纪后半叶木浆造纸的时期;电影发展的赛璐珞时期;最后是20世纪三四十年代到现在的电台广播时期"①。

由于伊尼斯被尊为媒介环境学派的鼻祖之一,他的传播史分期其实开启了媒介环境学的一种理论范式,从另一方面讲也就是传播史分期理论从此打上了媒介环境学重重的烙印,确立了传播史分期的媒介环境学思维。媒介环境学集大成者马歇尔·麦克卢汉并没有在他的著述中专门为传播史进行过分期,但他的同事罗伯特·洛根却根据麦克卢汉著述中的时间逻辑,为麦克卢汉和伊尼斯做出了有关总结。洛根认为伊尼斯和麦克卢汉把传播史分为了三个时代:口语传播时代、书面传播时代和电力传播时代。大约对应的时间是5万到20万年前获得言语能力至5,000年前文字滥觞止、5,000年前至1844年电能发现、1844年至他们所处的时代。② 洛根根据时代的新特点以及他的理解,在伊尼斯和麦克卢汉的"三个时代"基础上又补充了两个时代:前言语时代即模拟式传播时代和互动式数字时代。

很明显,洛根继承了他的前人的传播史分期思想,这种思想最显著的特征就是根据传播赖以开展的载体——媒介这种技术形式的演化、更新的历史,来描绘传播发展历史的轨迹。传播史分期的技术路径就被建立起来了。但其实,媒介环境学派的技术特色直接继承自刘易斯·芒福德。芒福德在其学术生涯的早期对技术与文明的关系就进行了非常深入的研究,创作了《技术与文明》《机器神话》等大量相关著作。在其著作中,芒福德提出了很多创见,诸如"感知的平衡"概念、"书面语言摆脱了时间和空间的局限""回到最初的人与人之间的瞬时反应""人所使用的工具和器皿总体说来都是他自身机能的延伸" 等论述③。这些创见后来成为媒介环境学派们令人耳熟能详的理论,比如麦克卢汉的"感官平衡"概念、"媒介是人的延伸"等著名论断,还有莱文森的"人性化趋势"概念。这种历史的传承随处可见,从另一个侧面表现出媒介环境学的技术底色。

---

① 伊尼斯.传播的偏向[M].何道宽,译.北京:中国人民大学出版社,2003.

② 洛根.理解新媒介:延伸麦克卢汉[M].何道宽,译.上海:复旦大学出版社,2012:24-25.

③ 芒福德.技术与文明[M].陈允明,等译.北京:中国建筑工业出版社,2009:124-125,213.

技术及其表现形式是一种最直观、最清晰、最容易理解的标签，它不仅是媒介环境学派对传播史进行分期的参照物，也是其他几乎所有的试图给传播史分期的学者、理论家们最愿意采取的范式。施拉姆在他的巨著《人类传播史》中把人类传播史分为了口语时代、文字时代、印刷时代和大众媒介时代："人类已经历了口语、文字和最近的印刷时代。到了19世纪与20世纪，印刷时代更加入了电子和摄影等新成员，以及一种被称之为大众媒介的崭新传播组织。几个世纪后的历史学家或许不会以印刷时代来称呼我们，而是称这个时代为大众媒介的时代。"[①]很显然，"施拉姆提出的'人类传播的发展历程'的四个对大众媒介的出现特别重要的时刻，都建立在文字、印刷、电子等某种技术方面的创造发明上的观点，也沿袭了麦克卢汉的人类传播历史的四阶段的技术角度的历史分期逻辑"[②]。梅罗维茨认为，媒介历史分为口头文化、手抄文化、印刷文化和电子文化四个阶段。罗杰·菲德勒认为，人类的媒介形态发生了三次大变化，口头语言是第一次媒介形态大变化，书面语言是第二次媒介形态大变化，数字语言是第三次媒介形态大变化。[③] 马歇尔·波的《传播史：从口语到互联网进化的媒介与社会》把媒介史分为了言语时代、手稿时代、印刷时代、视听媒介时代和互联网时代五个阶段。[④] 比尔·科瓦里克把古登堡以后的媒介史分为了"印刷革命""视觉革命""电子革命"和"数字革命"几个阶段。[⑤] 阿萨·布里格斯重复了科瓦里克的媒介断代史。[⑥]

在中国传播学界，学者们对传播史的分期也都沿袭了这种技术路径。郭庆光把人类传播发展历程划分成"口语传播时代、文字传播时代、印刷传播时代和电子传播时代"[⑦]，胡正荣等人把传播史划分成"符号和信号时代、口语时代、文字时代、印刷时代、大众传播时代、网络传播时代"[⑧]。李彬把传播史划分成口头传播阶段、手写传播阶段、印刷传播阶段和电子传播阶段。诸如此类，清一色地体现出媒介环境学传播史分期理论的技术特征。

---

① 施拉姆. 人类传播史[M].游梓翔，等译.台湾：远流出版事业股份有限公司，2010.

② 杜永利. 当代美国大众传播史学研究[D].武汉：武汉大学，2016：97.

③ 菲德勒. 媒介形态变化：认识新媒介[M]. 明安香，译.北京：华夏出版社，2020：45-60.

④ POE M T. A history of communication：media and society from the evolution of speech to the internet[M]. New York：Cambridge University Press，2011：25，252，262，270.

⑤ KOVARIK B. Revolutions in communication media history from gutenberg to the digital age [M]. London，UK：Bloomsbury Academic，2011：8-9

⑥ BRIGGS A，BURKE P，YTREBERG E. A social history of the media：from gutenberg to Facebook [M]. London，UK：Polity Press. 2020：37.

⑦ 郭庆光. 传播学教程[M]. 北京：人民大学出版社，2011：23-26.

⑧ 胡正荣. 传播学概论[M]. 北京：高等教育出版社，2017：21-31.

三、传播史分期的批判哲学:“另类”认识的出发

哲学家和历史学家们在谈论历史哲学时都普遍地坚持一种观念,即任何一种历史分期方法都有其不同的历史的、精神的原因,如果把历史分期限定为某一种固定的范式或结构,那我们看到的历史极大可能是片面的,甚至是歪曲的。传播史分期也如此。美国学者迈克尔·舒德森就提出了异议,他认为“(传播媒介)不应该再被当作传播史研究的唯一核心问题。如果这样规定,那就会将研究指向多种多样的技术。我们现在积累了足够的知识让我们有理由怀疑这种取向的合理性。特别是如果我们将‘技术’宽泛地定义为口述、印刷和电子通信技术,传播史研究就会深陷困境”[①]。他引用了威廉姆斯的话:“传播史研究的结构所依据的是技术发明的顺序,这导致传播史研究更青睐某种技术决定论。诚然,在建构传播史时,研究者很难避免不对新技术新发明出现的重要时刻另眼相待。但同时,我们也应当清楚这种以技术为中心的研究模式的局限性。”[②]舒德森和威廉姆斯的论述可以被看作对传播史分期技术路径或技术范式的质疑。

舒德森建议把传播媒介除了视作技术之外还可以视作社会实践,它和文化供给性一样,从技术的入口进去,同样可以从别的出口出来。詹姆斯·W. 凯瑞用实践做出了回答。他把传播技术史分为“口语传统—印刷媒介—电脑”三个阶段,但他认为这三个阶段是一个时间轴,它们分别有不同的“形式维度”和“内容维度”。“形式维度”表现为“表演—印刷—编程”,或者“演说—印刷—人类行为的编程”,再或者“演说家—印刷术—编程人员”,重要的是透过这些“形式维度”要看到与之对应的“内容维度”:“谈话—文本—模型”或“谈话—文本性—结构”,而最关键的是在“内容维度”背后还有更深层的哲学隐喻:“实用主义—解释学—结构主义和后结构主义”。他认为“传播技术研究关注的重点并不在技术本身,而是技术所展现的言说方式、技术背后的话语和权力关系、思想观念以及这些因素争斗所形塑的现实世界”[③]。凯瑞讨论了在媒介这个多面体上面和技术相对应的形式、内容和哲学指向,为传播史分期理论提供了一种“另类”思维的样本。

类似的“无心插柳柳成荫”的事例还有一些,他们研究的对象不是传播史及其分期

---

① 舒德森,沈荟,邓建国,等.传播研究的历史取向:谈谈传播史的研究方法[J].新闻记者,2018(4):86-96.

② 舒德森,沈荟,邓建国,等.传播研究的历史取向:谈谈传播史的研究方法[J].新闻记者,2018(4):86-96.

③ 方晨.詹姆斯·W. 凯瑞的新闻历史观研究[D].武汉:华中科技大学,2017:97-100.

问题，也没有在研究过程中刻意地对传播历史进行分期，但他们的研究结果可以被理解为一种传播史分期结论，而且是一种有别于媒介环境学思维和技术范式的结论。丹麦人克劳斯·布鲁恩·延森的《媒介融合：网络传播、大众传播和人际传播的三重维度》把媒介的物质载体分成三重维度：第一维度是“身体和工具”，包括人的身体和工具性延伸，例如口语、书写等具身性传播；第二维度是“技术”，囊括印刷书籍、报纸、电影、广播和电视等所有模拟技术，也就是所有大众媒介；第三维度是“元技术”，即包含个人计算机、手机等其他便携设备在内接入互联网的数字终端。为了给未来留出位置，延森继续设计了“第四维度”，这个维度的媒介物质载体首先是一类虚拟现实眼镜、虚拟现实手套等工具，它们能使人进入远离现实的虚拟空间；其次是神乎其神的“物联网”——万物互联技术；最后是人体自身，传播媒介在最后时刻将再次回到人体，但那时的人体将和以往的人体不一样，媒介回到人体不是让人重新体验面对面的温馨互动，而是要让人全副武装，凭借生命支持系统和植入技术，让人成为一切媒介的终极——超媒介。再往前走，与超媒介形成呼应的将是时下正在被给予热切期盼的元宇宙。但在这里我们不准备往元宇宙走，我们就陪延森停留在他的“三重维度”。不能否认的是，延森的研究再次带出了传播史问题，也带出了传播史分期的路径问题和范式问题。鉴于网络传播、大众传播和人际传播所表现出的“后视镜”时间顺序特征，“三重维度”其实是传播史分期的话语转换。他的这一著作的副标题最直观不过地展现了一条“人际传播——大众传播——网络传播”的人类传播史发展路径，这条路径不能简单地被理解为是一条技术路径。

法国学术界总是给我们带来耳目一新的感觉。让-诺埃尔·让纳内的《西方媒介史》虽然名为“媒介史”，但如果我们试图去找到一条媒介发展历史的清晰线索的话，一定会失望，他的“媒介史”看起来更像是“舆论史”，最多像“传播史”。我们习惯于英美的思维模式，在这里只能是传播包含媒介，而不能倒过来。但是法国的套路恰恰相反，在那里要从媒介说起，传播体现在媒介之中。麦克卢汉讲“媒介即讯息”，在法国学术界，这句话可以直接改为“形式即讯息”，这种被指称为传播载体的媒介形式本身自带讯息，自带内容，自带属性。从这个意义上说，法国的“媒介学”与媒介环境学终究还是一脉相承的。

与让纳内相反，雷吉斯·德布雷的《普通媒介学教程》虽然是一本关于媒介学的理论教程，全书的目的在于以一种媒介文化的视角去发现一种“可行的知识方法”，或者是通过媒介那些“小的细节去发现大的文化问题”①,但是这其中却偏偏散发出他对传播史分期的“另类”的真知灼见。德布雷在这本教材中“最新颖而富有想象力的核心概念是‘媒介域’”(译者语)②,“这个字眼指的是一个信息和人的传递和运输环境,包括与其相对应的知识加工方法和扩散方法……每个媒介域都是已有做法和新工具相互妥协的结果,并嵌入不同时代的技术网络。每个媒介域都会产生一个特有的空间——时间组合,也就是一个不同的现实主义”③。他把媒介域分为“逻各斯域”“书写域”和“图像域”三个“域”。其中逻各斯域是“神学阶段”,书写域是形而上学时代,图像域是电子时代。很显然,这种描述不自觉地体现了一种具有时间先后顺序的技术轨迹,当然也体现了维科的历史三段论。德布雷后期在别的地方修正了自己早先的观点:“依据不同的传播媒介把媒介域分为以下几种:语言域(口头传递)、书写域(印刷和书写)、视频域(电视和影像)和超级域(数字网络)。”④这是一种洛根式的现实主义立场。

对于传播史的“另类”认识,一定还有很多,比如阿尔文·托夫勒的“三次浪潮”,虽然是以产业为线索展开的历史回顾和总结,但每一次浪潮都蕴含着一种影响深远的传播形式或媒介技术。这些“另类”的认识,在媒介环境学思维之外,在技术路径之外,为我们避免千篇一律地认识传播史分期提供了启发。所有这些启发也是我们关于传播史分期的哲学批判思维,即我们不能拘泥于某一种思维定式,把某一种理论奉为知识圭臬。托夫勒、德布雷、延森的经验告诉我们,观察传播史的方法有很多种。技术路径是一种基础思维,毕竟载体是传播最直观的表征。但是传播不等于媒介技术,传播还有内容、功能、效果、受众以及由自己构成的文化、经济、政治等。所以真正能带来其他可能性的不是历史本身,而是我们如何去看历史。

四、传播史分期的功能取向:提出一种新的分期法

我们暂且选择传播功能作为观察历史的新视角。施拉姆等人认为传播功能有社会雷达、管理、传授、娱乐等。这些功能是指传播的社会功能,如果把传播活动放到全广角的时空视域中去观察的话,我们会发现除了这些社会功能,传播还有其最本源的本体功能,那就是信息传播。但是每一种媒介传播的信息和传播信息的方式显然是不同的,那它们的功能也有所区别。这正是我们的切入点。需要说明的是我们不得不回

① 这组词和前面“可行的知识方法”都出自雷吉斯·德布雷的《普通媒介学教程》2014年版第40页。

② 在黄春柳翻译的《媒介学宣言》一书中,“媒介域”被译为“媒体界”。

③ 德布雷.普通媒介学教程[M].陈卫星,王杨,译.北京:清华大学出版社,2014:261-262.

④ 朱振明.媒介学中的系谱学迹线:试析德布雷的方法论[J].新闻与传播评论,2019,72(3):87-97.

到媒介，只不过我们不是回到媒介技术的老路，而是要在历史长河中的某些重大阶段，找到那个扮演过一种与众不同的传播活动主角的媒介，从它身上挖掘足以表现出与它的历史前任完全不同的传播本体功能。

不妨首先设计一种"理想类型"（韦伯语），即根据我们所掌握的知识，按照传播史的大致过程，预设一种用传播功能范式搭建起来的分期法。这种方法有三条原则：一是非证明性，因为是一种预设的理想类型，只能去伪和修正；二是非精确性，因为面对的是漫长的历史，且是一项历史实验，只能采取"去精取粗"的手法——事实上，因为历史发展不是阶段性的，而是绵延贯穿的，所以没有哪种历史分期法不是非精确性的；三是非当代性，它的含义不是要抹杀当下我们所处的时代的特征，恰恰相反，是要首先确定当代的传播特征或当代的传播本体功能属性，根据从它出发而发生的非当代性变化，确定其他不同历史时期的特征，并确定这种变化的历史节点。这样，本文通过当代的传播特征、历史上足以因媒介形态变化而产生传播形态变化的根本差异，借助历史哲学的抽象思维，把全部可考或适合考古、考察的传播史划分为"记忆/记录时代""新闻时代"和"全息时代"三个历史时期。

传播史的第一时代是"记忆/记录时代"。大致范围从神话时代开始，也就是从语言用于集体记忆开始，经过文字发明、书写（手抄），直到 15 世纪一种新的媒介技术出现进而使传播功能发生根本改变的时刻到来。这个时段跨越几千年甚至上万年，起讫时间不能确定，取决于语言发明的准确时间被证实。在这一阶段，各种神话、景物、事件、记忆、知识、历史等通过崖壁、建筑、器皿、竹简、纸帛等载体以图画、文字等方式保存了下来，流传至后代，完成了德布雷所谓的"传递"性传播过程，传递、记录、记忆也完成了三位一体的媒介融合。

在图画和文字之前有着漫长的传播史，那个阶段主要的媒介是口语，当然在口语之前还有被一些学者们称作模拟传播的表情传播、动作传播，德布雷称其为"原始记忆圈"（作者注：或"记忆域"）[①]。但唯有口语才能称得上具有集体传播功能的传播方式或媒介，人类的传播内容能够转述和"传递"靠的是集体的大脑记忆，这种集体记忆才是传播学意义上的记忆。口语之后是文字。我们的祖先发明了一种可以把弥散在若干个体头脑中的记忆转变为一种集体记忆的手段，从此有了记录。记忆可以记录下来了，记录变成了一种有据可查的记忆。每个个体大脑中千差万别的"记忆文本"变成了具有一以贯之意义的、能够为后人辨识的"可读文本"。从此我们有了《吉尔伽美什》

① 德布雷.媒介学宣言[M].黄春柳，译.南京：南京大学出版社，2016：25.

《荷马史诗》《列王纪》,有了《格萨尔王》《江格尔》《玛纳斯》,也有了《诗经》《山海经》《史记》。站在时光隧道的这端看隧道的那端,我们深切地体会到"记录"的含义,体会到"传递"(transmission)而不是"传播"(communication)在人类传播历史中的意义。

记忆传播和记录传播的目的比较复杂,有的是为了把某种信息告知天地、族人、敌人以及可以到达的"天下",有的是为了传颂千秋万代。从记忆和记录的属性看,这个时期的传播并不强调信息的即时性,它只是简单地承担着记录的职责,有的记录是有意识的,有的是无意识的,但它们最后都完成了自己的记录历史的任务。"记忆/记录"这种传播方式尽管不追求即时性,甚至不追求广泛性,但它追求永久性,它多数是为了让记忆者和记录者以及他们的子孙永远铭记住这些"传递"内容,所以有了中国的史官如司马迁、班固等人,也有了古希腊的历史记录者修昔底德、希罗多德等人。这些历史记录以及其他的各种文字、图画彼此可能都有各自的功能和目的,但有一点是一致的,那就是把这种集体记忆记录并传承下去。这种精神最直观的表现是许多中国青铜器铭文中的传统"落款":子子孙孙永宝用!

传播史的第二个时代是"新闻时代"。传播史学界比较权威的看法是16世纪的地中海地区的威尼斯城邦是现代新闻事业的发祥地,威尼斯、热那亚等城邦国家成为欧洲最早的商业贸易的中心,其对境外商业环境信息的要求催生了手抄新闻,出现了世界上最早的定期手抄新闻《每日纪闻》。随着古登堡金属活字印刷技术的传入,地中海地区的印刷新闻纸也出现了。手抄和印刷两种新闻纸就此并存了200多年。"消息奇货可居,价值何止千金。"[①]这是当时新闻重要性的最好写照。与此同时,伴随着金属活字印刷技术的普及、欧洲政治经济权力中心向大西洋地区的转移,新闻业迅速席卷全欧,英国、德国、法国都有了自己定期的、印刷的新闻报纸。新闻业开始在更大的空间范围内扩散。

新闻的出现彻底改变了人类历史上的信息传播方式、功能和传播在社会中的身份。首先,信息传播不再漠视信息传播的即时性,不再聚焦穿越时间隧道的"传递",而是强调对当下的服务,并使其迅速地成为同时期崛起的"民族国家"政治体系的重要组成部分。它的重要性在此后的世界历史中逐渐地、不断地显现出来。其次,信息传播第一次真正能够体现它的广泛性。因为新闻依赖印刷技术可以大量复制,更依赖于它易于运输实现了更大范围的空间偏向,随着大众传播时代的到来,信息传播的广泛性从无数的受众身上获得了个体性体现。最后,信息传播成为一种行业,一种经济。手

① 布罗代尔. 地中海与菲利普二世时代的地中海世界:第一卷[M].唐家龙,等译.北京:商务印书馆,2017:545.

抄新闻从诞生之日起就是对海上商业贸易的呼应，并且从“出版”到受众一开始就建立了自己的商业模式，在印刷业加入新闻制作、发行之后，新闻采访、生产、销售的过程很快也就成为一个成熟的新行业。在这样一个新时代，维持了几千年甚至上万的信息传播方式、内容、功能和社会角色彻底被颠覆了。新闻业出现了，新闻变成一种生产活动，变成有组织、有规律、有目的、有规模的传播活动。这难道不能说是一个全新时代吗？

新闻传播作为传播的核心功能正在慢慢成为历史，我们“不见庐山真面目，只缘身在此山中”，只有深刻理解传播功能的变迁，才能够深切地感受到一个时代的帷幕在慢慢合上，而另一个时代的帷幕正在徐徐打开。我们每一个人都在参与一场传播时代的转场。正是从这里出发，我们才能深刻地体会在它之前的时代和在它之后的时代与今天这个时代之间的“非当代性”，才能够理解这样进行传播史分期的用心。

传播史的第三个时代是“全息时代”。这个时代同样是我们正在经历的时代。它开始于4G时代以来数字媒体和社交媒体的出现。准确的时间点需要做进一步考证，但肯定不能把它和托夫勒的“信息时代”相混淆。20世纪美国知名学者阿尔文·托夫勒提出了享誉世界的“三次浪潮”学说。他把农业革命称作第一次浪潮，把工业革命称作第二次浪潮，而把从20世纪50年代中期开始的技术革命和产业革命称作“第三次浪潮”，人类随之进入“信息时代”。这次革命的代表性事物是计算机、太空技术、分子生物、多样化传播等，其中信息技术和信息理论是核心。中国自20世纪80年代开始接入互联网，比西方晚30年进入“信息时代”。然而，这都是从技术角度看问题的结果。即便如此，托夫勒当时也认为还没有一个国家进入真正的信息社会，世界正处于新旧时代的交替之中，信息时代已经出现，但工业社会的浪潮还没有退去，在相当长的时间内，第三次浪潮和第二次浪潮并存。因此与其说托夫勒的“信息时代”是对历史的总结，不如说是它是对历史的预判。当我们从传播内容上回顾那段历史的时候，我们就会发现尽管有越来越多的“新媒体”出现，但是这些归附于传统媒体和主流媒体的新媒体所传播的信息主体依旧是新闻。

4G技术和移动终端普及、社交媒体出现后，信息传播的特质发生了根本性的改变。这种新的特质就是从终端上看移动媒体成了媒介主力，从功能上看则是信息概念突破了新闻属性。国内用户打开最具代表性的社交媒体“今日头条”、微博等，上面除了包含政治、军事、国际、国内各种内容的新闻版块之外，还有各种商业资讯、电商推荐、短视频、游戏栏目、百科知识，当然广告也必不可少。每个人还可以根据需要下载各种自媒体和应用软件。更重要的是受众可以参与各个平台的各种互动，传播主体和客体界限模糊,传播组织和传播平台的新闻传播属性大大淡化,而其信息集散的功能则超越了其他功能。媒体不再只属于新闻,也属于知识、社交、娱乐、商业等,它是全信息化的、大信息化的传播平台。今天,我们已经进入了一个5G、数字技术、智能技术等各种媒介技术加持的媒介时代,从更大的维度看,我们进入的是一个“四全媒体”时代,正如习近平所做出的深刻而精准的论述:“全媒体不断发展,出现了全程媒体、全息媒体、全员媒体、全效媒体,信息无处不在、无所不及、无人不用,导致舆论生态、媒体格局、传播方式发生深刻变化,新闻舆论工作面临新的挑战。”①“全息媒体”是“全息时代”的具体特征。

全息时代的信息传播看似经过一个轮回又从专业化的、分工协作的、注重即时消息的新闻时代回到了过去那种传播内容不加区别、包罗万象的时代,但其实它是对包括新闻时代在内的过去一切传播时代的一种覆盖式的超越。在全息时代,新闻并没有被其他信息取代,而是被覆盖掉了,也就是说在各种互联网新媒体、自媒体中,新闻只是海量信息当中有身份、有分量的一部分内容,还有大量的内容则是与新闻信息相关但又完全不同的知识信息、娱乐信息、商业信息、社交信息等。全息时代不是对截止到今天的历史的总结,它饱含着对未来的预判。在这种预判之中,全程媒体、全息媒体、全员媒体、全效媒体的“四全”特性会更加彰显。

最后需要解释的是,新的传播史分期法只是一种在技术思维占统治地位的领域内的自我革命,是一种学术实验,未必准确,但只要能引起人们对此问题的关注,就算一次有意义的实验。

〔赵雪波,中国传媒大学政府与公共事务学院教授,博士生导师;赵伦,中国传媒大学经济管理学院,传媒经济专业博士生〕

〔责任编辑:陈欣钢〕

① 习近平.推动媒体融合向纵深发展 巩固全党全国人民共同思想基础[EB/OL].(2019-01-26)[2020-03-01].http://cpc.people.com.cn/n1/2019/0126/c64094-30591124.html.

论解放区中国共产党形象建构研究的图像路径*

On the Picture Path of the Study of the Image Construction of the Communist Party of China in Liberated Areas

◎杨　健　王　玲
Yang Jian　Wang Ling

摘要:"党的形象关系国家命运",对党的历史形象进行研究,可以以史为鉴,为今天的宣传实践提供观照视角。本文首先指出现有的党史研究中图像缺位,而解放区图像研究中未触及党的形象建构议题。其次指出长期的革命斗争中解放区内部、外部均积累了大量图像,且形态多样,构成图像研究的重要资料基础。最后指出中国共产党形象建构的目标、路径与效果。

关键词:解放区;共产党形象;图像建构

Abstract: "The image of the CPC is related to the fate of the country". Therefore, the study of the CPC's historical image can provide a reference perspective for today's publicity practice. Firstly, there is a problem of neglecting image in the current study of the CCP's history. Meanwhile, the image construction of the Party is not involved in the picture study of the liberated areas. Secondly, the paper points out that a large number of pictures have been accumulated inside and outside the liberated areas during the long revolutionary struggle which constitute an important basis for image research. Finally, the paper points out the goal, path and effect of the CPC image construction.

Keywords: liberated area, the CPC's image, image construction

---

* 本文为国家社科基金"解放区画报中的中国共产党形象建构与传播研究(1937—1949)(20BDJ052)"、江苏省社科基金"革命根据地红色摄影传播研究(18YSB008)"研究成果。

2014年10月,习近平总书记在党的群众路线教育实践活动总结大会上指出:"党的形象和威望、党的创造力、凝聚力、战斗力不仅直接关系党的命运,而且直接关系国家的命运、人民的命运、民族的命运。"①这句话点出了党的形象的重要性。党的形象,又称党的组织形象、党的公众形象或公关形象。② 具体而言,党的形象可从主客体两方面来加以理解:"党的形象是指党的整体素质、性状特征、精神风貌等在社会公众眼里的抽象反映,以及党在执政过程中体现的执政理念、执政能力和执政业绩等给社会公众留下的综合印象或看法。它实际上是党的客观实在与公众主观认知、评价的混合物,是党的客观状态在其内部公众(党员)和外部公众(主要指人民群众)心目中的投影,是内部公众和外部公众作为主体感受党这个客体而形成的认知、印象和态度的综合反映。"③良好的党的形象是一种无形的执政资源,能够营造有利的执政环境;鲜明而充满活力的党的形象是党长期执政合法性的重要来源。因此,对中国共产党的形象进行全面、深入的研究,探索如何建立良好的共产党形象,对中华民族的当下和未来具有深远意义。

中国共产党的百年历史,历经新民主主义革命、社会主义革命、改革开放等近现代史的不同时期。在不同的历史时期,中国共产党的执政路线、方针政策、工作重心均有所不同,党的形象也经历了不同的变化。知史以明鉴,查古以至今,对党在特定历史时期的形象及其演变进行研究同样具有重要的现实意义,应加以重视。长期以来,在新中国成立之前党的形象研究中,图像并未得到应有的重视。④ 本文认为,应特别重视图像在党的形象建构中的重要作用,从视觉传播与图像阐释维度,研究从全面抗战到新中国成立之前解放区摄影图像对中国共产党形象的建构与传播经验,以丰富和拓展中共党史研究。这对新时代中共形象建构同样具有重要的启示意义。

一、图像何为——中国共产党形象研究中的图像缺位

21世纪以来,尤其是十八大之后,党的形象研究逐渐成为学术界的重要议题,涌现出大量研究成果。那么,已有研究成果具备何种特点,呈现何种面貌,存在何种不足,这是需要辨析清楚的,这也是本文首先要进行的工作。总的来说,现有成果一方面集中在党史理论界,重点探讨党的形象的内涵、特征、建构等问题;一方面集中在新闻

---

① 习近平.在党的群众路线教育实践活动总结大会上的讲话[N].人民日报,2014-10-09(2).

② 吴冬冬.中国共产党执政形象论[M].长春:吉林人民出版社,2008:2.

③ 张浩,唐红洁.论党的形象的内涵、表现与作用[J].理论探索,2007(3):59-61.

④ 图像原本包括各种静态视觉图像,如照片、绘画、漫画等,本文"图像"仅指摄影图像,即照片。

传播界和摄影艺术界，主要分析党的形象传播问题。而且由于学科建制的壁垒问题，长期以来这两个领域成果的相互利用较为有限。本文拟对这方面的研究做简要综述。

(一)解放区共产党形象研究

新中国成立之前的解放区时期，中国共产党属于“局部执政”时期，对这一时期党的形象的研究成果较为丰富。其中，对抗战开始的抗日根据地研究构成了该时期研究的主体。这些成果主要分析了中国共产党形象的初步生成与传播。

首先是抗战及延安时期中国共产党形象研究。抗战时期是党的“局部执政”时期，也是党的执政形象初步确立时期。这方面的研究主要包括党的形象建设、形象优化等方面。在党的形象建设方面，相关研究认为共产党一方面通过特定活动进行形象塑造；①另一方面充分利用各种媒介，在传播中进行党的形象建设。② 在形象优化方面，研究认为在党的执政实践活动中展示党的形象、在党员队伍建设中维护党的形象、在党的作风中提升党的形象是几条主要路径，③最终形成“全心全意为人民服务”、重视民主法制建设、代表工农劳苦群众利益、“创造第一等工作”的执政形象。④

其次是中国共产党抗战传播思想的理念、经验、效果综合研究。积极抗战是中国共产党执政合法性的主要来源，也是建构共产党形象的主要维度。共产党形象并不是静态、孤立的，而是动态、复合的，尤其需要在传播中得到确立和巩固。相关研究认为，在传播理念方面，共产党能够实事求是、动员一切力量、利用国内民间报纸、吸引国际力量进行宣传；⑤在对外宣传与策略方面，其能够建立对外传播工作机制，借助外媒的“他者建构”传播党的理论、方针、政策；⑥在传播经验方面，中共抗战传播始终坚持以马克思主义新闻宣传思想为指导，把新闻宣传紧紧握在坚定可靠的共产党人手里，建立最为广泛的统一战线，坚持机动灵活的战略战术；⑦在传播效果方面，中国共产党的抗战传播有力促进了团结抗战局面的形成、扩大了持久战思想的影响、凸显了游击战的战略地位，发挥了无产阶级政党的喉舌、耳目和号角在抗战宣传中的作用。⑧

---

① 赵宇.抗战时期的“七一”纪念与党的形象塑造研究[D].西宁：青海民族大学，2016.

② 刘兴旺，林志彬.抗战时期中国共产党媒体形象的塑造与认同：以《新华日报》为考察对象[J].广西社会科学，2013(10)：117-120.

③ 陈艳飞.抗战时期中国共产党政党形象塑造的文本视角[J].广西社会科学，2017(3)：108-112.

④ 汪如磊.中国共产党执政形象问题研究[D].北京：中共中央党校，2016.

⑤ 熊忠辉.试论延安时期共产党的形象传播[J].南京政治学院学报，2011，27(6)：100-103.

⑥ 李青林，丁晓京.延安时期中共对外传播“他塑”艺术浅探[J].新闻前哨，2017(11)：72-75.

⑦ 孙健，李奇峰.抗战时期中共新闻宣传的基本经验[J].北京党史，2015(4)：16-19.

⑧ 罗艳梅.试论中共对实现抗战领导基本条件的具体运用[J].北京党史，2015(1)：27-30.

以上研究或从党史党建、出版史角度进行论述,通过个案研究探析"局部执政"时期共产党形象的初步确立和建设路径;或从新闻传播史角度进行论述,强调政治宣传的作用、策略和结果。这些研究无论是从宏观、总体层面进行探讨,还是从微观、个案层面加以分析,共同点都是基于各种文字材料所进行的研究,而对图像以及以图像为主的传播媒介(如画报、画册、画刊等)在党的形象建构中的作用较少关注,这是已有研究的不足之处。

(二)解放区的图像传播研究

新时期以来,有关解放区的图像研究已取得一定成果,进入21世纪之后更是蔚为大观。研究者大多从艺术学、历史学、传播学等角度对解放区图像进行深入研究,取得了不少富有价值的成果。总体而言,这些成果主要集中于解放区图像的传播过程及其艺术风格。

首先是解放区图像传播研究。这部分研究主要从历史学、传播学等角度切入,对图像及其主要载体(画报、画册等)进行资料整理,在此基础上探讨图像传播的功能、效果等。在图像资料整理方面,图像刊物、摄影团体与摄影家的个案研究颇为丰富,如对《晋察冀画报》、《晋察冀画刊》、延安电影团以及革命摄影家沙飞、吴印咸、石少华等的资料整理基本完成,在此基础上的研究也已经展开。[①] 在图像传播方面,相关研究认为革命摄影师们在中共宣传思想指导下,以摄影为武器展开了卓有成效的战争宣传与民众动员;针对画报的个案研究主要集中于晋察冀根据地的图像出版物,如有关《晋察冀画报》的研究认为,该画报从编辑方针到摄影记者的创作实践,从内容的选择到编辑的把关,均以政治性为先导,努力实现作为群众动员方式的工具功能,奠定了共产党画报的基本样态。[②] 在解放区图像的贡献与创作启示方面,相关研究认为抗战摄影是政治宣传工作中最有力的"武器"之一,发挥了战争动员与对日舆论斗争的重要作用,成为中国摄影的一座高峰。[③]

其次是解放区图像风格研究。这部分研究主要从艺术学、图像学的角度切入,探

① 这方面的资料较多,主要有:罗光达主编:《晋察冀画报影印集》(上,下),沈阳:辽宁美术出版社,1990;王雁主编:《沙飞摄影全集》,北京:长城出版社,2005;顾棣:《中国红色摄影史录》(上、下),太原:山西人民出版社,2009;高初、晋永权主编:《最前线:中国共产党抗战图像志》,北京:长城出版社,2015;刘丁丁等主编:《刘峰抗日战争摄影作品集》,北京:长城出版社,2015;王雁:《我的父亲沙飞》,北京:社会科学文献出版社,2015;石志民主编:《晋察冀画报文献全集》(卷一、卷二、卷三),北京:中国摄影出版社,2015,等等。

② 杨健.革命的凝视:政治、宣传、摄影维度下的《晋察冀画报》研究[M].上海:同济大学出版社,2020:105,152.

③ 姬勇刚.抗日战争时期解放区摄影的历史贡献及其对当代摄影的启示[J].中国美术,2013(6):112-114.

讨解放区图像风格的形成、特征与作用。研究认为解放区摄影是在特定宣传意识下形成的艺术类型，发端于解放区的“红色影像”“具有明确的指导思想，风格独特，队伍成规模、有建制、管理有序，并且发展连续而持久，影响广泛而深远”[①]。相关研究认为，以《晋察冀画报》为代表的解放区摄影风格包括几个显著的特点：电影般的叙事元素；直白而自发的特性；始终控制观众的视线使其置身于现场之中；[②]对于新闻真实性的强调形成了现场感强、生动形象的图像风格。[③]

这类图像研究或搜罗历史资料、或阐释图像风格，虽然论题都聚焦于解放区和中国革命图像研究，但未能自觉将共产党形象的构建与传播纳入视野中或作为中心议题。总之，现有共产党形象研究未能利用图像资料，而图像研究又未关注形象议题，这两者之间还存在着一定的隔膜。这种隔膜，对于党史研究而言预示着跨学科方法的可能性和重要性。将图像资料用于共产党形象研究，或者在形象研究中引入图像维度，无论对于党史研究、新闻传播研究还是摄影艺术研究，毫无疑问都将是一个值得开拓的学术新领域。

二、图像可为——中国共产党形象建构的图像基础

对于任何一个研究领域或方向，都必须具备尽可能完备的研究材料，它们是构成一项研究的“原料”。在共和国成立之前的 28 年——尤其是从抗战开始到 1949 年的 12 年革命历程中，中国共产党领导下的政权特别是军队拍摄并保存了大量的图像资料，这些资料成为共产党形象研究的主体资料。与此同时，国统区记者以及部分外国记者在客观报道解放区的战争活动与政权建设的过程中，同样拍摄并保存了不少图像资料。这些丰富的图像资料足以构成研究共产党形象的重要物质基础。

(一)解放区内部的图像生产

所谓“内部”，指共产党领导下的图像生产与传播活动。中国共产党历来重视宣传工作，并且很早就意识到图像宣传的力量。1925 年 10 月革命军二次东征时，时任东征军总政治部主任的周恩来亲自拟定的《战事政治宣传大纲》就指出，宣传队“应携带照相机，沿途拍摄战时情形及兵民聚欢等照片，并赶快冲洗，沿途陈列于军民联欢会

---

① 司苏实.红色影像对中国摄影的深远影响[J].艺术评论，2011(7)：26-33.

② HENRIOT C, YEH W-H. History in images: pictures and public space in modern China[M]. Berkeley: Regents of the University of California, 2012.

③ 李媚，阮义忠.沙飞[M].北京：工人出版社，2002.

中，或以之赠送各界代表”[①]。这是中共领导人第一次对摄影工作做出的明确指示，只不过限于当时条件，照片拍摄不多，保存下来的则更少。红军时期军队中已经有一些摄影记录活动，但由于物质条件极为艰苦，只有聂荣臻、苏静、耿飚等摄影爱好者拍摄过一些红军活动照片，但基本处于零散、自发的状态，未能成为一种自觉的组织行为，从而发挥宣传动员作用。

抗战时期，在国共合作的大背景下，陕甘宁、晋察冀、晋冀鲁豫、山东、华中等解放区纷纷成立，中共政权获得相对稳定的地理空间和政治环境。在这种状态下，共产党的宣传出版工作呈现一片繁荣景象，而需要一定材料、设备和技术支持的摄影创作、画报出版等工作也在此阶段得到真正发展，其中最为出色的当属晋察冀抗日根据地。在这里诞生了中共第一位专职摄影记者沙飞，建立了第一个成建制的专业新闻摄影机构——晋察冀军区政治部新闻摄影科，出版了中共第一份大型摄影画报——《晋察冀画报》。在举办展览、出版画报的同时，通过开设摄影训练班，其为解放区的摄影事业培养了大量摄影专门人才。仅以画报出版为例，从 1942 年 7 月至 1947 年 12 月，晋察冀共出版 13 期《晋察冀画报》，印数达 2 万多册。[②] 以《晋察冀画报》为中心，至 1948 年 5 月，晋察冀根据地还出版有《晋察冀画报丛刊》《晋察冀画报季刊》《晋察冀画报增刊》《晋察冀画报月刊》《晋察冀画刊》等出版物，形成了蔚为大观的画报群体，在抗日战争和解放战争期间发挥了重要的宣传作用。8 年抗战和 3 年解放战争期间，晋察冀共保存下近 4 万张底片，[③]拍摄这些照片的新闻摄影工作者达 163 人。[④]

以晋察冀为先声，其他解放区的摄影工作同样有声有色。通过举办展览、出版画报，中国共产党的图像宣传活动蓬勃展开，为中国革命史留下了举足轻重的视觉记忆。

(二)解放区外部的图像生产

所谓“外部”，主要指国统区新闻机构和来华外国记者对解放区的图像报道活动。这部分图像从绝对数量上看并不多，但是由于提供了不同于共产党宣传机构的外部视角，并且具有更为广阔的传播范围，某种意义上更应该引起研究者的重视。

首先是国统区记者的摄影报道。1937 年卢沟桥事变后抗日战争全面爆发，新闻界的抗日救亡活动迅速展开，许多记者奔赴战争前线，报道中国军队英勇抗日的事迹。

① 蒋齐生，舒宗侨，顾棣.中国摄影史(1937—1949)[M].北京：中国摄影出版社，1998：111.

② 顾棣.中国红色摄影史录(上、下)[M].太原：山西人民出版社，2009.

③ 资料来源：吴群，华北解放军的新闻摄影工作者，《摄影网》，1949 年 9 月 1 日。

④ 晋察冀文艺研究会.人民战争必胜：抗日战争中的晋察冀摄影集[M].沈阳：辽宁美术出版社，1988.

尤其是上海“八一三”事变之后，大批抗日画报如《抗日画报》《抗战画报》《良友战事画刊》等短时间内迅速涌现，汇成了抗日宣传的洪流。当时活跃在前线的摄影记者有数十位之多，如著名的战地记者方大曾，第一时间就发回了卢沟桥事变的图片报道。这批国统区记者虽然基本出自民营媒体，但他们秉持真实性理念，拍摄了大量前线战况、军队生活、战地救护照片，其中就有不少记者深入中共根据地，拍摄下中共领导人和军队的抗战活动。由沈逸千、俞创硕、顾延鹏三人组成的“战时摄影服务团”，曾深入华北战地，拍摄了一系列平型关战役及八路军将领照片，如《威震晋北之八路军》《参加平型关战役的八路军军官》《八路军开赴前线》《朱德出发赴前线》等。这些照片在上海《战时画报》、武汉《战斗画报》等国统区各大画报上发表，成为中共领导下的八路军英勇抗战的重要宣传。

其次，一批外国记者在中共解放区进行采访的同时也拍摄了不少照片，这些照片同样成为宣传中国共产党形象的重要图像资料。在这批记者有关中共解放区见闻的报道中，往往会配发一些中共领导人以及边区军民练兵、劳作、学习、生产、娱乐的图片。其中，美国记者埃德加·斯诺的《西行漫记》、苏联记者罗曼·卡尔曼的《在华一年》、瑞士记者瓦尔特·博萨德的《远眺东方》、美国记者哈里森·福尔曼的《北行漫记》是最重要的几本著作，这些著作虽然以文字为中心，但配发的解放区照片客观上为中国革命保存了极其珍贵的视觉资料。其中不少照片不仅具有重要的史料价值，同样具有很高的艺术价值，如斯诺拍摄的那幅著名的毛泽东同志头戴红军帽的照片，已经成为中国革命的视觉象征。

来自外部视角的图像提供了不同于内部政治宣传的视角，显得更为客观和理性，因而具有更高的可信度和更强的说服力。在建构中国共产党形象方面，这类照片显然具有不可替代的意义和价值。

(三)多样的图像传播形态

从摄影展览、画报画册到宣传卡片，解放区的图像传播具有多种形态，它们构成了一个丰富多元的图像宣传系统。

解放区最早采用也是最常见的图像传播形态是摄影展览。解放区成立初期，由于印刷材料与技术的缺乏，出版画册还是一种奢想，而摄影展览成了唯一的图像传播方式。摄影展览具有强烈的现场感，所形成的“剧场效应”能够产生巨大的感染力，所以一直作为解放区图像传播的重要形式，贯穿于整个革命年代。

在晋察冀根据地解决照片印刷技术之后，1942 年 7 月，中共第一份大型摄影画报

《晋察冀画报》出版,自此摄影画报(画刊、画册)成为重要的图像传播方式。画报易于保存、方便传阅且可反复观看,所以它具有比展览更加广泛的传播范围和更为持久的宣传效果。在《晋察冀画报》之后,《冀热辽画报》《人民画报》《山东画报》《冀中画报》等其他解放区画报纷纷出版,构成了蔚为大观的解放区图像出版与传播体系。

报刊摄影插图是解放区图像的又一传播方式。解放区刊登照片的报刊较多,最早在杂志上刊登照片的是延安国民革命军第十八集团军政治部创办于 1939 年 1 月的《八路军军政杂志》。从 1939 年 3 月第三期杂志刊载了一则包含 3 张照片的专题《孙中山先生逝世纪念在延安》,到 1941 年第 12 期为止,《八路军军政杂志》共刊载近 170 幅照片,是解放区最早、最系统地利用图像进行宣传的出版物。由于当时延安并不具备照片印刷技术,杂志上的插图照片都是辗转至西安制版之后再运回延安印刷的,由此足见当年共产党对图像宣传的重视程度。

此外,还有摄影画册以及类似明信片的宣传卡片等传播形态。画册往往体量更大,印刷、设计精美,更具艺术属性,而宣传卡片传播范围更广、速度更快,它们共同构成了共产党图像宣传体系不可或缺的一部分。

解放区的丰富图像资料、多元传播形态不仅在当时发挥了重要的形象宣传和战争动员作用,建构了中国共产党积极抗日的伟大形象,也成为我们今天展开共产党形象研究的重要基础。

三、图像应为——中国共产党形象建构的目标、路径与效果

解放区摄影图像研究是中共党史、新闻出版史、摄影史研究中一个极具丰富性和延展性的课题,具有多角度切入的可能性,“形象建构”即其中的一个新方向。新闻传播学研究表明,媒体报道并不是对现实“镜像式”的反映,而是根据一定立场和价值标准对事实加以取舍、加工进而呈现的过程,这个过程即对现实世界的“建构”。从图像切入探讨“中共形象建构”论题时,可按照“为何建构——如何建构——何种建构”的逻辑线索,探析解放区共产党形象建构的目标、路径与效果这三方面的问题。

(一)共产党形象建构目标

从抗日战争到解放战争,中国共产党处于解放区局部执政时期。这一时期中共面临两大问题:一是革命斗争,二是政权建设。对于革命斗争,共产党需要树立中国抗日领导者和为中华民族谋幸福的革命者形象,带领军民在抗战和内战中获取斗争的胜

利;对于政权建设,共产党需要在解放区范围内探索、建立有效的政权体系,树立不同于国民政府的管理者形象。这两方面的形象是解放区媒体的宣传重点,也是图像建构的总体目标。

(二)共产党形象建构路径

摄影图像建构路径不同于文字、美术作品的形象建构路径,它具有自身的特殊性,这种特殊性反映在图像的摄制、编辑、内容、传播等一系列过程之中。

首先,解放区的图像生产是严格控制下的图像生产。一方面,它受到当时设备和材料极为匮乏的限制,摄影师无法放开手脚进行充分的拍摄,而只能选择最重要、最迫切的事实加以记录;另一方面,拍摄行为必须受到党的宣传方针政策的严格限制,拍什么、不拍什么都有相对具体的要求。

其次,解放区的图像传播是高度组织化的图像传播。无论是摄影展览还是画报(画刊)出版,解放区图像都是高度组织化的视觉流程的结果。这一流程通过图像的选择、凸显和遮蔽来实现自己的建构目标,拍摄者、编辑者、传播者均参与这一实践过程。具体而言,摄影师通过对题材的选择进行初步建构,"把关人"(即图片编辑)通过对图像的选择进行内容和风格的控制,而传播者通过对传播范围(对内、对外)、传播路径(发行、传阅)、传播形式(画报、展览、发稿)的选择控制图像到达不同受众。

最后,在从生产到传播的流程中,图像内容是最为重要的环节,它决定了受众接收到的最终信息,直接影响受众的认知。传统上,对图像内容通常从艺术学维度进行风格分析,这在党的形象建构研究中是远远不够的,容易落入形式主义的窠臼。作为一种重要的图像阐释方法,图像诠释学理论应该有助于研究者进行更深刻的解读。图像诠释学是重要的图像研究理论工具,该理论认为图像诠释遵循三维模式发展路径,即从"原始或自然主题"的"视觉记录"到"分析或表达主题"的"图像评述",再到"内在意义或内容"的"图像象征"。它涵盖了从表层到深层、从感觉到思想、从直接细节到"用特殊主题和概念表达人类精神的重大倾向"的深刻洞察。图像作为建构某种形象的重要媒介,可用直觉化工具、修辞学工具和符号学工具进行解读。对于具体图像,则可从时代背景、产制场域、影像本体三方面进行详细分析。对于解放区摄影图像,采用图像诠释学理论可以获得更为深刻和具有说服力的结论。

(三)共产党形象建构效果

解放区图像传播通过画报出版、摄影展览、对外发稿等传播形式,有效地建立起共产党的正面形象,实现革命斗争和政权建设两大建构目标。具体而言,这一形象可细化为三大方面:坚持抗战、英勇善战、不屈不挠的战争形象;追求民主、清正廉明、法治公平的执政形象;亲民爱民、勤劳简朴、深受拥戴的日常形象。此外,有必要指出的是,在抗日战争和解放战争两个前后相连的不同历史时段,共产党形象的建构侧重点有所不同,必须分辨清楚。抗战时期侧重其英勇抗战形象的塑造,而解放战争时期侧重其有效执政形象的建构。

结　语

党的形象研究和解放区图像研究如果按学科分类,通常前者属于“党史党建”类,后者属于“艺术学”或“新闻传播学”类。由于学科之间的分野,它们彼此之间较少沟通,难免造成自说自话甚至隔膜的局面。将图像材料应用于党史研究属于一种交叉研究,目前这方面的成果不多,重要的有日本石川祯浩的“毛泽东早期形象研究”等成果。[①] 文科的交叉研究正契合国家推行的“新文科”战略。“新文科”强调融合性,即强调人文社会科学领域内多个学科之间的交叉、融合、渗透或拓展,[②]这对于激发新的思路、锻造新的理念、产生新的成果是一条重要路径。

本文认为,在党史党建研究中引入图像维度,能够产生新的思想火花。质言之,从应用价值上看,首先,它能提供解放区战时图像传播研究的新视角。传统的以意识形态立场展开作品梳理、人物臧否、思想评判的研究方法当然仍有其现实价值,而且党史研究无法摆脱意识形态维度,但总体来说研究方法相对简单化、价值判断过于政治化。而利用跨学科理论资源,能够较好地突破形式主义、意识形态的解读框架,可以为战时图像传播与中共形象建构研究建立新的观照视角。其次,它能够为新时代中共形象的图像传播提供有益参考。对比民族危亡的战争时代与民族复兴的新时代,社会现实均为图像传播提供了丰富的素材;反映时代的图像传播也催生了受众的阅读需求。中共在他者话语影响、多重声音中急需建立话语主导权,传播自身图像。研究中共在战争期间图像传播的成功经验,对新时代中共形象的图像传播具有一定的实践意义。

从学术价值上看,这一思路亦有助于提升中国抗战史研究地位。图像路径研究一定程度上可从党史、新闻传播史和艺术史的角度拓展并提升这一领域的研究价值。此外,图像研究也有助于进一步拓宽党史研究领域。中国治史向来有“左图右史”的学术

---

① 石川祯浩.“红星”是怎样升起的[M].香港:香港中文大学出版社,2020.

② 王铭玉,张涛.高校“新文科”建设:概念与行动[N].中国社会科学报,2019-03-21(4).

传统，摄影图像作为一种广为应用的新型记录与传播媒介，在历史研究中具有不可替代的重要地位。突破传统的以文字为中心的党史观，探析摄影图像在中共形象构建中的特殊功能和历史地位，应该是党史研究乐见其成的。

〔杨健，扬州大学新闻与传媒学院副教授，博士，硕士生导师，专业主任，主要研究领域为视觉传播、中国新闻史；王玲，扬州大学新闻与传媒学院讲师，主要研究领域为视觉传播〕

〔责任编辑：陈欣钢〕

青年视点

新闻传播专业“全过程课程思政”的内涵、体系与路径

The Connotation, System and Path of the Construction of “Whole Process Curriculum Thinking Politics” in Journalism and Communication courses

◎傅 楠

Fu Nan

摘要：在新文科建设的视域下，结合《新文科建设宣言》与《高等学校课程思政建设指导纲要》的建设要求，思考新闻传播专业课程如何开展课程思政建设，就要深入理解三个关键词：“全”“过程”“课程”，深入理解“全过程课程思政”建设的深刻内涵，并据此理解“全过程课程思政”建设的建构体系和实施路径。

关键词：全过程课程思政；内涵；体系；路径

Abstract: In the context of the construction of the new liberal arts, combining the requirements of the “Declaration on the Construction of the New Liberal Arts” and the “Guideline on the Construction of Curriculum Civics in Higher Education”, we should consider how to carry out the construction of curriculum civics in journalism and communication courses, and understand the profound connotation of the construction of “whole process curriculum civics” by understanding three key words: “whole” “process” and “curriculum”, and accordingly understand the construction system and implementation path of the construction of “whole process curriculum civics”.

Keywords: the whole process of curriculum thinking politics, connotation, system, path

2020 年 5 月，教育部印发《高等学校课程思政建设指导纲要》，其明确提出：“培养什么人、怎样培养人、为谁培养人是教育的根本问题，立德树人成效是检验高校一切工

作的根本标准。落实立德树人根本任务,必须将价值塑造、知识传授和能力培养三者融为一体、不可割裂。全面推进课程思政建设,就是要寓价值观引导于知识传授和能力培养之中,帮助学生塑造正确的世界观、人生观、价值观,这是人才培养的应有之义,更是必备内容。这一战略举措,影响甚至决定着接班人问题,影响甚至决定着国家长治久安,影响甚至决定着民族复兴和国家崛起。"①

2020年11月,由教育部新文科建设工作组主办的新文科建设工作会议在山东大学(威海)召开。会议研究了新时代中国高等文科教育创新发展举措,发布了《新文科建设宣言》,会议指出,新文科建设对于推动文科教育创新发展、构建以育人育才为中心的哲学社会科学发展新格局、加快培养新时代文科人才、提升国家文化软实力具有重要意义,提升综合国力、坚定文化自信、培养时代新人、建设高等教育强国、发展文科教育,都需要新文科。②

在新文科建设的视域下,结合《新文科建设宣言》与《高等学校课程思政建设指导纲要》的建设要求,思考新闻传播专业课程如何开展课程思政建设,就要深入理解"全过程课程思政"建设的深刻内涵,并据此理解"全过程课程思政"建设的建构体系和实施路径。

一、"全过程课程思政"建设的深刻内涵

"全过程课程思政",是对新闻传播专业课程开展课程思政建设深刻内涵的概括。理解"全过程课程思政"的深刻内涵,重点是理解三个关键词:"全""过程""课程"。

(一)"全过程课程思政"建设,是全过程"课程"思政

新闻传播专业课程全过程"课程"思政,即在新闻传播专业课程的课程思政建设中,全力关注"主力军""主战场""主渠道"在新闻传播专业课程中的"思政"作用。

1.专业教师队伍建设,是实现全过程"课程"思政建设的"主力军"

推进新闻传播专业课程思政建设,新闻传播专业教师是关键,所有的教学设计、教学理念、教学目标归根结底还是要依靠每一位专业课程教师具体开展。各高校可以依

---

① 高等学校课程思政建设指导纲要[EB/OL].(2020-06-01)[2021-07-18].http://www.moe.gov.cn/srcsite/A08/s7056/202006/t20200603_462437.html.

② 新文科建设工作会在山东大学召开[EB/OL].(2020-11-03)[2021-08-18].http://www.moe.gov.cn/jyb_xwfb/gzdt_gzdt/s5987/202011/t20201103_498067.html.

托高校教师网络培训中心、学校教师教学发展中心等平台，通过教师岗前培训、在岗培训和师德师风、教学能力专题培训、教师教学工作坊等环节，深入开展社会主义核心价值观、马克思主义新闻观、马克思主义政治经济学、中国特色社会主义法治理论、职业伦理等专题培训，强化专业教师的“育人意识”，确保专业教师在教案设计和备课环节嵌入“价值引领”重要元素，找准讲授专业知识和专业技能的“育人角度”，不断提升专业教师的“育人能力”，真正将“思政”元素体现在专业教师的专业教学中，实现新闻传播专业课程思政建设落地见效。

2.专业课程建设规划，是实现全过程“课程”思政建设的“主战场”

新闻传播专业课程思政建设的主战场，就是新闻传播专业课程本身，开展新闻传播专业课程思政建设，首先是牢牢抓住课程建设，围绕课程建设进行规划。在专业课全过程“课程”思政的建设中，可以充分发挥系、教研室、教学团队等各种基层教学组织的作用，建立课程思政集体教研制度，通过组织同专业课程的专业教师共同研讨、同学院不同系或教研室的专业教师共同研讨、学院专业教师和学校思政课教师共同研讨等多种形式，研讨新闻传播专业“全过程课程思政”建设中的“课程建设”。通过对专业课程进行整体课程建设规划，强化专业教师在专业课程建设上的政治自信、理论自信、育人自信。鼓励支持思政课教师与专业课教师合作教学教研，鼓励支持国家级教学名师等各级各类教学名师带头开展全过程课程思政建设，促进新闻传播专业课程的课程建设目标清晰有力、落地清晰有痕。

3.专业课堂教学设计，是实现全过程“课程”思政建设的“主渠道”

开展新闻传播专业“全过程课程思政”建设，核心还是通过课堂教学开展，并在此基础上延展到作业思政、实践思政、比赛思政等环节。课堂教学，是面向全体同学的统一的、共同的、并行的教学环节，最适合体现专业教师对于“价值引领”的教学设计思考。专业教师通过自身的率先垂范、课堂教学内容设计，以及授课、互动、交流等环节，例如开展对一个新闻事件的深入分析和探讨，确保所有同学都能够接受到相同的“专业课程思政教育”，并在此过程中实现全班同学对于某个知识点或者某个案例的“思想的统一”。在新文科建设的视域下，要加强专业教师教学设计的课程思政能力建设，可以通过建立健全学校、学院优质资源共享机制，在全学校、全学院范围内搭建课程思政建设交流平台，开展经常性的典型经验交流、现场教学观摩、教师教学培训等活动，充分利用现代信息技术手段，促进优质资源在全学院、全学校乃至跨学校、跨地区间共享共用。

(二)"全过程课程思政"建设,是全"过程"课程思政

全"过程"课程思政,即新闻传播专业课程的课程思政建设是过程化建设,贯穿在专业课程的自始而终,贯穿在学生的专业培养的自始而终。

1.专业课程的自始而终

在新闻传播专业课程的教学设计中,从课程的教学大纲、教学教案、备课过程、教学媒介设计、教学内容整理、教学互动环节设计、教学过程中的重点难点疑点的解答、课程作业的内容要求到最终课程考核环节的形式、题目设置,一门专业课程从授课前的准备、授课中的进行到授课后的考核,全过程贯穿"思政"元素,专业教师要始终秉持"育人理念",将"思政"元素和专业课程知识技能融会贯通,巧妙结合,形成合力。专业教师通过专业课程的每一个过程环节的精心设计,将自己对于马克思主义世界观和方法论、习近平新时代中国特色社会主义思想、社会主义核心价值观、中华优秀传统文化、革命文化、社会主义先进文化的理解有机融合其中,实现专业课程的"育人"目标。

2.专业培养的自始而终

在新闻传播专业人才的培养方案里,核心问题是培养方案要明确"培养什么人、怎样培养人、为谁培养人是教育的根本问题",并在深入理解习近平总书记关于新闻舆论工作、宣传工作、教育工作的重要论述和关于加强国际传播能力建设的重要讲话精神,深入领会《教育部 中共中央宣传部关于提高高校新闻传播人才培养能力 实施卓越新闻传播人才》等关于新闻传播人才培养的精神的基础上,进行新闻传播专业人才培养方案的设计,在通识课程、基础课程、专业课程、实践课程、毕业论文或毕业设计环节等整个专业人才培养的过程里,全过程体现"育人理念"、体现"思政元素",将"价值引领"化为新闻传播专业人才培养方案的底层思维中,真正做到培养马克思主义的传播者、立德树人的模范人。

(三)"全过程课程思政"建设,是"全"过程课程思政

"全"过程课程思政,即从新闻传播专业课程所涉及的专业、行业、国家、国际、文化、历史等角度,来思考新闻传播专业课程的课程思政建设。

1.专业与行业角度,即要求新闻传播专业"全"过程课程思政建设应包含新闻传播领域职业伦理、职业道德、职业素养等"思政元素"内容。对于新闻传播从业者来说,职

业道德素养既包括应该遵守的道德准则和品质，同时又要对社会负有责任和义务。因此，对于新闻传播专业教师来说，在专业课程的课程案例选择和讲解中，既要强调案例本身体现的知识点和技能项，也要注重引导学生关注、理解和学习优秀新闻传播工作者自身的职业素养。通过新闻传播专业课程的学习，专业教师要做到帮助学生不断加深对新闻传播领域工作者职业素养的理解，帮助学生树立正确的世界观、人生观和价值观，帮助学生理解马克思主义新闻观的理论内核和生动实践，落实好立德树人这一高等教育的根本任务。

2.国家与国际角度，即要求新闻传播专业“全”过程课程思政建设应包含国情社情教育、国家大政方针教育、当代世界经济与政治情况等“思政元素”内容。新闻传播专业教师首先要加强自身对于国情社情的了解、对于国家大政方针的理解、对于当代世界经济与政治情况的把握，并通过课程设计，将自己的了解、理解和把握融入课程授课的知识点讲述和教学案例分析中，帮助新闻传播专业学生能够在大局势和大形势下来理解新闻事件，学习新闻传播的知识和技能，承担起新闻传播专业人才的历史使命和社会责任，真正成为符合党和人民需求和期待的新闻传播卓越人才。

3.文化与历史角度，即要求新闻传播专业“全”过程课程思政建设应包含中华优秀传统文化、革命文化、社会主义先进文化等“思政元素”内容。习近平总书记在党的十九大报告中深刻指出：“文化兴国运兴，文化强民族强。没有高度的文化自信，没有文化的繁荣兴盛，就没有中华民族伟大复兴。”因为“文化自信，是更基础、更广泛、更深厚的自信”。在中华民族数千年发展历史长河中积累的灿烂中华优秀传统文化，铸就了中华历史的辉煌，也闪耀着时代的光华；而滋育了新民主主义革命与社会主义建设成功的新民主主义革命文化和社会主义先进文化，彰显了中华民族百折不挠、拼搏进取的高贵品格。中华优秀传统文化、革命文化和社会主义先进文化是我们坚定文化自信的力量之源。对于新闻传播专业学生来说，中华优秀传统文化、革命文化、社会主义先进文化等是非常重要的学习领域，通过提高新闻传播专业学生的中华优秀传统文化素养，可以极大提升新闻传播专业学生的文化自信。

二、“全过程课程思政”建设的建构体系

（一）全过程“课程”思政，即深度挖掘提炼专业知识体系中所蕴含的思想价值和精神内涵

新闻传播学是研究新闻传播活动、新闻传播事业和新闻传播与社会关系的一门科

学；新闻传播学既有人文科学的规范性要求，也有社会科学的经验性理论，是人文科学与社会科学交叉的一门学科。早期的新闻传播学研究成果，主要是职业记者们在自身实际的职业过程之中，借助于自己和其他同仁所实践的新闻传播工作经历，通过积累大量的案例观察、案例分析，总结新闻传播工作的实践经验。这些经验，虽然可以回答新闻传播工作的"是什么"和"怎么样"，但基本上不能或者很少能够回答新闻传播工作的"为什么"。而随着新闻传播事业的不断发展，新闻传播学开始探讨新闻事件和新闻传播活动背后的价值理念和社会控制，在揭示新闻活动本质规律的同时，新闻传播学研究不断构造和规范新闻传播学的学术空间。新闻传播专业教师在专业课程之中讲授专业知识技能，只是作为专业课程教师最为基础的要求，而更为核心的任务，则是理清新闻传播专业知识体系中所蕴含的思想价值和精神内涵，并将这思想价值和精神内涵贯穿于、内化于专业课的知识和技能的教授全过程。

(二)全"过程"课程思政，即科学合理拓展专业课程的广度、深度和温度

实现新闻传播专业课程的全"过程"课程思政建设，就是要通过三个维度进行课程设计来实现，即科学合理拓展专业课程的广度、深度和温度。广度，是指新闻传播专业课程涉及的专业知识和技能范围；深度，是指新闻传播专业课程要紧紧围绕知识体系背后的思想价值主线，并通过教学行为不断显现；温度，是指新闻传播专业课程的课程思政的建设里，专业课程和思政元素能够充分契合而不是"两张皮"。广度、深度和温度这"三度"，可以帮助新闻传播专业学生在专业课程的学习过程之中，更好地体会和体察课程之中的"价值引领、技能提升和知识学习"。

(三)"全"过程课程思政，即增加专业课程的知识性、人文性，提升引领性、时代性和开放性

"全"过程课程思政，即从新闻传播专业课程所涉的专业、行业、国家、国际、文化、历史等角度来思考新闻传播专业课程的课程思政建设，具体到专业课程的设计，就是要增加专业课程的知识性和人文性。知识性，不仅仅是指专业课程本身所承担的专业知识传授教学任务，更是指课程思政设计中的"思政元素"的知识性和学理性；人文性，则是指在专业课程的教育教学之中，注重新闻传播专业学生的主体性和主动性，从学生自身的身心规律特点出发，制定专业课程的学习目标、学习方案和学习内容，并以此为依据，指引学生积极主动参与教学的整个过程，使其对自己的学习和成长做一个客观的科学评价，从而使新闻传播专业课程教学过程始终坚持科学性与人文性相统一的开展方向，进而提升专业课程建设的引领性、时代性

和开放性。

三、"全过程课程思政"建设的实施路径

(一)全过程"课程"思政,要求教师要在课程教学中帮助学生掌握马克思主义世界观和方法论

习近平总书记指出:"马克思主义理论的科学性和革命性源于辩证唯物主义和历史唯物主义的科学世界观和方法论,为我们认识世界、改造世界提供了强大思想武器,为世界社会主义指明了正确前进方向。"习近平总书记在纪念马克思诞辰200周年大会上强调:"我们要坚持和运用辩证唯物主义和历史唯物主义的世界观和方法论。"全过程"课程"思政,就是要在新闻传播专业课程中,教会学生掌握马克思主义世界观和方法论来认识新闻传播现象、新闻传播规律,并能够在自己的新闻传播实践中自觉运用马克思主义世界观和方法论来指导自己的专业实践。

1.马克思主义世界观和方法论

实践证明,辩证唯物主义是关于自然、社会和思维发展一般规律的普遍概括。在学习总书记重要指示和重要讲话精神的过程之中,我们可以感受到,总书记善于运用辩证唯物主义的基本原理和方法来分析复杂事物,运用辩证思维方式思考和处理改革发展问题,深刻把握新时代中国特色社会主义实践发展的内在规律。

历史唯物主义,正如习近平总书记所指出的,在革命、建设、改革的各个重要历史时期,我们党运用历史唯物主义,系统、历史、具体地分析中国社会运动及其发展规律,推动党和人民事业取得了一个又一个胜利。

中国的新闻传播事业是中国全面改革发展中的重要组成部分之一,培养符合党和国家需要的卓越新闻传播人才,就要通过思政课程和课程思政,帮助新闻传播专业学生理解、掌握和运用马克思主义辩证唯物主义和历史唯物主义这两条极其重要的马克思主义最根本的世界观和方法论,

2.马克思主义新闻观

马克思主义新闻观是中国特色社会主义理论体系的重要组成部分,具有鲜明的思想政治功能与意识形态属性。高校新闻传播专业加强对于学生的马克思主义新闻观教育,就是让新闻传播专业学生在学习过程中,能够深入理解社会主义核心价值观,并

将社会主义核心价值观融入自身的新闻传播实践中,扎根并服务于中国特色社会主义新闻实践。在具体的教学实践中,专业课程教师应带领新闻传播专业学生以马克思主义新闻观的视野回望历史与分析经典文本,不断提升新闻传播专业学生的新闻传播实践洞察力,这是培养具备马克思主义新闻观的新闻传播专业人才极为重要的教学内容设计。

同时,新闻传播专业课程可以通过思政课程的同向同行建立合作机制,加强新闻传播专业学生对于国情、世情的认知,强化新闻传播专业学生的政治意识与专业意识的融会贯通,实现新闻传播专业课程教学显性教育与隐性教育相协调、政治性与学理性相统一。

(二)全"过程"课程思政,要求教师要从历史与现实、理论与实践等维度帮助学生深刻理解习近平新时代中国特色社会主义思想

习近平新时代中国特色社会主义思想是马克思主义中国化最新成果,是中国特色社会主义理论体系的重要组成部分。

1.帮助新闻传播专业学生从历史与现实的维度理解习近平新时代中国特色社会主义思想

从历史使命来看,习近平总书记把伟大历史使命概括为伟大斗争、伟大工程、伟大事业、伟大梦想,精辟论述了"四个伟大"的内在逻辑。实现伟大梦想,坚决战胜一切在政治、经济、文化、社会等领域和自然界出现的困难和挑战,就必须进行伟大斗争。中国特色社会主义是改革开放以来党的全部理论和实践的主题,是党和人民取得的根本成就。

从时代演进来看,新的时代必然孕育新的理论,也必然需要新的理论来指导。党的十八大以来,在以习近平同志为核心的党中央坚强领导下,中国取得了举世瞩目的成就。习近平总书记提出的"一带一路"倡议和"构建人类命运共同体"理念,赢得了世界绝大多数国家的赞同。与此同时,他用三个"意味着",围绕中华民族由衰到兴的沧桑巨变、科学社会主义在中国的兴盛、中国特色社会主义对世界的贡献,阐明了新时代的历史特征。

如果新闻传播专业学生不能从历史和现实的维度准确理解习近平新时代中国特色社会主义思想,也就无法深刻理解什么是马克思主义中国化,在理解新闻传播事件和新闻传播规律的时候,就不可能真正用马克思主义新闻观来指导自己的新闻传播实

践，也就不可能成为具有家国情怀、国际视野的高素质、全媒化复合型、专家型新闻传播后备人才。

2.帮助新闻传播专业学生从理论与实践的维度理解习近平新时代中国特色社会主义思想

成就、问题和挑战，构成了新时代中国特色社会主义的实践基础。党的十八大以来，我们党带领全国人民取得了改革开放和社会主义现代化建设的历史性巨大成就，党和国家事业发生历史性变革。与此同时，中国特色社会主义建设实践在取得显著成绩的同时，始终存在诸多不稳定、不确定的因素，面临不少困难和挑战。习近平总书记在党的十九大报告中全面系统科学地回答了“新时代坚持和发展什么样的中国特色社会主义、怎样坚持和发展中国特色社会主义”的问题，以全新的视野深化了对共产党执政规律、社会主义建设规律、人类社会发展规律的认识。作为马克思主义中国化最新成果和中国特色社会主义理论体系的重要组成部分，习近平新时代中国特色社会主义思想对马克思主义的理论发展和科学实践作出了历史性贡献。只有深刻地理解习近平新时代中国特色社会主义思想在理论与实践中的历史性贡献，新闻传播专业学子才能更加深入地理解和实践好马克思主义新闻观，才能真正成为能够适应媒体深度融合和行业创新发展，能够讲好中国故事、传播中国声音的优秀新闻传播后备人才。

（三）“全”过程课程思政，要求教师通过生态型课程建设实现专业学习与立德树人耦合育人模式整体性推进

新闻传播专业课程的“全”过程课程思政建设，要求专业教师基于生态式课程建设的视域，通过新闻传播专业核心素养的体系构建、核心素养与课程深度融合，将“思政元素”有机融入新闻传播专业教学各环节的教学设计中，对专业课程的专业学习与立德树人耦合育人模式进行一体化设计。与此同时，要求新闻传播专业学院能够从第二课堂建设、实践育人协同体系建设、优质课程与教材建设、专业负责人队伍建设、高素质专业教师队伍建设等方面，对专业思政与课程思政耦合育人模式整体性推进。

1.生态型课程建设

生态式课程就是将课程看作一种富有生命的生态体，是由各种相互作用的要素构

成的动态的生态系统。[①] 生态型课程不以传播知识、技能为唯一目标，而是以追求学生全面成长成才为最终目标。这和高等教育立德树人根本任务完全契合。生态型课程教学方法可采用案例分析、启发式主题研讨、项目驱动、情景模拟、演讲式的观点陈述和专业实践、作品设计等多种教学组织形式，使思想政治教育元素有效融入课堂教学各环节中。如中国传媒大学的"四个一百"项目，由百个"红色云展厅"、百集"百年先锋"、白集"信仰・我的入党故事"和 白集"红色文物青年说"组成，这是中国传媒大学新闻传播专业师生团队立足媒体融合发展新趋势，充分发挥学科优势制作完成的。该项目以融媒体的方式、数字化的手段，深挖革命展馆、党史故事、入党事迹、红色文物及其背后所蕴含的爱国主义精神，将党史文献和红色文化资源进行创造性转化和创新性发展，讲好红色故事，传承红色基因。在这个过程之中，新闻传播专业师生不仅深刻理解也深入实践了"知识学习、技能提升和价值塑造"三位一体的新闻传播专业课程思政建设目标。

2.形成成果可固化、内容可提炼、经验可推广的新闻传播专业课程思政品牌

我国拥有数量庞大的新闻传播专业群体，在新闻传播专业课程思政的建设上，通过择优推出一批有思政教育潜力的骨干教师、教学典型，和重点建设一批有地域特色或学校特色的专业课程思政的精品课程、重点课程，发挥以点带面、示范引领的作用，逐步实现全面覆盖。如中国传媒大学的"光明影院"公益项目，组织师生制作和推广面向视障群体的无障碍电影。从 2017 年项目启动至今，已完成 400 多部无障碍电影，并全部无偿赠予了全国 31 个省（市、区）和澳门特别行政区，覆盖全国 2,244 所特殊教育学校。此项目是将家国情怀、公益情怀、社会责任、公民精神、精品意识与新闻传播专业教育深度融合的创新实践育人模式，是专业思政、作品思政、实践思政、活动思政的生动结合，是落实高校立德树人根本任务的特色做法，更是推进新闻传播专业课程思政建设的经典示范，真正实现了专业学习与立德树人耦合育人模式整体性推进。

结　语

习近平总书记关于新闻舆论工作、宣传工作的重要论述，是新时代中国特色社会主义思想的重要组成部分，也是马克思主义新闻观中国化的最新理论成果。高校新闻

① 金玉梅.生态式课程探析[J].当代教育科学，2009(7)：17-22.

传播专业的“全过程课程思政”建设，就是要全面贯彻总书记关于新闻舆论工作、宣传工作、教育工作的重要论述，在新文科建设的视域下，不断探索卓越新闻传播人才培养的新方法、新路径，为党和国家培养马克思主义的传播者、立德树人的模范人。

〔傅楠，中国传媒大学马克思主义学院党总支书记，副研究员〕

〔责任编辑：赵希婧〕

传播视域下的课程思政建设及提升路径

Construction and Promotion Path of Curriculum Ideological and Political Education from the Perspective of Communication

◎ 付李琢　贺小飞

Fu Lizhuo　He Xiaofei

摘要:课程思政是实现立德树人的重要途径,事关重大,但随着高等教育课程思政建设的不断推进,在接受效果、主体认知、影响辐射方面的问题也暴露出来,这些问题本质上是传播问题。从传播学的视角考察,课程思政也是一种特殊的传播,是教育传播、价值传播、体系传播。要构建课程思政的传播系统,需要从微观的人际传播、中观的组织传播、宏观的大众传播三个层面着眼,保障课程思政的入眼入心、合力育人与宣传推广。具体而言,可以从传播引导、传播影响、传播渠道、传播方式与传播面积五个层面入手,通过党建引领、教法创新、特色融合、技术赋能与示范带动,着力提升课程思政的传播力。

关键词:课程思政;高等教育;传播;传播力

Abstract:Curriculum ideological and political education is an important way to morality establishment and people cultivation, is of great significance. However, with the continuouspromotion of higher education curriculum ideological and political education, problems in acceptance effect, subject cognition and influence radiation are also exposed. These problems are essentially communication problems. From the perspective of communication, curriculum ideological and political education is a special communication, which is educational communication, values communication and system communication. To construct the communication system of curriculum ideological and political education, we need to focus on three aspects: interpersonal communication, organizational communication and mass communication, so as to ensure the penetration, joint education and publicity of curriculum ideological and political education. Specifically, we can start from the five aspects of communication guidance, communication influence, communication channels, communication methods and communication areas, and strive to improve the communication ability of curriculum ideological and political education through Party construction guidance, teaching method innovation, feature integration, technology empowerment and demonstration.

Keywords: curriculum ideological and political education, higher education, communication, communication ability

十八大以来,党和国家高度重视高等教育发展,教育面貌正在发生格局性变化。特别是全国教育大会以及新时代全国本科教育工作会议的召开,明确了"立德树人""以本为本"作为高等教育发展的根本任务和基本遵循,党的十九届五中全会明确了"建设高质量教育体系"的政策导向和重点要求,中国高等教育进入了人才培养、提质创新的新时代。课程思政是实现立德树人的重要途径,事关重大。习近平总书记在全国高校思想政治教育工作会议明确指出:"各门课都要守好一段渠、种好责任田,使各类课程与思想政治理论课同向同行,形成协同效应。"[①]关于课程思政的涵义与界定,已有许多学者加以论述。我们认为,课程思政所解决的问题正指向了教育的本质,即对人的理解的问题。从马克斯·韦伯所言的工具理性与价值理性的范畴而论,课程思政的根本目的就在于破除工具理性的桎梏,在教育领域对抗过度知识细分与技术崇拜,完成对人的价值理性的回归与重塑。因此,如何推动课程思政的价值传播就成为了核心问题。但是,在当前课程思政实践过程中,也出现了一些普遍性的问题,如何解决这些问题,成为推进课程思政建设的当务之急。

一、课程思政实践面临的问题

(一)课程思政的学生接受问题

课程思政的最终落脚点在学生。习近平总书记强调:"要坚持把立德树人作为中心环节,把思想政治工作贯穿教育教学全过程,实现全程育人、全方位育人,努力开创

① 习近平. 把思想政治工作贯穿教育教学全过程 开创我国高等事业教育发展新局面[N]. 人民日报, 2016-12-09.

我国高等教育事业发展新局面。”①立德树人是课程思政的最终目标，课程思政是立德树人的必然要求，两者是密不可分的，通过课程思政，实现全员、全程、全方位育人，让学生成长为德智体美劳全面发展的社会主义建设者和接班人。但是，在课程思政的教育实践中，如何让思政“入耳入眼入脑入心”，让学生真正认同思政内容始终是一个难题。尤其是，在课程思政工作推进中，许多课程为思政而思政，“表面化”“硬融入”“两张皮”现象突出，思政内容与专业内容相互脱节，难以融合，课程思政成了生硬加入的环节，不但无法得到学生的认同，反而引发了学生的抵触甚至反感心理，造成了适得其反的效果。

（二）课程思政的教师认同问题

课程思政的关键在教师。习近平总书记曾提到教师对于立德树人的重要性，他说：“教师教给学生的知识，多年以后可能会过时，可能会遗忘，但教给学生为人处世的道理是学生一生的财富，会让他们终生难忘。”②可见，教师是课程思政的“主力军”，课程思政想要得到贯彻实施，最关键的是发挥教师的主体作用。马克思曾说，“教育者本人一定是受教育的”③，这一论述深刻地指出了教育的关键问题。课程思政教育尤其如此，如果教师都没有真正接受课程思政，那么又如何向学生传授呢？当前，许多教师对于课程思政的理念认同仍然存在问题，育人意识存在一定不足。虽然近年来课程思政的必要性已经在高校教师中基本形成共识，但是，也有教师对如何进行课程思政，对课程思政的本质、内涵的认识还不够清晰，许多教师对课程思政的理解狭隘化，认为课程思政就是把思政内容加入课程中，在课程思政教学实践中形式主义、“口号式”的表面工作多，深入课程内部挖掘思政资源的实质工作少，这也造成了课程思政的成效大打折扣。

（三）课程思政的理念推广问题

课程思政还需要重视理念推广问题。随着信息技术对教育模式、教育生态的不断重构，“人人皆学、处处能学、时时可学”的学习型社会正在形成，没有围墙的大学即将

---

① 习近平. 把思想政治工作贯穿教育教学全过程 开创我国高等教育事业发展新局面[N]. 人民日报，2016-12-09.

② 习近平. 把思想政治工作贯穿教育教学全过程 开创我国高等教育事业发展新局面[N]. 人民日报，2016-12-09.

③ 中共中央马克思恩格斯列宁斯大林著作编译局. 马克思恩格斯选集：第一卷[M]. 北京：人民出版社，2012：134.

到来。教育不再是一校一地的事情,课程思政也需要注重借助现代信息技术扩展影响力与辐射面,将课程思政的理念大范围地推广出去。但必须要说的是,课程思政在区域、高校间还存在发展不平衡的问题,许多高校已经有了丰富的课程思政实践和经验,但也有许多高校行动较晚,对课程思政的理解与接受程度尚显不足。因此,如何全面推进课程思政工作,建立课程思政优质资源共建共享的机制体制,发挥先行者的带动与引领作用,形成全面覆盖的课程思政体系是当下尤为重要问题。

可见,随着课程思政建设的不断推进与深化,课程思政在接受效果、主体认知、影响辐射方面的许多问题也逐渐暴露出来,这些问题也在一定程度上影响了课程思政的实施成效。如果从本质上分析上述种种问题,我们庶几可以说,这些问题本质上都是传播问题。

二、课程思政的传播本质

从传播学的视角考察,课程思政本质上是一种特殊的传播。课程思政的根本目的在于通过种种方式向学生传递正确的世界观、人生观、价值观,这一过程正是传播的过程。在课程思政建设工作的推进过程中,无论是教师对课程思政的认同,还是社会层面课程思政的理念推广,都离不开传播的作用。

(一)课程思政是教育传播

课程思政首先是一种教育传播。把教育纳入传播学视域中的研究早已有之,“教育传播学”正是建立在教育与传播两者的交叉研究领域之上。有学者把教育传播界定为:“教育传播是由教育者按照一定的目的和要求,选定合适的信息内容,通过有效的媒体通道,把知识、技能、思想、观念等传送给特定的教育对象的一种活动。它是教育者和受教育者之间的信息交流活动。”①课程思政正是一种特殊的教育传播,它是在传播知识、技能的基础上完成思想、观念的传播。在教育传播的维度上认识课程思政,就要求我们把握好课堂教学的“主渠道”,充分利用好课堂上的传播过程,完善课程思政的课堂教学各环节。同时,教育传播又可分为显性传播与隐性传播,如果说思政课程属于显性的教育传播的话,那么,课程思政则属于隐性的教育传播。从某种层面上讲,隐性的教育传播有时能起到更重要的作用。苏霍姆林斯基曾经讲:“孩子们愈少感到落在他们身上的教育设想,任何一种教育现象的教育效果就愈大,一旦他明白了你专

① 南国农,李运林.教育传播学[M].北京:高等教育出版社,1995:17.

门找他谈话是为了教育他——他的心灵，形象地说，便会扣上所有的纽扣，整个封闭起来。”[①]所以，课程思政正是要做到润物细无声的隐性传播，在潜移默化中完成立德树人的中心任务。

(二)课程思政是价值传播

课程思政本质上是一种价值传播。马克思论及价值时曾说：“‘价值’这个普遍的概念是从人们对满足他们需要的外界物的关系中产生的。”[②]可见，价值是主体衡量主客体关系的一种尺度，价值观念则是人们关于基本价值的信念、信仰、理想的系统，是人们认识世界、过好人生、处理选择的根本依据。所以说，育人的根本就在于培养学生正确的价值观。《高等学校课程思政建设指导纲要》(以下简称《纲要》)中提到：“落实立德树人根本任务，必须将价值塑造、知识传授和能力培养三者融为一体、不可割裂。全面推进课程思政建设，就是要寓价值观引导于知识传授和能力培养之中，帮助学生塑造正确的世界观、人生观、价值观，这是人才培养的应有之义，更是必备内容。”[③]在以往的高等教育教学实践中，许多课程对知识传授和能力培养的重视程度较高，而对于学生价值塑造与价值引领方面则重视不足，一些老师只是简单地把专业内容灌输给学生，没有更进一步的引导。更有甚者，把西方思想、西方理论、西方方法奉为圭臬，对学生缺乏正确引导，造成了负面的影响，这些正是我们需要课程思政来克服的问题。

(三)课程思政是体系传播

课程思政不是一位教师、一门课程的工作，要做好课程思政，需要系统性、体系性的协同，需要组织化、大范围的传播。从校内层面来讲，课程思政需要全校协同，在党委带领下共同推进，统筹建设，结合自身定位和人才培养目标，每个学院、每个专业都要形成自身的课程思政特色，将课程思政全面覆盖到每门课程当中；从校际层面来讲，课程思政要在社会上形成一股思潮，让课程思政的观念广泛地为人所知，紧紧围绕国家和区域发展需求，各高校、区域建立起课程思政的资源共建与共享机制，相互支撑、相互补充，形成课程思政的资源库。

---

① 白显良. 隐性思想政治教育基本理论研究[M]. 北京：人民出版社，2013：44.

② 中共中央马克思恩格斯列宁斯大林著作编译局. 马克思恩格斯全集：第19卷[M].北京：人民出版社，1963：321.

③ 教育部. 高等学校课程思政建设指导纲要[EB/OL]. (2020-05-28)[2021-06-18]. http://www.gov.cn/zhengce/zhengceku/2020-06/06/content_5517606.htm.

三、课程思政传播力的构建层面

课程思政是教育传播，是价值传播，也是体系传播。要构建课程思政的传播系统，提升课程思政的传播力，可以从微观、中观、宏观三个层面着眼。

（一）入眼入心：课程思政的人际传播

课程思政传播力构建的微观层面，主要在于人际传播的环节。所谓人际传播，是指两个主体之间的传播活动。作为人际传播的课程思政活动主要存在于课堂之中，传播主体在教师，传播对象是学生，思政则是在传播过程中由教师传递给学生的信息。从传播学角度看，人际传播与其他传播方式最显著的不同在于，“人际传播双向性强，反馈及时，互动频度高，可以随时根据对方的反应把握自己的传播效果，并相应地修改、补充传播内容或改变传播方法。因此，人际传播是一种高质量的传播活动，尤其在说服和沟通感情方面，其效果要好于其他形式的传播”①。所以说，课堂教学是课程思政的“主渠道”，是实践课程思政的主要途径。做好课程思政的课堂传播，关键是要把握好师生之间的传播过程，教师在课堂中实践课程思政时，要尤其注重学生的即时反馈，利用好这个“主渠道”，加强与学生的沟通交流，避免单向的传递与灌输。由于人际传播具有较强的双向性，传播者与接受者随时可以互换，这一点也可以很好地利用到课程思政的课堂中。如建构主义教学观所主张的，“学习者是信息加工的主体，是意义的主动构建者；教师是意义构建的促进者和帮助者”②，教师可以“退居二线”，让学生成为课堂的主角，利用翻转课堂等方式发挥学生的自主性与能动性，把课程思政变成一种双向的沟通，在沟通中达成对课程思政的深化理解。

当然，人际传播不是传播的终点，课程思政最终要落到学生的思想中，内化为学生自身的观念，换句话说，课程思政不但要入眼入耳，还要入脑入心。这一“内化”的过程，也可理解为课程思政在学生主体内部的传播。而这一内化过程最终的目的就在于改变学生头脑中的“图式”。图式也译作基模，是指人的认知行为的基本模式，或者叫心智结构、认知结构或者认知导引结构。当我们接触到一个新信息或新事物、遇到一个新事件或者进入一个新的场所的时候，我们过去相关的经验和知识会导引我们迅速

① 郭庆光.传播学教程[M].北京：中国人民大学出版社，2011：73.

② 王辉.基于移动互联网环境的大学英语词汇习得模式研究[M].成都：四川大学出版社，2019：29.

地对新的状况做出认识、推理和判断,并及时地做出态度或行为反应①,这样的结构就叫作图式。就课程思政而言,当学生在课堂上接触到课程思政的相关信息时,头脑中的相关图式会被激活,当课程思政的信息与学生原有的认知图式相吻合时,这样的信息就会起到强化原有图式的作用;而当课程思政信息与学生原有图式不符时,可能出现两种情形,一是根据新的信息修改、补充原有图式,二是拒绝接受与原有图式不符的信息。所以,教师在实施课程思政的课堂教学中,也要注重一定的分寸感,潜移默化、春风化雨地逐步向学生传送思政的信息,强化或逐步改变学生的原有图式,避免生硬的、过量的灌输,因为那样可能会导致学生拒绝接受思政的信息。在成功的课程思政教学之后,无论是学生被强化的原有图式,还是被改变形成的新图式,都会作为分析、推理或判断的依据参与到下一个信息处理过程中,从而达到引导学生世界观、人生观、价值观的作用。

(二)合力育人:课程思政的组织传播

课程思政的中观层面,在于课程思政理念与实践在学校中的传递与推行。学校属于一种特殊的组织,课程思政在学校中的传播属于组织传播的层面。所谓组织传播,主要是指信息在组织间的传播活动,是组织间的信息纽带,是组织实现自身目标的沟通保障。课程思政在学校这一组织层面的传播,就是要在学校范围内统一认识,让课程思政理念在教师之中形成一种共识,汇成一股合力,保障课程思政工作的顺利推进。"'课程思政'是高校合力育人的具体呈现,是新时代高校思政工作的生长点,属于社会主义大学合力育人的大系统。"②可见,做好课程思政的组织传播,是形成合力育人的必然要求。

课程思政的组织传播,最关键的就是提升高校教师的课程思政认识与课程思政教学能力。"教师是履行教育教学职责的专业人员,承担教书育人、培养社会主义事业建设者和接班人、提高民族素质的使命。"③习近平总书记多次论及教师对教育工作的重要性,也对教师提出了要求:"大学教师对学生承担着传授知识、培养能力、塑造正确人生观的职责。教师要成为大先生,做学生为学、为事、为人的示范,促进学生成长为全

---

① 郭庆光.传播学教程[M].北京:中国人民大学出版社,2011:68.

② 敖祖辉,王瑶.高校"课程思政"的价值内核及其实践路径选择研究[J].黑龙江高教研究,2019(3):76-80.

③ 立德树人是高等学校的根本价值遵循[N].中国教育报,2018-10-25.

面发展的人。”[①]“一个老师，如果只知道‘授业’‘解惑’而不‘传道’，不能说这个老师是完全称职的，充其量只能是‘经师’‘句读之师’，而非‘人师’了。”[②]可见，要想做一个完全称职的好老师，做好课程思政是必要条件。课程思政组织传播的落脚点，在于把课程思政的观念融入教师的教育理念当中。所谓教育理念，是指“教师在长期教育实践活动中，经过亲身体验和理性思考形成的关于教育本质、规律及其价值的根本性判断和观点”[③]，通过学校层面的课程思政理念传播，让教师接受课程思政，自觉把课程思政作为自身的教育理念，在教学实践中践行课程思政。高校要通过种种方式，牢固树立起教师的立德树人观念，培养教师的课程思政意识，提升教师的课程思政能力。尤其对于专业教师，要“使其转变传统专业课程教学的思维定式，明晰教师的传道授业解惑天职，与价值引领、知识传授、能力培养相对应，为其开展课程思政建设提供潜在意识和思想支撑”[④]，从而达到每门课程、每位教师都守好自己“责任田”的目标，推动课程思政的广泛传播。

(三)宣传推广:课程思政的大众传播

课程思政不能止于一门课程、一所高校，而应该扩展其影响力与辐射面，在社会上形成一股思潮，让课程思政的理念得到广泛的认同，要做到这一点，就涉及课程思政的大众传播层面。从教育学的角度讲，“教育不存在于真空之中，它是社会的一个子系统。在知识社会学的视野中，从来不会存在纯粹的知识”[⑤]。课程思政也是如此，不存在真空中的课程思政，它与社会现实紧密相连。一方面，课程思政的内容、思政相关的信息必然是与社会发展相关联的，也必然会随着时代精神的发展而不断变化；另一方面，课程思政的实施与推进，也受到社会对于课程思政理念认知的影响。这种影响不但会涉及学生，也会涉及教师，甚至涉及高校的管理决策者，从而对课程思政推进工作产生巨大的影响。因此，要充分利用大众传播手段，将课程思政的理念广泛地传播出去，在社会层面形成关于课程思政的共识，从而打破分歧，凝聚力量。比如，2020 年，中国教育电视台推出系列访谈节目《课程思政面对面》，节目共 10 期，邀请了高校书

---

① 习近平. 在清华大学考察时的重要讲话[EB/OL].(2021-04-19)[2021-07-18]. http://www.moe.gov.cn/jyb_xwfb/xw_zt/moe_357/s7865/s8417/xxgcxjp_2021/202104/t20210420_527257.html.

② 习近平. 做党和人民满意的好老师:同北京师范大学师生代表座谈时的讲话[N].人民日报,2014-09-10.

③ 王作亮, 张典兵. 教育学原理[M]. 徐州:中国矿业大学出版社, 2015:113.

④ 娄淑华,马超. 新时代课程思政建设的焦点目标、难点问题及着力方向[J]. 新疆师范大学学报(哲学社会科学版), 2021(5).

⑤ 刘猛. 意识形态与中国教育学:走向一种教育学的社会学研究[M]. 南京:南京师范大学出版社, 2008:41.

记、校长、马克思主义学院院长以及教学一线教师等解读课程思政大政方针,剖析课程思政优秀案例,分享课程思政宝贵经验,研究探讨如何进一步推进课程思政建设的策略建议,节目播出后引起了广泛反响,为凝聚课程思政共识、统一思想起到了推动作用。

随着课程思政共识的不断形成,跨越地区、院校的课程思政资源联盟也逐渐建立起来。2021年教育部正式启动了系列课程思政资源库建设,首批建立起了高等医药院校课程思政教育资源联盟、交通运输类专业课程思政联盟、高等农林院校课程思政联盟、高等军工院校课程思政联盟、财经类高校课程思政联盟、全国高校教师网络培训中心、福建省课程思政联盟、新华网新华思政、智慧职教网、爱课程网等10个专业型、区域型、不同教育类型的课程思政联盟,初步形成了优质资源的共建共享机制,进一步扩大了课程思政的影响力与覆盖面。

四、课程思政传播力的提升路径

加强课程思政传播力建设,可以从传播引导、传播影响、传播渠道、传播方式与传播面积五个方面入手,着力推进课程思政传播。

(一)党建引领,提升传播引导

党委的领导是课程思政开展的前提。"高校党委对学校工作实行全面领导,承担管党治党、办学治校主体责任,把方向、管大局、作决策、保落实。"①课程思政离不开党建的引领,只有正确的领导才能保证课程思政传播的正确方向。要将党建工作贯穿育人全过程,坚持将党建工作与教学科研、大学治理深度融合,同时,发挥基层教学组织作用,着力加强基层教学组织建设,在课程建设、师资队伍建设、科学研究等方面深化对课程思政的研究和研讨,将课程思政建设作为加强各党支部政治建设的重要内容和关键载体,使党建与育人同向同行。

在党建的统领下,有高校以建党百年为契机,以"四史"教育为切入点,结合党史讲专业,结合专业学党史,建设"四史"类课程,将党史教育与课程思政深度融通,用党史学习带动课程思政,用课程思政深化党史学习。在此基础上,将"四史"课程纳入人才培养方案,建设品牌课程,把学科专业特色与"四史"学习融合在一起,打造特色"四史"课程,将"四史"学习深植学生成长过程。

---

① 习近平.习近平谈治国理政:第二卷[M].北京:外文出版社,2017:379.

（二）教法创新，丰富传播方式

丰富传播方式，创新教学方法是提升课程思政传播力的必然要求。要改变以往相对单调的课程讲授方式，提升课程思政对学生的吸引力。教师要提高教学技能，优化教学方式，以学生为主体，通过启发式、探究式、讨论式的教学方法，有效开展课程思政教学，在多样化的课堂教学中实现课程目标，让知识传授更有温度。同时，要深化理论教学与实践教学相结合、大班教学与小班研讨相结合、线上教学与线下教学相结合、导师辅导与团队教学相结合，全面提升学习成效。要创新课程思政教学方式，通过集体备课、协同设计、联合授课等方式，共同发掘课程中的思政要素。比如，有些高校试点推进了“双师教学”模式，专业教师和思政教师同讲一门课，充分发挥思政课教师和专业教师各自的优势，进行思政教育与专业教育相融合的课程思政教学模式探索。① 专业课教师与思政课教师通过集体备课、确定合适的融合节点及案例材料、选取沉浸式体验素材等手段，采取对话教学、案例教学、情境教学等多种教学方法共上一堂课，形成“专业教师＋思政教师”的双师体系，深度挖掘专业课程内容中的价值引领元素，将育才与育人深度融合。同时，也可以深度融入业界资源，建立业界导师库，形成“业界导师＋校内教师”的双师体系，邀请业界导师走进课堂，以行业一线经验为素材为学生带来最鲜活的课程思政案例。

（三）特色融合，拓展传播渠道

提高课程思政的传播力，还要注重课程思政的传播渠道拓展。除了加强“课堂教学”的主渠道建设，还要注重将“课程思政”向第二课堂、网络课堂、实践课堂拓展。比如，新闻传播学科在教学中可以将课程思政与专业实践相结合，在实践中探索将思政教育与新闻教育深度融合：“从清华大学‘清影工作坊’深入扶贫县，围绕乡村振兴、生态治理开展纪录片创作，到中国人民大学师生团队基于‘部校共建’平台，以专业所长助力首都文化发展，再到中国传媒大学明确提出‘实践中的马克思主义新闻观’教育教学模式，主张在专业实践中培养学生为党、为国、为人民的深厚情怀和担当意识，发挥新闻传播学科服务国家战略、推动社会进步的重要作用……我们看到，课程思政已经不再局限于课堂空间，将思政教育贯穿于专业实践的各个环节，使专业教育与服务党和国家发展大局、满足全社会精神文化需求紧密联系，才能切中课程思政的题中之

① 为思政教育找寻专业落点：中国传媒大学课程思政“双师课”探析[N]. 中国教育报，2021-05-10(6).

义。”[①]再如,艺术类专业可以将第二课堂转化为作品思政传播平台,以特色项目为核心,以学校组织的音乐会、艺术节、创作大赛等活动平台为依托,形成辐射校内外的作品思政传播平台,建立“课程作品为基础、项目作品为核心、活动作品为拓展”的“作品思政”育人体系。“作品思政”以课程为依托,以作品为导向,引导学生在创作过程中运用所学知识发现、分析、解决实际问题,创作一批有内涵、有思想、有温度的优秀学生作品。例如,在疫情防控特殊时期,中国传媒大学依托电视文艺晚会创作课程,以防疫阻击战中涌现出的英勇壮举和感人事迹为教学素材,综合运用“云”技术,通过“云演出”“云录制”的形式,纯线上制作完成了一台主题为《青春记疫——大学生在行动》的“云”晚会,从大学生视角向世界真实、立体、全面地讲述中国抗疫故事。通过作品思政和实践思政,学生们在创作的过程中,深刻理解了家国情怀和大局意识,磨练了意志,培养了团队协作能力,从而达到以美育人、以美化人的课程思政目标。

(四)技术赋能,改变传播模式

信息技术重构教育模式,既对学校未来的人才培养提出了新的需求和任务,也为学校转变教育教学模式、重构教育生态、探索人才培养的创新模式提供了巨大的可能性。因此,高校必须拓宽课程思政育人渠道,建立课堂内外、线上线下立体化的课程思政育人体系。信息技术与教育的深度融合正深刻改变着教育的场景、组织形态与教学方式,泛在的知识传播途径、教学环境以及教学过程的数据化,从根本上重构了师生关系,没有围墙的大学时代正在到来。要创新未来高等教育方式方法,推动信息智能技术与教育教学深度融合,基于网络重新设计学习空间,“通过慕课、翻转课堂等新的教学传播模式,增加学生的参与度和代入感,在实质上将学生拉回课堂、融入教学,让学生成为课程思政教育中不可或缺的一个要素,真正盘活教育互动,保证教学效果……建构‘线上+线下’的立体教学体系,在教学理念上也要主动从‘线下’向‘线上’倾斜,摒弃原来固有的理论到理论、就事论事的讲授模式,采用网络热点、热议话题等流行题材,先抓住学生的兴趣,抽丝剥茧,由浅入深地引发学生思考,甚至触发讨论”[②]。在此基础上,着力构建基于新技术支撑的“智慧教育”下的课程思政新模式。

(五)示范带动,扩展传播面积

提升课程思政传播力,要强化典范的引领带动作用,支持课程思政示范课、标杆

---

① 高晓虹,赵希婧.守正创新:我国新闻传播教育理念探索与实践转型[J].中国出版,2020,14.

② 余平.新媒体视阈下课程思政的传播路径设计与应对策略[J].上海第二工业大学学报,2020(3):76.

课,打造课程思政示范中心,以示范培育示范,以示范带动全局。2021年,教育部启动了首批课程思政示范课程及教学名师和团队、课程思政教学研究示范中心的评选,通过示范标杆作用,大力推广课程思政建设先进经验和做法,全面形成广泛开展课程思政建设的良好氛围。未来,教育部将继续健全国家、省级、校级三级示范体系,搭建更大的资源共享平台,让更多教师尤其是青年教师参与进来。同时,要充分发挥课程思政教学研究示范中心的带动作用,在解决学校、院系、教师课程思政建设中存在的问题困惑中发挥示范引领作用,聚焦重点、难点、前瞻性问题,打造课程思政"智库",带动本校本地建设工作形成成果,形成特色。另外,还可以利用互联网技术拓展优秀课程思政项目的资源与展示平台,互动联合,打造共建、共享、共惠的"课程思政"研讨平台,汇聚优质的课程思政资源,辐射课程思政成果和育人成效。比如,新华网作为党和国家重要的宣传思想文化阵地,推出了"新华思政"教学服务平台,汇聚了全国各高校优质课程思政案例课资源,推广了课程思政的先进经验和做法,促进了不同高校各专业教师互学互鉴,助力高校有效地开展课程思政建设工作。

随着高等教育进入"提质创新"的新阶段,教育发展新要求对如何落实立德树人根本任务提出了新考验,课程思政的重要性也越发凸显出来。智能媒体时代正在来临,要紧抓媒体融合发展的大趋势,做好课程思政的人际传播、组织传播与大众传播,构建课程思政的传播体系,提升课程思政传播力,强化价值引领效能,为完成立德树人根本任务做好有力支撑。

〔付李琢,中国传媒大学教务处助理研究员;贺小飞,中国传媒大学教务处副处长,副研究员〕

〔责任编辑:陈欣钢〕

图书在版编目(CIP)数据

中国新闻传播研究：课程思政和新文科建设 / 高晓虹主编.--北京：中国传媒大学出版社，2022.4

ISBN 978-7-5657-3185-3

Ⅰ.①中… Ⅱ.①高… Ⅲ.①高等学校－思想政治教育－教学研究－中国 ②高等学校－新闻学－传播学－课程建设－研究 Ⅳ.①G641 ②G210-41

中国版本图书馆 CIP 数据核字(2022)第 050220 号

中国新闻传播研究：课程思政和新文科建设

ZHONGGUO XINWEN CHUANBO YANJIU：KECHENG SIZHENG HE XINWENKE JIANSHE

主　　编　高晓虹
副 主 编　刘　宏　赵淑萍　曾祥敏　秦瑜明
策划编辑　王雁来
责任编辑　曾婧娴　张莉莉　裴向敏　沈刘红
封面设计　拓美设计
责任印制　李志鹏

出版发行　中国传媒大学出版社
社　　址　北京市朝阳区定福庄东街 1 号　　**邮　　编**　100024
电　　话　86-10-65450528　65450532　　**传　　真**　65779405
网　　址　http://cucp.cuc.edu.cn
经　　销　全国新华书店

印　　刷　唐山玺诚印务有限公司
开　　本　787mm×1092mm　1/16
印　　张　15
字　　数　282 千字
版　　次　2022 年 4 月第 1 版
印　　次　2022 年 4 月第 1 次印刷

书　　号　ISBN 978-7-5657-3185-3/G·3185　　**定　　价**　75.00 元

本社法律顾问：北京李伟斌律师事务所　郭建平